Für Dunja und Shirin

Inhalt

	Prolog	9
1	Liebe auf den ersten Blick	15
2	Ein chaotisches Familienleben	32
3	Ich bin eine Tochter arabischer Eltern	51
4	Jahre des Terrors	64
5	Hamid alias Ricardo alias Faruk – der Entführer	92
6	Der Kampf beginnt in den Niederlanden	111
7	Meine erste Reise nach Syrien	132
8	Helfer in der Heimat	154
9	Kindergeburtstag in einem fernen Land	171
10	Das Tauziehen um meine Töchter	191
11	Begegnungen in Damaskus	209
12	Bashir und die Männer in Grün	225
13	Ständig auf Achse	249
14	Ein Haus in Aleppo	270
15	Fluchtpläne	295
16	Die Reise in die Freiheit	313
	Epilog	335
	Danksagung	346
	Glossar arabischer Begriffe und Redewendungen	349

Prolog

»Mama, wo liegst du?«
»Ich liege nirgendwo, Liebes – ich sitze wie üblich zu Hause.«
»Mama, wie komme ich hierher? Und was mache ich hier?«

Es ist Freitagabend, der 23. April 1999, als ich dieses Telefongespräch mit meiner neunjährigen Tochter Dunja führe. Darauf habe ich den ganzen Tag zu Hause in meiner Wohnung im Norden Amsterdams gewartet. Ihre Stimme kommt von sehr weit her. Gemeinsam mit ihrer fünf Jahre jüngeren Schwester Shirin sitzt sie nun irgendwo in einem kleinen Gässchen in Syrien, dreitausend Kilometer von mir entfernt. Neun Wochen lang habe ich nach meinen Töchtern gesucht, zunächst in den Niederlanden, dann im Libanon und schließlich in Syrien. Neun lange Wochen, in denen ich nicht wusste, ob sie noch lebten, ob sie in Sicherheit waren und wer für sie sorgte. Neun Wochen, in denen sie dachten, dass ich sterbenskrank in einem Krankenhaus läge.

Nie und nimmer hätte ich mir vorstellen können, dass mir so etwas passieren könnte. Meine zwei Mädchen sind mir im wahrsten Sinne des Wortes von der Hand weggerissen und entführt worden. Und das auch noch durch ihren eigenen Vater! Man hört zwar immer wieder Geschichten, dass ein Elternteil die Kinder nach einer Scheidung verschleppt, selbst ins Ausland – aber das sind Berichte, die immer nur von anderen handeln. Doch nun stecke ich von einem Tag auf den anderen in genau dieser Situation.

Ich wurde in Algerien geboren, wohne aber schon dreißig Jahre in den Niederlanden, davon etwa fünfzehn in Amsterdam. Ich weiß, was auf der Welt geschieht, und ich kenne auch die Gefahren, denen meine Töchter jeden Tag ausgesetzt sind. Berichte über Kinderpornobanden haben mich bis ins Innerste aufgewühlt, und ich dachte, dass dies die größte Gefahr sei, die ihnen drohen könnte. Ich habe meinen Mädchen deshalb auch schon von klein auf beigebracht, niemals mit Fremden mitzugehen und auch keine Geschenke von ihnen anzunehmen und immer direkt nach Hause zurückzukommen. Stattdessen hätte ich sie vor Hamid warnen sollen – ihrem eigenen Vater.

Seit Hamid und ich uns gleich nach der Geburt unserer jüngsten Tochter Shirin getrennt haben, hat sich die Beziehung zwischen uns beiden immer mehr abgekühlt. Aber Dunja und Shirin hatte er das nie spüren lassen, und ich glaubte, dass sie bei ihm sicher seien. Ein einziges Mal sprach ich mit Hamid über meine Ängste, als ich wieder mal von der Entführung der eigenen Kinder durch einen Vater hörte. Doch Hamid beruhigte mich und sagte, dass er ohnehin nichts mehr in seinem Geburtsland Libanon zu suchen habe und überdies nicht über genügend Geld verfüge, um irgendwohin zu gehen. Er brachte das voller Überzeugung vor, und ich glaubte ihm.

Seit unserer Trennung wohnen die Kinder bei mir. Aber Hamid hat es auch nach fünf Jahren noch nicht verkraftet, dass unsere Familie auseinandergebrochen ist. Ich habe mich von Anfang an bemüht, sein Verhältnis zu den Mädchen so gut wie möglich aufrechtzuerhalten, denn ich finde, dass Dunja und Shirin das Recht auf einen Vater haben. Doch obwohl ich fest davon überzeugt bin, dass Hamid seine Töchter sehr liebt, ist es uns nie gelungen, eine vernünftige Regelung für ihre Treffen zu finden. Hamid fuhr Taxi und hatte eine eher unregelmäßige Arbeitszeit. Das stand dem geregelten Ablauf unseres Lebens, wie ich ihn für mich und meine Töchter anstrebte, völlig entgegen. Die Folge davon war, dass Hamid zu den unmöglichsten Zeiten auftauchte und die Mädchen je nach Belieben zu sich nach Hause mitnehmen wollte. Verbindliche Absprachen zu treffen hatte wenig Sinn. Selbst als ich eine Anwältin einschaltete, um eine juristisch wasserdichte Besuchsregelung zu vereinbaren, war Hamid nicht in der Lage, sie einzuhalten. Und doch forderte ich ihn immer wieder auf, den Kontakt zu seinen Töchtern zu pflegen.

Ich war deshalb auch froh, als Hamid vor ein paar Wochen anbot, Dunja und Shirin ein Wochenende bei sich zu behalten. Auch die Mädchen waren von der Idee begeistert. Der Gedanke, dass sie von dort nicht mehr zurückkommen würden, kam mir nicht eine Sekunde in den Sinn. Selbst als sie zu der vereinbarten Zeit noch nicht wieder zu Hause waren, vermutete ich nichts Schlimmes. Es war vermutlich etwas dazwischen gekommen, und Hamid würde sie wohl am nächsten Morgen wieder abliefern, das war mein Gedanke. Aber sie kamen weder am folgenden Tag noch am Tag darauf. Erst da begann ich zu begreifen, dass etwas passiert sein musste. Angst beschlich mich, aber ich ahnte immer noch nicht, was eigentlich los war.

Als ich dann zur Polizei ging, um eine Vermisstenmeldung aufzugeben, drückte mir ein Beamter dort ein Merkblatt über »Kindesentführung im internationalen Maßstab« in die Hand. In diesem Augenblick begriff ich, worum es ging. Ich weiß noch, dass mir in dem Augenblick, als ich die Überschrift las, schwarz vor Augen wurde. Nach dem ersten Schock reagierte ich voller Unglauben: Das konnte einfach nicht sein, so etwas würde Hamid nicht tun...

Schließlich wohnte er schon seit zwanzig Jahren in den Niederlanden! Er hatte damals seine Heimat Libanon verlassen, weil die Bürgerkriege ein Bleiben unmöglich machten. Es war für mich deshalb einfach unvorstellbar, dass er dorthin zurückgekehrt sein sollte. Und dann noch mit zwei kleinen Mädchen. Er hatte selbst gesagt, dass er da nichts mehr zu suchen hatte. Und woher sollte er das Geld für die Reise genommen haben? Ich verstand überhaupt nichts mehr. Ich hatte ihm doch niemals Steine in den Weg gelegt, wenn es um seine Töchter ging – warum sollte er also etwas Derartiges tun? Warum tat er Dunja und Shirin das nur an?

Während die Polizei nach Hamid und unseren Töchtern suchte, begann ich langsam zu begreifen, dass dies alles nichts mit den Mädchen zu tun hatte. Hamid wollte *mich* treffen. Er konnte es nicht verkraften, dass ich mich für ein Leben ohne ihn entschieden hatte. Ich hatte ihn verlassen und ihm gezeigt, dass es auch ohne ihn ging und dass ich mein Schicksal selbst in die Hand nehmen konnte. Er sann auf Rache, und dies war für ihn die wirkungsvollste Möglichkeit, um mich wieder an ihn zu binden: indem er mir das Liebste nahm, was ich auf der Welt habe.

Selbst in den schwierigsten Phasen unserer Beziehung habe ich keinen »Rosenkrieg« mit Hamid gewollt. Doch jetzt ist er zu weit gegangen. Ich werde Himmel und Hölle in Bewegung setzen, um meine Töchter zu finden. Ich werde sie von ihm wegholen, wo immer sie sein mögen, und ich werde von nun an Hamid nicht mehr schonen. Ich weiß, ich werde meine Kinder finden, und wenn ich die ganze Welt nach ihnen durchkämmen muss, und ich werde sie dahin zurückbringen, wo sie hingehören – in die Niederlande, zu ihrer Mutter.

Niemand kann ungestraft meine Töchter rauben!

1

Liebe auf den ersten Blick

Ich begegnete Hamid das erste Mal am 5. September 1988. Ich war damals fünfundzwanzig Jahre alt und wohnte schon seit einigen Jahren allein in Amsterdam. Mein Arbeitsplatz war die Küche eines Restaurants. Als ich an jenem Tag gerade eingetroffen war, sah ich ihn am Tresen sitzen, einen eher kleinen, dunkelhäutigen Mann. Er war nicht gerade das, was man als schön bezeichnen kann, doch sein Blick war anziehend und zugleich geheimnisvoll. Er lächelte mir zu und sagte: »Hallo, *jamila*!« Ich glaubte, dass Jamila ein arabischer Name sei, und dachte, er habe mich mit jemand anderem verwechselt. »Ich heiß nicht Jamila«, entgegnete ich daher. »Das weiß ich – aber du bist doch eine Schönheit!« Dann erklärte er mir, dass *jamila* nicht nur ein Name ist, sondern im Arabischen auch »Schönheit« bedeutet. Ich fühlte mich geschmeichelt, und wir kamen ins Gespräch. Nach zehn Minuten musste ich zurück in die Küche. Als er eine Stunde später ging, schaute er in die Küche rein, um mir auf Wiedersehen zu sagen. Meine Schwester Naguis, die ebenfalls in diesem Restaurant arbeitete, meinte dazu: »Was für ein netter Kerl!«

Damals steckte ich noch in einer ziemlich desolaten Beziehung mit Arthur, den ich schon einige Jahre zuvor getroffen hatte. Ich wollte mit ihm Schluss machen, aber wann immer ich einen Anlauf dazu unternahm, gelang es mir nicht, mich von ihm zu trennen. Bis ich Hamid begegnete, war eine neue Beziehung auch das Letzte, woran ich denken wollte. Arthur machte damals allein eine Urlaubsreise, und ich hoffte eigentlich, dass unser Bruch dadurch endgültig sein würde und ich endlich meine Freiheit zurückgewinnen würde.

Aber Hamid machte mich neugierig. Als er nach ein paar Tagen wieder in unser Restaurant kam, ging ich hinter den Tresen und tat so, als hätte ich dort zu arbeiten. In der Küche musste man eben eine Weile ohne mich auskommen. Ich fing ein Gespräch mit Hamid an. Auf Grund seiner dunklen Hautfarbe und seines fehlerhaften Niederländisch war mir klar, dass er Ausländer war. Ich vermutete, er käme aus Israel, aber er sagte mir, er sei aus dem Libanon. Sein Vater sei dort einer der maßgebenden Richter gewesen. Er selbst sei Muslim und habe den Libanon verlassen müssen, weil die syrischen Besatzungstruppen einen Teil der Bevölkerung mit dem Tod bedrohten. Der Libanon war in jenen Jahren wiederholt in blutige Bürgerkriege verwickelt. 1979 war Hamid deshalb als Asylbewerber in die Niederlande gekommen, ohne alles, außer den Kleidern, die er bei seiner Flucht trug. Er war dann in Holland zur Schule gegangen und arbeitete nun als Diamantenschleifer. Er war nur wenige Jahre älter als ich.

Wir hatten sehr viele Gemeinsamkeiten. Mit sechs Jahren bin ich mit meiner Familie aus Algerien in die Niederlande gekommen, weil meine Eltern uns Kindern eine bessere Zukunft bieten wollten. Mein Vater machte eine der ersten nach den islamischen Reinheitsgeboten geführte Schlachterei auf und ist inzwischen Besitzer einer erfolgreichen Ladenkette. Ich wusste daher, was es heißt, sich in der Fremde eine neue Existenz aufzubauen.

Im Verlauf unseres Gesprächs stellte sich heraus, dass Hamid ein treuer Kunde der Schlachterei meines Vaters war. Ich bekam so das Gefühl, dass unsere Begegnung alles andere als ein Zufall war, dass das Schicksal es endlich auch einmal gut mit mir meinte.

Hamid fragte mich, ob ich am Freitag wieder Dienst hätte. Das traf leider nicht zu, aber ich lud ihn ein, am Samstag zu mir zum Mittagessen zu kommen. Ich würde auch ein echtes arabisches Essen für ihn zubereiten. Wir machten noch Scherze, wie wir dann auf unserem eigenen »fliegenden Teppich« *Couscous* essen würden.

Am Samstag hatte ich die ganze Wohnung blitzblank geputzt. Auch mich selbst hatte ich schön gemacht und freute mich auf das späte Mittagessen. Hamid sollte gegen halb drei kommen. Eine Stunde vorher ging ich noch einmal nach draußen, um letzte Besorgungen zu erledigen. Auf der Straße traf ich Hamid, der mich, eine Hand hinter seinem Rücken, etwas einfältig anlachte. Er präsentierte mir einen riesengroßen Blumenstrauß und gestand, dass er viel zu früh gekommen sei. Aber er wollte so früh wie möglich bei mir sein, sagte er. Zusammen erledigten wir die Einkäufe und gingen zu mir nach Hause, um zu kochen. Wir bereiteten köstliche arabische Spezialitäten zu wie etwa ein Schüsselchen mit Auberginen, Couscous, Ratatouille...

Während wir in der Küche herumwerkelten, schrieb Hamid auf eine dort hängende Schiefertafel das Wort, das von da an immer sein Kosename für mich sein sollte: *Jamila*.

Wir setzten uns an den Tisch und begannen unser mehrere Stunden dauerndes Essen, tranken zwischendurch Tee und redeten. Wir wollten alles vom anderen erfahren! Hamid lebte in einem Haus, wo vor Jahren meine Schwester zur Untermiete gewohnt hatte. Für mich war das wiederum ein Zeichen, dass unser Zusammentreffen vorbestimmt war. Es funkte gewaltig zwischen uns, und ich war erleichtert, mit einem Mann mal ganz normal sprechen zu können.

Als Hamid dann um acht Uhr abends aufstand und sich für das Essen bedankte, hatte ich Arthur völlig vergessen. Wieder allein, griff ich mir ein paar Astrologiebücher, um herauszufinden, was für ein Mann Hamid war. Er hatte mir sein Sternbild verraten und zu meiner großen Freude – obwohl ich natürlich wusste, dass das alles Unsinn war – las ich, wir seien eindeutig füreinander bestimmt.

Am folgenden Tag, einem Sonntag, klopfte es an der Tür – obwohl ich eine Türglocke hatte. Ich rief: »Wer ist da?« und hörte die dunkle Stimme von Hamid. Er wollte mit mir etwas trinken gehen. Ich war noch nicht richtig wach, also verabredeten wir, uns in einer Stunde in einem Nobelcafé zu treffen. Dort knüpften wir nahtlos an das Gespräch vom Vortag an. Bevor ich es wirklich realisierte, erzählte ich ihm alles über Arthur. Ich berichtete über all die verschiedenen Male, als ich ihm gesagt hatte, es wäre endgültig aus, und wie Arthur mich dann doch wieder aufsuchte und mir nachstellte. Ich sagte auch, dass ich nun wirklich nichts mehr mit ihm zu tun haben wolle, mich aber vor seiner Aggressivität immer noch fürchtete. Rückblickend betrachtet war es vielleicht nicht sehr klug von mir, dass ich jemandem, den ich kaum kannte, meine innersten Geheimnisse offenbarte. In der arabischen Welt ist die Frau ein Mysterium – und sie muss dafür sorgen, dass das auch so bleibt. Wenn eine Frau sich gegenüber einem Mann als verletzlich und völlig offen gibt, dann verliert sie in den meisten Fällen seinen Respekt. Aber Hamid schien ein warmherziger Mensch zu sein, und ich entdeckte in seinen Augen etwas, das mein

Vertrauen weckte. Hamid hörte sich meine ganze Geschichte an und bot mir sofort seine Hilfe an. Er würde dafür sorgen, dass Arthur mich nicht mehr behelligte.

Als Arthur eine Woche später aus dem Urlaub zurückkehrte, kam er direkt bei mir vorbei. Er begann erneut, Süßholz zu raspeln, und ich wusste nicht, wie ich mich verhalten sollte. Wegen seiner bedrohlichen Aggressivität und seinen Wutausbrüchen traute ich mich nicht, ihm die Tür zu weisen. Ich erzählte ihm auch nichts von Hamid. Ich wusste in dem Augenblick selber nicht, wie alles weitergehen sollte, ob ich Arthur noch eine Chance geben oder mich für Hamid entscheiden sollte.

In den darauf folgenden Wochen bewegte ich mich zwischen den beiden Männern. Arthur kam regelmäßig zu meiner Arbeitsstätte, saß dann stundenlang am Tresen, trank und wiederholte pausenlos: »Wir gehen die Sache auf jeden Fall an. Du gehst sie an, und ich geh sie an.« Was er damit genau meinte, blieb mir unklar, und ich wollte ihn auch nicht danach fragen. Vielleicht hoffte ich ja im Stillen, dass er wirklich »gehen« und endgültig aus meinem Leben verschwinden würde.

Als aber nichts weiter geschah, beschloss ich den Knoten selbst ein für allemal durchzuhacken. Ich besuchte Arthur eines Abends zu Hause. Er ließ mich rein, und noch bevor ich mich gesetzt hatte, sagte ich: »Ich habe einen anderen. Ich werde mich mit einem Araber vermählen.« Von einer Heirat mit Hamid war bis dahin zwar noch keine Rede gewesen, aber ich dachte mir, je überzeugender ich die Sache vorbringe, desto eher kapiert Arthur vielleicht, dass ich es ernst mit Hamid meine. Nach dieser Mitteilung drehte Arthur völlig durch. Er packte mich, warf mich ins Zimmer und schlug mich grün und blau.

Ich schrie gellend: »Geh weg! Hör auf! Lass mich los! Lass mich gehen!«

Der Streit dauerte nach meinem Gefühl Stunden. Er schlug mich überallhin und machte mich für alle Schlechtigkeiten dieser Welt verantwortlich. Nach einer Weile beruhigte er sich etwas. Sein Verhalten begann ihm Leid zu tun, und er versprach, er würde so etwas nicht mehr tun. Er lief hin und her, um mich zu versorgen, wusch mein Gesicht ab und tat alles Mögliche, um mir zu zeigen, wie sehr er seinen Ausraster bedauerte. Inzwischen hatte er jedoch seine Wohnungstür abgeschlossen, und so konnte ich nicht nach draußen flüchten.

Am nächsten Tag ging Arthur wie üblich in dem Laden direkt unter seiner Wohnung arbeiten – ich aber blieb eingeschlossen. Ich konnte niemanden anrufen und nichts tun, denn ich fürchtete, dass Arthur mich von unten hören würde.

Nach ein paar Stunden hatte ich einen Plan gefasst. Ich nahm all meinen Mut zusammen und ging nach unten. Ich bat Arthur, Joghurt für mich zu holen. Er lehnte das ab und sagte, ich solle mich selbst darum kümmern. »Ich will aber nicht nach draußen, ich will nie mehr nach draußen!«, war meine Antwort. Arthur blieb jedoch stur, sodass ich endlich weggehen konnte. Einmal draußen, bin ich sofort los gerannt. Ohne Jacke, ohne mein Fahrrad und meine Klamotten lief ich und lief und lief...

Ich rannte, ohne eine Pause zu machen, bis zu mir nach Hause – meine Schlüssel hatte ich mitnehmen können – und warf die Wohnungstür hinter mir ins Schloss. Den Rest des Tages verbrachte ich zusammengesunken auf einer Bank. Am Abend wurde mehrmals an die Tür getrommelt. Ich blieb jedoch mucksmäuschenstill im Dunkeln sitzen. Später erfuhr ich von einer Nachbarin, dass es Hamid gewesen war, der zu unterschiedlichen Zeiten an meiner Wohnungstür gewesen war, weil er sich Sorgen um mich gemacht hatte. Das gab mir meine Hoffnung zurück: Er war noch da, Hamid hatte auf mich gewartet. Das war der endgültige Anstoß, den ich noch gebraucht hatte, um Arthur für immer zu verlassen.

Am Dienstag erstattete ich wegen der Misshandlung Anzeige bei der Polizei und ging danach zur Arbeit. Wie ich gehofft hatte, kam Hamid in das Restaurant. Er sah meine blauen Flecken und fragte mich, was geschehen sei. Ich erwiderte: »Das werde ich dir erzählen, aber nicht hier. Nimm meine Schlüssel und warte zu Hause auf mich. Ich komme ungefähr um zwölf.« Hamid ging. Kurz danach kam auch Arthur und verlangte eine Aussprache. Als ich ihn sah, blieb mir vor lauter Schreck die Stimme weg. Ich konnte kein einziges Wort herausbringen. Mein Chef zeigte Verständnis: »Verschwinde durch den Hintereingang, Malika. Versuch nach Hause zu flüchten.«

Aber Arthur durchschaute das Manöver und wartete mit seinem Auto schon an der Hintertür auf mich. Ich bildete mir ein, dass er nun auf alles, was ich vorschlug, eingehen würde, und dass er vielleicht wie schon bei meinem Trick mit dem Joghurtholen zu täuschen wäre. Mit heiserer Stimme sagte ich, dass ich zu ihm nach Hause wolle. Wie ich gehofft hatte, widersprach er mir und verlangte, dass wir zu meiner Wohnung fuhren. Dort wartete Hamid auf mich und würde mich vor ihm beschützen. Unterwegs konnte ich Arthur noch überreden, ein paar Einkäufe zu erledigen, bei denen es mir heimlich gelang, meine Nachbarin anzurufen. Ich erzählte ihr, dass Hamid in meiner Wohnung saß, dass ich mit Arthur käme und dass Hamid das Licht ausmachen sollte.

Als Arthur und ich vor meinem Haus ankamen, war alles dunkel. In dem Augenblick, in dem Arthur das Licht in meiner Wohnung anmachte, sah er dort Hamid auf der Bank sitzen.

Ich sagte ihm: »Das ist er. Das ist der Mann, den ich heiraten werde.« Arthur rannte auf Hamid zu, um ihn zu verprügeln, doch der flüchtete aus dem Zimmer, hinüber zur Nachbarin, von wo aus er die Polizei anrief. Bis Hamid mit der Nachbarin und der inzwischen eingetroffenen Polizei zurückkam, hatte Arthur die Gelegenheit genützt, mir ein paar Schläge zu versetzen. Ich erzählte den Polizisten, dass bereits mehrere Anzeigen gegen Arthur vorlagen. Als er von den Einsatzkräften abgeführt wurde, zischte er Hamid zu: »Viel Glück mit dem Wanderpokal!«

Drei Wochen später zog Hamid bei mir ein. Das war natürlich verdammt schnell, aber nach dem letzten Vorfall mit Arthur war ich einfach zu ängstlich, um allein zu sein. Hamid begleitete mich zur und von der Arbeit und tat alles für mich. Wir hatten uns noch nicht einmal geküsst, trotzdem tat er alles für mich. Meine Familie hielt ihn für verrückt, weil kein wirklicher arabischer Mann sich so um eine Frau bemühen und sich für sie ins Zeug legen durfte. Ein Araber muss Autorität ausstrahlen und Respekt verlangen. Er lässt sich bedienen – nicht umgekehrt. Außerdem steckte meiner Familie das Drama mit Arthur noch frisch in den Knochen und sie fürchteten, ich hätte mich nur von einer Beziehung in die nächste geflüchtet, ohne die Konsequenzen zu bedenken. Dass sie damit gar nicht so verkehrt lagen, merkte ich allerdings erst einige Jahre später. Damals war ich einfach glücklich, dass jemand da war, der für mich sorgte und mich beschützte.

Im Januar 1989 wollten Hamid und ich unser Zusammenleben legalisieren. Wir gingen zu meinen Eltern, um ihre Zustimmung zu erbitten und den Segen einer islamischen Gemeinschaft einzuholen. Meine Familie reagierte heftig gegen diese offizielle Absegnung unserer Verbindung. Sie wollten das um keinen Preis zulassen – denn sie trauten Hamid nicht. Meine Schwester Sarah, die Hamids Getue um mich im höchsten Maße verdächtig fand, meinte, er sei ein Betrüger. Sein Nachname Khalaf sei nicht islamisch, sondern es sei ein christlicher Name. Daraufhin legte Hamid ihr ein Dokument vor, das von einem *imam* ausgestellt war. Es bestätigte, dass Hamid Khalaf ein Angehöriger der islamischen Gemeinschaft in den Niederlanden war. Meine Eltern waren durch dieses Schriftstück beruhigt – aber die Zweifel waren gesät.

Darüber hinaus fanden sie – ebenso wie meine Schwester –, dass sein Benehmen nicht dem eines wirklich arabischen Mannes entsprach. Ein solcher hatte es ihrer Meinung nach nicht nötig, den ganzen Tag um seine Frau herumzuscharwenzeln, um ihr zu gefallen. Sie warnten mich, er versuche nur, mich einzulullen. Erst nach der Hochzeit würde ich sein wahres Gesicht kennen lernen.

Aber sie begriffen auch, wie gerne ich mit diesem Mann zusammen war. Dies und die Tatsache, dass er ein Muslim war, gaben den Ausschlag. Sie stimmten unserer Verbindung zu. Letztendlich waren sie doch stolz, dass ich mit einem Araber nach Hause gekommen war. Immerhin war ich auch schon sechsundzwanzig Jahre alt und es wurde höchste Zeit, mich unter die Haube zu kriegen.

Die Verlobungszeremonie fand Ende Februar 1989 statt. Nach islamischem Brauch muss die Verlobung, wenn sie erst einmal beschlossen ist, auch so schnell wie möglich stattfinden. Mein Vater übernahm sämtliche Kosten – Hamid hatte damals sowieso kein Geld. Die islamische Verlobungszeremonie ist ein Gelöbnis, immer beieinander zu bleiben und die Verbindung zu einem späteren Zeitpunkt in eine Hochzeit einmünden zu lassen. Mit diesem Versprechen erhalten wir den Segen Allahs und können von nun an gemeinsam unter einem Dach wohnen – in diesem Fall war es meines.

Die Feier war umwerfend! Ich trug ein weißes Kleid und Hamid einen dunklen Anzug – natürlich hatte mein Vater den bezahlt. Ich war total verliebt und überglücklich.

Als ich Hamid begegnet war, hatte er mir erzählt, er sei Diamantenschleifer. Eines Tages entdeckte ich jedoch zufällig, dass in seinen Papieren Koch als Beruf angegeben stand. Ich fragte ihn, was nun eigentlich stimme, und er sagte mir, dass ihm die Arbeit als Diamantenschleifer nicht gefallen habe. Jetzt sei er in der Tat Koch, zur Zeit jedoch arbeitslos und ohne Mittel. Ich fragte meinen Vater, ob er nicht bei ihm arbeiten könne. Doch der hatte seine Zweifel und wollte erst abwarten, wie sich die Beziehung zwischen Hamid und mir entwickeln würde.

Anfänglich verlief auch alles gut. Auf Hamids Drängen hatte ich den Job im Restaurant aufgegeben, weil er fürchtete, Arthur könne dort unvermutet wieder auftauchen. Ich hatte auch schon bald eine neue Beschäftigung bei einem Konditor gefunden.

Meine Liebe zu Hamid wuchs von Tag zu Tag, und nach einer Weile war ich mir sicher, dass ich ein Kind von ihm wollte. Mutter zu werden schien mir das Schönste zu sein, was ich mir vorstellen konnte. Glücklicherweise unterstützte mich Hamid in diesem Gedanken. Ungefähr zwei Monate nach unserer Verlobung wurde ich schwanger. Hamid und ich konnten unser Glück kaum fassen. Die ersten Wochen meiner Schwangerschaft verliefen jedoch nicht ganz problemlos. Nach sieben Wochen setzte eine leichte Blutung ein, und Hamid brachte mich auf kürzestem Wege ins Krankenhaus. Dort stellte man zum Glück fest, dass alles in Ordnung war. Aber ich sollte mich auf jeden Fall mehr schonen.

Am Abend nach unserem Besuch im Krankenhaus schlief Hamid übermüdet zu Hause auf unserer Bank ein. Ich beschloss, noch mal kurz bei meinen Eltern, die ganz in der Nähe wohnten, vorbeizuschauen. Ich schrieb Hamid ein paar Zeilen, die er offensichtlich nicht gefunden hatte. Denn als ich ein paar Stunden später nach Hause kam, sah die Wohnung aus, als wäre ein Wirbelsturm durch die Räume gezogen. Alles war kurz und klein geschlagen, die Bücherborde waren umgeworfen und überall lagen Scherben herum. Das Einzige, was noch heil an seinem Platz stand, war der große gläserne Esstisch. Davor – mitten im Raum – war unser Besitz wie eine Pyramide aufgestapelt: die Kleidung, Bücher, CDs, Fotos und alles andere. Auf einem Stuhl neben dem Tisch saß Hamid. Sobald er mich sah, sprang er auf, warf mich gegen die Wand und schrie: »Wo warst du mit *meinem* Kind?«

Der Schock, den ich erlitt, war ungeheuerlich. So kannte ich Hamid noch nicht! Er hörte nicht auf zu fluchen und zu toben, und ich wurde so ängstlich, dass ich meinen Vater anrief und ihn bat, mich abzuholen. Diese Nacht schlief ich bei meinen Eltern, während Hamid bei uns zu Hause blieb.

Am nächsten Morgen klopfte Hamid heulend an die Tür meiner Eltern. Es tat ihm alles furchtbar Leid, und er begriff auch nicht, wie es zu dem Wutanfall kommen konnte. Aber jetzt war es eh zu spät, sagte er meinem Vater. Die Umstände seien nun einmal ganz schrecklich, er könne keinen passenden Job finden und er wäre ganz allein in einem fremden Land. Er erzählte, dass er sich entsetzliche Sorgen gemacht hätte, als er wach geworden sei und ich nicht mehr da war. Ich wäre schließlich alles, was er hätte, und sei zudem die Mutter seines Kindes. Er wolle mich keinen Moment aus den Augen verlieren und sei deshalb allein aus purer Angst durchgedreht.

Ich wusste nicht, was ich glauben sollte. Sein Wutanfall war zu unvermittelt gekommen, ohne Vorwarnung und ohne jegliche Ankündigung. Nichts hatte bis dahin darauf hingewiesen, dass Hamid sich um hundertachtzig Grad drehen könne. Später begriff ich dann, warum sein wahres Wesen genau in diesem Augenblick zum Vorschein kam. Die Beute war gefangen: Er hatte eine Frau, er hatte sie geschwängert, und es war jetzt nicht mehr nötig, sich zu verstellen. Aber das verstand ich erst viel später – damals war ich bereit, das Ganze zu seinem Vorteil auszulegen.

Meine Eltern und ich waren bereit, seine Erklärungsversuche zu akzeptieren. Schließlich hatte er es wirklich nicht leicht! Wahrscheinlich würde alles wieder gut werden, wenn Hamid Arbeit fand. Dann würde er sich auch nicht so abhängig von mir fühlen.

Also verschafften mein Vater und ich ihm einen neuen Job in einer Croissanterie. Als er dort nach zwei Monaten gekündigt wurde, weil er oft zu spät oder überhaupt nicht zur Arbeit erschien, suchte mein Vater ihm wieder eine neue Tätigkeit als Küchenhilfe im Stadtteil Bijlmerbajes. Auch die Sache ging schief. Er kam wiederholt zu spät und stellte sich bei der Arbeit sehr ungeschickt an. Die Probleme mit seinen Arbeitgebern häuften sich, und jedes Mal, wenn er wieder einen Job verloren hatte, klopfte Hamid bei meinem Vater an, weil er wusste, dass der ihm – immerhin dem Vater meines Kindes – wieder einmal aus der Patsche helfen würde.

Die Spannungen zwischen uns nahmen in den folgenden Monaten zu. Der ewige Streit um Hamids wechselnde Arbeitsplätze ließ bei uns den Entschluss reifen, dass es besser wäre, wenn er sich eine eigene Wohnung suchen würde, damit wir ab und an auch allein sein konnten. Hamid fand auch rasch eine Unterkunft im Westen Amsterdams. Dass wir von nun an nicht mehr ständig aufeinander hockten, tat unserer Beziehung sehr gut. Gelegentlich sprachen wir sogar übers Heiraten, fanden aber dann, wir sollten damit noch warten, bis es uns finanziell besser gehen würde.

Zu jener Zeit kam Hamids Mutter das erste Mal vom Libanon in die Niederlande zu Besuch. Sie hatte ihren Sohn schon seit ewigen Zeiten nicht mehr gesehen und war außerdem neugierig darauf, mich kennen zu lernen. Sie wollte ein paar Wochen bleiben und bei mir wohnen, weil Hamid seine Jobs häufig wechselte, ich selbst aber damals nicht mehr arbeitete. Damit hoffte sie zu vermeiden, den ganzen Tag allein in der Wohnung herum sitzen zu müssen.

Da ich zu der Zeit nur mäßig Arabisch sprach, sie aber kein Niederländisch und nur wenige Brocken Englisch, unterhielten wir uns meist mit Händen und Füßen– aber irgendwie klappte es. Sie brachte mir die Feinheiten der libanesischen Küche bei. Natürlich konnte ich arabische Gerichte zubereiten, aber von ihr lernte ich viele neue Varianten. Während wir Zucchini und Tomaten füllten, *kibbeh* und *tabbouleh* zubereiteten, erzählte sie mir von Hamids Jugend und seinem Vater im Libanon. Der schien nicht, wie Hamid mir erzählt hatte, ein ehrenwerter Richter gewesen zu sein, sondern ein treuloser Ehemann, der einige uneheliche Kinder in Syrien gezeugt und sich selbst vor einigen Jahren zu Tode getrunken hatte. Hamid hatte mir also grobe Lügen über seinen Vater aufgetischt. Aber, so beruhigte ich mich selbst, das alles vielleicht ja nur aus Schamgefühl gegenüber seinem Erzeuger.

Nach ein paar Wochen kehrte Hamids Mutter in den Libanon zurück. Wir brachten sie gemeinsam zum Amsterdamer Flughafen Schiphol und winkten ihr zum Abschied zu. Während die Maschine aufstieg, dachte ich noch: Wie wunderbar, dass ich mit meiner Schwiegermutter so gut zurechtkomme…

Eines Abends hatte sich die ganze Familie bei meinen Eltern zum Abendessen versammelt. Es war gemütlich, alle schwatzten und alberten herum. Auch Hamid schien sich zu vergnügen. Als Naguis, meine Schwester, plötzlich beiläufig erwähnte, dass sie Arthur auf der Straße gesehen hätte, schlug die Stimmung mit einem Mal um. Später im Auto, auf dem Weg nach Hause, wurde deutlich, welche Aggressionen diese Bemerkung bei Hamid ausgelöst hatte. Er raste durch die Stadt und fuhr wie ein Amokfahrer zwischen all den Autos, Fahrradfahrern und Fußgängern hindurch. Ich schrie laut vor Angst, doch Hamid kam erst sehr langsam zur Besinnung. Er setzte mich bei meiner Wohnung ab und fuhr direkt weiter zu sich nach Hause.

Am folgenden Tag weigerte er sich, zur Arbeit zu gehen. Stattdessen stand er im Hausflur vor meiner Wohnung herum. Dann kam mein Vater und sprach mit ihm.

Schließlich bot er ihm wieder einen neuen Job an. Hamid sollte in einer seiner Schlachtereien arbeiten, wo meine Brüder ihm die Feinheiten des Gewerbes beibringen würden. Das war auf jeden Fall besser als seine gegenwärtige Arbeit und würde ihn außerdem mehr an unsere Familie binden. Hamid stimmte zu, und eine ganze Weile ging auch alles gut. Mein Vater stellte Hamid sogar ein Auto zur Verfügung, weil sein alter Wagen schon fast auseinander fiel. Er bedankte sich zwar, mir gegenüber beschwerte er sich aber, dass es nicht einmal ein neues Auto, sondern nur ein Gebrauchtwagen war. Ich hatte inzwischen gelernt, solche Undankbarkeit zu schlucken, um keinen neuen Wutanfall zu provozieren.

Gegen Ende 1989, etwa im siebten Monat meiner Schwangerschaft, beschloss ich, in Hamids Wohnung zu entbinden. Trotz unserer Probleme wollte ich, dass wir die Geburt unseres ersten Kindes gemeinsam erlebten. Also zog ich zu ihm, denn seine Wohnung war dafür wesentlich besser geeignet als meine. Sie lag im Erdgeschoss, und ich brauchte mit meinem dicken Bauch nicht wie bei mir Treppen steigen, und außerdem gab es direkt um die Ecke eine Frauenarztpraxis.

Alles ging gut, solange wir zu zweit waren. Doch manchmal brachte Hamid Freunde mit nach Hause, und dann veränderte er sich schlagartig. Dann glaubte er seinen Kumpels beweisen zu müssen, dass er mich unter Kontrolle hatte und dass er der Boss war. Die Wahrheit, dass er wegen seiner Arbeit, der Wohnung, des Autos und des Geldes von mir – oder besser gesagt: von meiner Familie – abhängig war, hätte sich für seine Freunde nicht so gut angehört.

Eines Abends schlief ich schon, als Hamid mit einem

Freund nach Hause kam. Er weckte mich und begann mal wieder mit mir herumzuschimpfen und zu toben. Es war klar, dass er ein paar Gläser zu viel getrunken hatte. Ich protestierte laut, dass er mich in meinem Zustand, hochschwanger, wie ich war, mitten in der Nacht, nicht einfach auf die Straße setzen konnte. Doch das interessierte ihn nicht im Geringsten, und er schubste mich aus dem Haus hinaus.

Draußen war es kalt, dunkel und still. Es war mitten in der Nacht.

Ich setzte mich auf eine Bank auf dem Surinameplatz, direkt in der Nähe der Wohnung. Ich saß da ungefähr zwei Stunden und wusste nicht, was ich tun oder wohin ich gehen sollte. Meine Eltern wohnten genau am entgegengesetzten Ende der Stadt, und ich hatte die Schlüssel für meine eigene Wohnung nicht dabei, aber auch kein Geld, kein Handy, nichts. Endlich kam Hamid nach draußen, war wieder ganz lieb, entschuldigte sich und bat mich, wieder mit ihm nach Hause zurückzukehren. Weil ich völlig durchgefroren war und auch nicht wusste, wohin ich sonst hätte gehen können, ging ich mit ihm hinein. Für Hamid waren damit alle Probleme restlos ausgeräumt. Er zeigte sich um mich besorgt, schmeichelte mir und begann, mich am Bauch und Kopf zu streicheln. Obwohl ich für diese Liebkosungen in meinem Zustand eigentlich nichts übrig hatte, ließ ich ihn gewähren. Wenn das Kind erst einmal da ist, wird alles besser, dachte ich.

Ich ertrug die wechselnden Stimmungen von Hamid und bereitete mich auf die Geburt unseres ersten Kindes vor. Ich war überzeugt, dass es ein Mädchen werden würde. Ich hatte ausschließlich Mädchenkleider gekauft, und auch das Kinderzimmer, das ich in Hamids Wohnung eingerichtet hatte, war für eine Tochter bestimmt. Als Geburtstermin hatte der Arzt den 31. Januar ausgerechnet. Den letzten Jahreswechsel des alten Jahrzehnts erlebte ich in einer Art Triumphgefühl: Dieses neue Jahr war das, in dem ich Mutter werden würde! Ich konnte mein Glück kaum fassen, und es fiel mir schwer, zu warten, bis es so weit war.

2

Ein chaotisches Familienleben

Am 16. Januar 1990, zwei Wochen früher als vorgesehen, ist Dunja zu Hause geboren worden. Hamid war dabei, und er war unendlich lieb und hilfreich. Er schnitt die Nabelschnur selbst durch und war vom ersten Moment an völlig verliebt in seine Tochter. In den ersten Wochen nach der Geburt schwebten wir auf rosa Wolken. Ich war fast närrisch vor Glück über mein schönes Mädchen. Das Gefühl, Mutter zu sein, war noch überwältigender, als ich es mir ohnehin vorgestellt hatte.

Alles lief bestens. Hamid schien der geborene Vater zu sein, und nichts wurde ihm zu viel. Er wechselte Windeln, badete Dunja und nahm sie auf den Arm, wenn sie weinte. Er sprach arabisch mit ihr und nannte sie die ganze Zeit *tahbusji* – mein Schatz. Er ging mit ihr spazieren und filmte fast jede Sekunde ihres jungen Lebens. Wenn wir mit dem Auto irgendwohin fuhren und Dunja schlief, blieb er mit ihr im Wagen sitzen, bis sie von selbst wieder wach wurde – er wollte nicht das Risiko eingehen, dass sie zu weinen anfing, wenn sie aus dem Schlaf gerissen wurde. Und er wollte alles von ihr aufbewahren: selbst ihre Sauger und die Milchflaschen durften nicht weg geworfen werden. Alles wurde in einer Kammer verstaut.

Auch zu mir war Hamid zärtlich und aufmerksam. Wenn ich irgendetwas brauchte, holte er es mir. Er half im Haushalt und tat sein Bestes, um ein harmonisches Familienleben aufzubauen.

Aber nach einer Weile war plötzlich alles vorbei. Ich lag gerade im Bett, und Hamid saß im Nebenzimmer, wo auch Dunjas Wiege stand. Auf einmal begann sie fürchterlich zu weinen. Ich hörte es und dachte, Hamid würde Dunja wie immer hochnehmen. Aber Dunja schrie weiter, und ich rief Hamid zu, er solle sie trösten. Ich hörte ihn irgendetwas murmeln, und wenig später kam er mit dem Mädchen auf dem Arm ins Schlafzimmer. Er gab sie mir und sagte nur: »Mach du das mal!«

Ich sagte, dass er das am besten könne, und bat ihn, mir eine neue Windel zu reichen. Seinen Augen sah ich an, dass er schlechter Laune war, dachte aber nur, Dunjas Geheul ginge ihm auf die Nerven. Er lief aus dem Zimmer und schleuderte wenig später eine ganze Packung Windeln ins Schlafzimmer. Ich hörte ihn im Nebenzimmer rumlaufen, Kästen und Schubladen aufmachen und Selbstgespräche führen. Mit zwei Koffern kehrte er ins Schlafzimmer zurück und begann all seine Kleidungsstücke einzupacken. Als ich ihn fragte, was er vorhätte, bekam ich keine Antwort. Ohne ein einziges Wort gesagt zu haben, verließ er mit seinen gepackten Koffern die Wohnung.

Er blieb einen ganzen Monat weg, und bis heute weiß ich nicht, wo er gewesen ist.

Nach einem Monat stand er plötzlich wieder vor der Tür. Er bat um Entschuldigung und schlug vor, dass wir unser Leben anders regeln sollten. Er würde nicht mehr für meinen Vater arbeiten, dafür Dunja versorgen, während ich wieder arbeiten gehen könnte. Schließlich würde ich eine besser bezahlte Tätigkeit finden können als er. Ehrlich gesagt, schien mir das ein ausgezeichneter Vorschlag zu sein. Ich hatte jetzt schon so lange zu Hause gesessen, dass die Idee, wieder arbeiten zu können, mich reizte. Außerdem war mir schon lange klar, dass das mit Hamids Job in der Schlachterei meines Vaters nie klappen würde.

Ich fand eine Arbeit in einem Fischrestaurant, und Hamid kümmerte sich von nun an um Dunja.

Als Dunja sieben Monate alt war, kam Hamids Mutter wieder zu Besuch aus dem Libanon. Wir nannten sie inzwischen »Teta«, was im Arabischen Oma bedeutet. Diesmal brachte sie Noura mit, die Schwester von Hamid. Beide freuten sich, Hamids erstes Kind endlich kennen zu lernen.

Im Gegensatz zum letzten Besuch verlief unsere Begegnung diesmal nicht so gut. Teta und Noura saßen den ganzen Tag zu Hause bei Hamid und Dunja herum. Sie weigerten sich, auch nur einen Finger im Haushalt krumm zu machen, ja, selbst kochen wollten sie nicht. Den lieben langen Tag liefen sie in ihren Pyjamas durch die Wohnung und redeten Arabisch. Wenn ich abends von der Arbeit nach Hause kam, machten sie weiter, während ich das Essen kochte, hin und her lief und die Zimmer aufräumte. Ihre Trägheit trieb mich fast in den Wahnsinn.

Als ich einmal einen freien Tag hatte, schlug ich vor, in den Park zu gehen, um frische Luft zu schnappen. Noura lag – natürlich wieder im Pyjama – auf der Bank und sagte, sie hätte keine Lust darauf. Und auch Teta quengelte: »Lass uns in Ruhe, Malika, du läufst den ganzen Tag herum. Wir haben schließlich Urlaub. Lass uns in Ruhe.« Zu Hamid sagte sie dann auf Arabisch – was ich inzwischen ganz gut verstand –, wie lästig ich ihr fallen würde, dass ich immer so einen Druck auf sie ausüben würde und im Grunde auch überhaupt keine gute Mutter wäre. Ich sagte nichts, zählte im Stillen bis zehn und holte tief Luft. Dann zog ich Dunja ein Jäckchen und Schuhe an und ging mit ihr in den Park.

Ich machte einen langen Spaziergang und genoss den herrlichen Spätsommertag. Es war wunderschön, mal wieder allein mit meiner Tochter zu sein. Nach einer guten Stunde kehrte ich nach Hause zurück. Dort war die Stimmung inzwischen völlig umgeschlagen. Teta und Noura wollten zurück in den Libanon – und das sofort. Eigentlich hätten sie noch ein paar Wochen bleiben sollen, aber nun hatten sie genug und bestanden darauf, dass wir – also meine Familie – ihre Flugtickets umbuchen ließen, damit sie möglichst schnell zurückfliegen konnten. Ich war mehr als glücklich, dass sie endlich abreisen würden, und rief deshalb auch sofort meinen Vater an, um mir das Geld von ihm zu borgen. Es klappte wie geplant. Als wir die beiden in Schiphol verabschiedet hatten, drehte sich Hamid zu mir um: »Malika, ich bin sehr böse auf dich! Du hast meine Familie verärgert. Ich schäme mich für dich.«

Ich war so überrascht, dass ich nun wieder die Schuldige sein sollte, dass ich nichts anderes tun konnte, als erstaunt die Augenbrauen hochzuziehen.

Unser Leben nahm wieder einmal eine andere Wendung. Nachdem sich Hamid ein Jahr lang um Dunja gekümmert hatte, war er dahinter gekommen, dass zu Hause zu sitzen doch nicht der Idealzustand war. Er wollte etwas Eigenes anfangen. Mit einem Kredit meines Vaters in Höhe von 35 000 Gulden kaufte er sich ein Restaurant. Ich selbst kündigte in dem Fischlokal, in dem ich bis dahin gearbeitet hatte, und half Hamid beim Aufbau seines eigenen Geschäftes. Ich stellte die Speisekarte zusammen, kümmerte mich um die Einrichtung des Restaurants und tat alles, was nötig war, um so schnell wie möglich eröffnen zu können. Nach zwei Wochen waren wir dann so weit. Hamid sagte mir, dass er den Laden von nun an allein führen könne und dass ich besser zu Hause bliebe, um mich um Dunja zu kümmern. So geschah es. Jeden Tag ging Hamid ins Restaurant und kehrte erst sehr spät am Abend zurück. Als ich ihn fragte, wie die Dinge liefen, antwortete er mir. »Alles prima.«

Vier Monate vergingen. Mein Vater fragte vorsichtig bei Hamid an, wann er gedenke, die erste Rate seines Kredits zurückzuzahlen.

Hamid zischte nur: »Was glaubst du, habe ich mit deinem Geld gemacht? In Las Vegas auf den Kopf gehauen? Du kriegst dein Geld schon, warte nur ab.«

Doch mein Vater traute ihm nicht und stellte Nachforschungen an. Das Geld war weg und das Restaurant pleite. Hamid hatte eine Bedienung angestellt und saß selbst den lieben langen Tag am Tresen und kippte Cognac in sich hinein. Keine Kunden – kein Cent Einnahmen. Hamid hatte meinen Vater – wie schon so oft – beschwindelt und um 35 000 Gulden ärmer gemacht. Mein Vater schäumte vor Wut. Hamid versprach zwar, das Geld zurückzuzahlen, aber mein Vater glaubte ihm kein Wort mehr. Er sah voraus, dass er nicht einen müden Cent jemals wieder sehen würde, und beschloss, Hamid nicht mehr zu helfen.

Eines Abends wurde ich von einem Mitarbeiter von RI-AGG, einer landesweit operierenden Einrichtung für psychisch Gefährdete, angerufen. Sie fragten mich, ob ich Malika Kaddour sei, die Lebensgefährtin von Hamid Khalaf. Als ich das bejahte, erzählten sie mir, dass Hamid als Notfall bei ihnen eingeliefert worden sei. Er wäre mit seinem Auto gegen einen Baum gerast, und obwohl er keine

Verletzungen davongetragen hätte, bestünden ernsthafte Zweifel an seinem psychischen Zustand.

Ich bat die Nachbarin, auf Dunja aufzupassen, und fuhr sofort in die Notaufnahme. Hamid saß da, den Kopf in die Hände gestützt und murmelte vor sich hin.

»Ach, Malika, was machen sie alle mit mir? Das kann doch mit uns nicht so weitergehen? Was müssen wir nur tun?«

Ich setzte mich neben ihn und versuchte, ihn zu trösten. Das Telefonat hatte mich natürlich völlig aufgewühlt, und der Anblick dieses gebrochenen Mannes gab mir einen Stich ins Herz. Zugleich spürte ich jedoch so etwas wie Erleichterung. Endlich begann Hamid seine schreckliche Situation zu begreifen. Es lag nicht an mir. Auch die Psychiater waren der Ansicht, dass etwas geschehen müsse. Vielleicht war dies ja ein Wendepunkt. Vielleicht konnten wir von nun an gemeinsam an einem harmonischeren Zusammenleben arbeiten.

Ich besprach die Situation mit den Psychiatern des Hilfsdienstes. Sie meinten, dass Hamid zwar nach Hause könne, aber eine Therapie beginnen müsse, am besten zusammen mit mir. Wir verabredeten eine erste Sitzung. Hamid ließ alles mit sich geschehen, stimmte allem zu.

Doch als wir nur wenige Tage später beim Therapeuten saßen, war es aus mit seiner Zustimmung. Er weigerte sich, zu reden, meinte, ich würde viel zu viel Privates ausbreiten, und wurde immer böser. Schließlich sprang er auf, schrie, dass dies alles völlig sinnlos sei und der Therapeut ohnehin auf meiner Seite stünde. Dann verschwand er. Unsere erste gemeinsame Therapiesitzung war mithin auch unsere letzte gewesen.

Unsere Lebensumstände wiederholten sich. Ich ging erneut arbeiten, in einem anderen Fischrestaurant, und Hamid kümmerte sich zu Hause um Dunja. Manchmal hatte er seinen »Durchhänger«, wie ich es nannte. Dann war er nicht ansprechbar, lag den ganzen Tag bei geschlossenen Gardinen im Bett und zappte gelegentlich durch die Fernsehprogramme. Wenn ich dann auf Zehenspitzen durchs Haus lief und alles vermied, was ihn hätte reizen können, gingen diese Phasen von selbst vorbei. Dann kam er wieder zu sich, machte Pläne, war fröhlich. Einen Begriff wie »manisch-depressiv« kannte ich damals noch nicht. Wie hätte ich auch ahnen können, dass es einen Namen für Hamids »Durchhänger« gab?

Ich lernte, ihn so zu nehmen, wie er war, und sah es als mein mir vorbestimmtes Schicksal an. Jeder Lebenspartner hat Probleme – und ich musste lernen, mit diesen fertig zu werden. Und so verstrich ein weiteres Jahr.

Als ich eines Abends wieder spät von meiner Arbeit zurückkehrte, lag Hamid auf dem Sofa und zappte durch die Fernsehprogramme. Ich begrüßte ihn und ging dann direkt ins Schlafzimmer, weil ich todmüde war.

Keine Stunde später wurde ich durch ein Geräusch in der Küche geweckt. Noch bevor ich begriff, was passierte, nahm ich einen durchdringenden Geruch wahr: Gas! Ich rannte sofort in Dunjas Zimmer, holte sie aus dem Bett und lief ins Wohnzimmer. Hamid saß am Tisch und hatte seinen Kopf in die Hände gestützt. Ich verstand überhaupt nichts mehr, doch mir war klar, dass ich weg musste. Vor ein paar Monaten hatte ich schon eine Tasche für diesen Fall gepackt und in einem Schrank im Flur deponiert, falls Hamid mich wieder einmal mitten in der Nacht nach draußen jagte. Ich holte diesen Notkoffer mit Toilettensachen, Unterwäsche und Kleidungsstücken für Dunja und mich und tauchte für eine Nacht bei der Schwester einer Freundin unter. Der immer stärkere Gasgeruch trieb mich in die Flucht. Die Gedanken, den Gashahn abzudrehen, ein Fenster zu öffnen oder Hamid wach zu rütteln, kamen mir gar nicht erst – ich wollte nur weg! Ich nahm die Tasche und lief mit Dunja auf dem Arm zu der in der Nähe wohnenden Bekannten. Ich schlug gegen ihre Tür und schrie, sie sollte mich reinlassen. Schlaftrunken öffnete sie. Als ich ihr erzählte, dass Hamid den Gashahn aufgedreht hätte und uns ermorden wollte, ließ sie mich rein. Dann rief sie die Polizei an, die auch sehr schnell kam. Sie nahm Hamid unter dem Verdacht des versuchten Totschlags fest.

Am nächsten Abend ging ich nach Hause, und auch Hamid kam wieder zurück. Sie hatten ihn bei der Polizei verhört und danach wieder laufen lassen. Er hatte ausgesagt, es sei ein Unglück gewesen, und zudem habe er angenommen, Dunja und ich wären nicht im Haus.

Nach diesem Vorfall musste ich sofort aus seiner Nähe verschwinden. Aber in meine eigene Wohnung konnte ich in dem Moment nicht, da dort gerade eine Bekannte von mir lebte. Glücklicherweise bot mir eine andere Freundin, auf deren Kinder ich gelegentlich aufpasste, ihr Ferienhäuschen an. Zusammen mit Dunja lebte ich dort drei Wochen, um wieder Kraft zu schöpfen.

Dann rief mich Ellen an, eine Nachbarin und gute Freundin von Hamid. Sie erzählte mir, dass er wieder in Ordnung sei. Sie hatte wiederholt mit ihm über die Ereignisse jener Nacht gesprochen und war überzeugt, dass ich keine Angst mehr vor ihm haben brauchte. Es sei ein einmaliger Vorfall gewesen, und Hamid täte er inzwischen außerordentlich Leid. Er liebte Dunja und mich über alle Maßen und würde uns sehr vermissen. Wenn ich zurückkommen würde, würde er alles tun, um das Geschehene wieder gutzumachen. Außerdem würde sie, Ellen, uns in Zukunft sorgfältig im Auge behalten, damit sie sofort eingreifen konnte, falls etwas aus dem Ruder lief.

Ich beschloss, unserer Beziehung noch eine neue Chance zu geben und kehrte nach Amsterdam zurück.

Ich kam zwar zurück, doch ich schloss mich nun in meine eigene kleine Welt ein. Während meiner Arbeit, die ich zum Glück trotz meiner dreiwöchigen Abwesenheit wieder aufnehmen konnte, hatte ich ständig das Radio laufen, vor allem einen lokalen Sender. In der Zeit, in der ich in der Küche beschäftigt war, hörte ich den DJs zu, lauschte ihren Stimmen, den Witzchen, die sie machten, der Musik, die sie auflegten. Das Radio wurde zum Rettungsanker für mich, und keiner durfte mich ansprechen, wenn es lief. Die Welt, die es mir vorgaukelte, löste langsam die Wirklichkeit ab.

Ich faxte an den Sender, und meine Botschaften wurden immer länger. Zwischen mir und den DJs entstand eine regelrechte Korrespondenz. In allem, was sie über den Rundfunk verbreiteten, vermutete ich eine verborgene Botschaft für mich. Ich glaubte, dass ich durch die Sendungen endlich begriff, wie mein Leben eigentlich aussah und welche falschen Entscheidungen ich getroffen hatte. Ich hatte das Gefühl, dass sich endlich jemand mit mir beschäftigte, mich endlich jemand begriff.

Als zwei der DJs eines Abends in dem Restaurant saßen, schickten sie mir einen Zettel in die Küche. Sie wussten natürlich durch unsere ausgedehnte Korrespondenz, wo ich arbeitete. Ich verließ sofort die Küche und kam mit ihnen ins Gespräch. Ich war ihnen bis dahin noch nicht begegnet. Einer der beiden hatte wunderbare, alles durchdringende blaue Augen, und ich war von ihm fasziniert. Ich hatte das Gefühl, dass ich wieder einmal verliebt war, und meine Radio-Sucht wurde noch größer. Ich lauschte jetzt auch zu Hause dem Programm, nahm die Sendungen auf, sodass ich auch auf dem Fahrrad oder in der Straßenbahn mit meinem Walkman seiner Stimme zuhören konnte...

Meine Kontakte zu Hamid reduzierten sich auf ein Minimum. Weil ich uns drei ernähren musste, war ich gezwungen, viele Überstunden zu leisten. Ich arbeitete zwölf Stunden am Tag. Hamid war oft mit Freunden unterwegs, und so hatten Dunja und ich die Abende für uns. Meist begann ich gegen Mittag zu arbeiten. Hamid schlief üblicherweise sehr lange, und wenn wir uns eine halbe Stunde pro Tag sahen, sprachen wir vor allem über unsere Tochter, die inzwischen drei Jahre alt war und regelmäßig eine Kindertagesstätte besuchte. Ich fand das so in Ordnung, schließlich hatte ich mir eine kleine Welt geschaffen, in der ich mich wohl fühlte.

Eines Tages beschloss ich, meinen Lieblings-DJ zum Essen einzuladen. Ich schickte ihm ein Fax mit der Frage, ob er mich am nächsten Abend um acht Uhr in einem Restaurant treffen würde. Den ganzen Tag lief ich fröhlich trällernd herum. Ich hatte meinen Walkman auf und lauschte seiner Stimme. Punkt acht saß ich in dem angegebenen Lokal. Hamid hatte ich erzählt, dass ich in der Arbeit für jemand, der krank geworden sei, einspringen musste.

Ich wartete und wartete, doch mein DJ tauchte nicht auf. Um halb zehn begriff ich, dass ich mir den ersten Korb meines Lebens eingefangen hatte. Ich hatte mir eingebildet, dass unsere Zuneigung wechselseitig gewesen sei – doch wenn ich ernsthaft überlegte, musste ich zugeben, dass mein DJ nichts gesagt oder getan hatte, was in diese Richtung interpretiert werden konnte. Immerhin hatte er nicht einmal auf die Einladung zu diesem Abend reagiert. Die ganze Beziehung zu *meinem* DJ war nichts als eine schöne Fata Morgana gewesen. Jahre lang habe ich seinen Rundfunksender nicht mehr angehört.

Ein paar Tage später fiel ich bei der Arbeit eine Treppe hinunter. Durch die vielen Sorgen und die Streitereien mit Hamid hatte ich in den letzten Monaten schrecklich abgenommen. Ich wog nur noch vierzig Kilo. Als ich eine Apfelsinenkiste aus dem Keller nach oben holen wollte, passierte der Sturz. Der Geschäftsführer kam sofort und fragte mich, was los sei. Ihm war schon eine ganze Weile aufgefallen, dass ich ziemlich abgemagert und schlecht aussah. Er schickte mich nach Hause und sagte, ich solle mich erst einmal ausruhen und erholen, bevor ich wieder arbeiten käme.

Zu Hause traf ich Hamid und Dunja an. Ich erzählte ihnen, was passiert war, und Hamid erschrak sichtbar. Er bat mich, sofort den Hausarzt aufzusuchen. Der Doktor stellte fest, dass ich untergewichtig und übermüdet war. Er sagte, ich müsse es eine Weile etwas ruhiger angehen lassen.

In der Nacht verwandelte sich Hamids Besorgnis wieder in Wut. Als er versuchte, mit mir zu schlafen, und ich ihn abwies, drehte er durch. Er zwang mich dazu, und in diesem Augenblick fiel ich in eine Art Psychose. Ich war überzeugt, die ganze Welt habe sich gegen mich gestellt und jeder habe sich mit jedem verbündet, um mich zu vernichten. Ich glaubte sogar, dass der Korb, den der DJ mir gegeben hatte, ein Komplott von ihm und Arthur gegen mich gewesen war. Ich verlor jeglichen Bezug zur Wirklichkeit und hatte Wahnvorstellungen. Nach etwa einer halben Stunde war das vorüber, und ich kehrte auf den Boden der Tatsachen zurück.

Den Rest der Nacht lag ich wach. Morgens ging ich wieder zum Hausarzt, der mich direkt an eine psychiatrische Einrichtung überwies.

In der Klinik habe ich die ersten drei Tage nur meine Jacke getragen. Alle Qualen und all das, was man mir angetan hatte, tauchten als Schmutzkübel, die über mich ergossen wurden, wieder in meiner Erinnerung auf. Ich fand alles um mich herum ekelhaft und versuchte, den Tisch, an dem ich saß, zu scheuern. Es gab natürlich auch jede Menge anderer Patienten dort, und die Vorstellung, mit ihnen gemeinsam eine Toilette teilen zu müssen, verursachte mir Würgereize. Ich fing an, wie eine Art Oberaufseher die WCs einzuteilen: Die hier mussten auf diese Toilette gehen, jene auf eine andere... Ich war vollkommen neben der Spur.

Natürlich begann man auch schnell mit meiner Behandlung. Als Erstes sollte ich wieder zunehmen. Ich bekam Früchtequark und dick belegte Butterbrote, und die blieben so lange stehen, bis ich sie aufgegessen hatte. Langsam, aber sicher, besserte sich mein Zustand. Man gab mir auch verschiedene Medikamente. Was das genau war, weiß ich nicht, aber nach ein paar Tagen konnte ich nicht mehr aufrecht gehen. Ich kroch auf Händen und Knien herum, denn wenn ich meine Fußsohlen auf den Boden setzte, hatte ich das Gefühl, dass sie lichterloh brannten. Es wurde so schlimm, dass man mich nur noch in einem Rollstuhl herumfahren konnte.

Auch eine Badetherapie stand auf dem Behandlungsplan. Ich trieb in einem großen Bassin und musste alles loslassen. Verrückt genug – aber das zeigte bei mir Wirkung. Es stiegen viele Dinge aus meiner Vergangenheit nach oben, aus der Beziehung mit Arthur und von meinem Verhältnis zu Hamid. Ich ließ alles heraus und entdeckte, dass es unheimlich viele Dinge gab, die ich noch nicht verarbeitet hatte Die Zeit dafür hatte ich mir bisher noch nicht genommen. Ich hatte geglaubt, dass Hamid mich aus den Klauen von Arthur gerettet hatte und dass damit das Kapitel Arthur ein für alle Mal abgeschlossen wäre. Und dafür musste ich Hamid auf ewig dankbar sein...

In der Psychiatrie entwickelte ich erstmalig das Gefühl, dass ich aus meinem Leben etwas machen könnte. Ich war bald wieder in der Lage, zu gehen, und musste mich vor einen Spiegel stellen und mich selbst ansehen. Ich hatte jahrelang nicht auf meinen eigenen Körper geachtet und einen furchtbaren Raubbau mit mir getrieben. Nun stand ich vor dem Spiegel und konnte mir intensiv meine Erscheinung betrachten. Ich sah mich so, wie die anderen mich all die Zeit gesehen haben mussten: eine ausgemergelte junge Frau, verwahrlost, mit Schatten unter den Augen und zehn Jahre älter aussehend, als ich tatsächlich war. Mein Körper war in einem elenden Zustand – und in diesem Moment durfte ich mir das auch zugestehen.

Ich war gezwungen, über mich selbst nachzudenken. In den vergangenen Jahren hatte ich mich allein mit Hamid und Dunja beschäftigt und ansonsten Tag und Nacht gearbeitet. Mir über meine eigenen Gefühle klar zu werden – diese Zeit hatte ich mir nicht genommen. Hier in der Klinik jedoch wurde ich morgens um sieben geweckt und musste mich bis abends zehn Uhr mit mir selbst auseinander setzen. Ich wurde jeden Tag auf meine ureigensten Grundlagen zurückgeworfen. Stunden lang konnte ich erstaunt ein Blümchen betrachten, das ich gerade gepflückt hatte. Ich war ausgebrannt, aber ich lernte hier, mir neue Fundamente aufzubauen und meine eigenen Gefühle, meinen eigenen Körper, mein eigenes Leben zu entdecken.

Ungefähr drei Monate verbrachte ich in dieser psychiatrischen Einrichtung. Hamid besuchte mich mit Dunja regelmäßig. Er hatte noch immer keine Arbeit und war voll auf uns fixiert. Er sorgte gut für das Mädchen, bekochte sie, brachte sie in die Kindertagesstätte und war sehr lieb zu ihr. Natürlich vermisste ich meine Tochter ganz schrecklich, aber vor allem in den ersten Wochen in der Klinik hatte ich genug mit mir selbst zu tun.

Später überwog dann wieder mein Muttergefühl. Ich wollte nach Hause, um selbst für Dunja zu sorgen. Wenn Hamid und sie mich besuchten, beschäftigte ich mich fast ausschließlich mit ihr. Sie redete mir die Ohren voll, und ich genoss jede Minute, die wir zusammen waren. Hamid saß meist nur als stummer Statist dabei. Er führte auch eine Reihe von Gesprächen mit den Psychiatern, die mich behandelten. Dabei zeigte er sich sehr kooperativ.

Mir wurde inzwischen immer deutlicher, dass ich mit Hamid nicht mehr zusammenleben konnte. Unsere Beziehung musste beendet werden. Als ich jedoch versuchte, das Thema mit Hamid zu besprechen, wurde er furchtbar wütend. Wenn ich ihn verlassen würde, so drohte er, würde er mir mein Leben zur Hölle machen. Ich war noch immer leicht verletzbar und glaubte ihm.

Nachdem ich die Klinik verlassen hatte, wohnte ich zunächst eine Weile bei meiner ältesten Schwester. Dort konnte ich Ruhe finden, bevor ich daran ging, mein eigenes Leben einzurichten. Die ganze Zeit über blieb Dunja bei Hamid, und das klappte auch gut.

Gemeinsam mit meiner Schwester machte ich neue Pläne: Ich würde mir meinen eigenen kleinen Laden mit Secondhand-Kinderkleidung einrichten. Ich studierte den Anzeigenmarkt der Zeitungen, bat meinen Vater um ein Darlehen und hatte auch sehr schnell ein schönes Häuschen gemietet. Ich kannte inzwischen auch genug Mütter, um mein Netzwerk für gebrauchte Kinderkleidung aufzubauen. Im Januar 1994, fast genau an ihrem vierten Geburtstag, eröffnete ich Dunjas Kids Shop.

Hamid hatte mir bei dem Ausbau und der Einrichtung des Ladens enorm geholfen. Weil mein Hausarzt mir zunächst verbot, ganztags zu arbeiten, musste Hamid sich um das Geschäft kümmern. Inzwischen war ich auch wieder bei ihm eingezogen.

Es ist einfach unmöglich, zu erklären, warum ich immer wieder zu Hamid zurückkehrte. Jedes Mal, wenn ich mir vornahm, mich endgültig von ihm zu trennen, vergaß ich schon bald den Vorsatz. Ich hoffte weiter, dass es gut gehen könnte, wollte in jeder seiner guten Stimmung oder fröhlichen Anspielung ein Zeichen dafür sehen, dass er sich verändert hatte. Frauen, die lange in einer zerstörerischen Beziehung gelebt haben, kriegen hinterher oft zu hören: »Aber du bist doch eine starke Frau. Und auch noch intelligent. Wie konntest du dir das nur antun?« Ich denke, gerade weil die Frauen so stark sind, wollen sie nicht aufgeben. Und weglaufen bedeutet aufgeben! Ich weiß von mir, dass ich jahrelang hoffte, den Kampf auf die eine oder andere Art gewinnen zu können. Hamid zu verlassen würde auch bedeuten, dass ich eine falsche

Wahl getroffen, mir nicht den richtigen Mann ausgesucht hatte, den falschen Vater für mein Kind...

Ich wollte um jeden Preis an dem Traum festhalten, den ich gehabt hatte. Auf der anderen Seite war mein Selbstbewusstsein durch alles, was geschehen war, so untergraben, dass ich meinen eigenen Wert nicht mehr einschätzen konnte. Ich wusste nicht, was ich anderen Menschen noch bieten konnte, zweifelte daran, dass ich es ganz allein schaffen würde. Also versuchte ich, nur Hamids gute Seiten zu sehen, und hielt mich an diesem Strohhalm fest.

Immerhin hatte Hamid während der Zeit, als ich in der psychiatrischen Klinik war, bewiesen, dass er ein guter Vater war. Und auch weil er bei der Einrichtung meines Ladens viel guten Willen und Einsatz gezeigt hatte, dachte ich zum wiederholten Mal, dass wir zusammenbleiben sollten. Auch für Dunja wäre das wahrscheinlich die bessere Lösung. Also lebten wir wieder zu dritt unter einem Dach.

Mein Geschäft ließ sich gut an, ich hatte viel zu tun und dachte, ich hätte endlich den Dreh gefunden. Hamid selbst hatte immer noch keine Arbeit gefunden, und das fraß an seinem Selbstbewusstsein. Er hatte zwar verschiedene Jobs angenommen, hielt aber nie lange durch. Je besser ich mich fühlte, je lieber ich in meinen Laden ging, desto überflüssiger begann er sich zu fühlen.

Als ich eines Abends von der Arbeit zurückkehrte, machten Hamid und Dunja gerade ein Nickerchen. Gewöhnlich schaltete ich dann den Fernseher an. Weil es aber nichts gab, was meine Aufmerksamkeit fesselte, landete ich beim lokalen TV-Anzeigenmarkt. Ich las die Inserate und überlegte, wie ich Hamid wieder zum Arbeiten brächte. Nach dem Reinfall mit seinem Restaurant hatte er keine regelmäßige Stellung mehr angenommen. Er hing nur den ganzen Tag im Haus herum.

Eines Abends nun sah ich eine Anzeige, die mir die Lösung seines Problems zu sein schien: Es wurden Taxifahrer gesucht. Man machte einen Einführungskurs mit und konnte sich direkt danach hinter das Steuer setzen. Das schien mir ein idealer Job für Hamid zu sein – er war sein eigener Herr, brauchte sich nicht mit Kollegen herumschlagen und konnte seine Arbeitszeit selbst einteilen. Ich schrieb in Hamids Namen eine Bewerbung und fügte noch einen wunderbaren Lebenslauf bei. Demnach hatte er in Naguisco als Privatchauffeur viel Erfahrung sammeln können. Wie ich auf diese Idee kam, weiß ich nicht mehr – aber es klappte! Nur ein paar Tage später erhielt ich einen Anruf, er möge sich vorstellen. Ich erzählte Hamid von meiner Idee, und er fand sie auch ganz prima. Mit einem sehr positiven Gefühl ging er in das Gespräch, bestand diese Hürde ohne Schwierigkeiten und konnte mit der Schulung beginnen.

Eine Freundin von mir bot sich an, seine Kenntnisse der niederländischen Sprache zu vertiefen. Doch schon bald sagte Hamid mir, dass er diesen Nachhilfeunterricht abbrechen wollte, weil sie »stank« und es ihm nicht zuzumuten sei, eine Stunde lang neben ihr zu sitzen. Da ich hoffte, dass Hamid wieder mehr Selbstbewusstsein entwickelte, erhob ich auch keinen Einspruch dagegen. Zu dem Kurs selbst musste ich ihn fast treiben, aber es klappte schließlich. Hamid bekam seinen Taxischein, und bei unseren unterschiedlichen Arbeitszeiten konnten wir die Zeit für Dunja optimal aufteilen. Alles ging eine ganze Weile gut.

Dass Hamid in Naguisco gearbeitet hatte, war kein reines Produkt meiner Fantasie. Ein Freund von mir, ein

Großmeister im Schachspiel, musste im Vorjahr an einem internationalen Turnier in Monaco teilnehmen und fragte mich, ob ich ihn begleiten wolle. Offiziell als Fotografin, in Wirklichkeit aber, um eine Weile aus meinem Trott herauszukommen. Denn nach meiner Entlassung aus der Klinik hatte ich mich viel zu schnell hochgepuscht und war bereits wieder ziemlich erschöpft. Ich wollte eigentlich Dunja nicht mehr so lange verlassen, doch wenn ich zwischendurch eine Pause einlegte und neue Kräfte tankte, konnte das für uns beide nur gut sein. Also beschloss ich letztendlich, doch zu fahren. Hamid ging so in seiner neuen Arbeit auf, dass er allem zustimmte. Für die Woche meiner Abwesenheit konnte Dunja bei einer Freundin von mir wohnen, die selbst auch Kinder hatte. Ich machte also meinen Laden zu und fuhr nach Monaco.

Dort unten traf ich viele neue Menschen, mit denen ich normale und schöne Gespräche führen konnte. Ich begann zu begreifen, dass mit mir eigentlich alles in Ordnung und ich ein ganz gewöhnlicher Durchschnittsmensch war. Hamid war derjenige mit Problemen, er machte mir das Leben unerträglich. Als ich zurückkam, war ich mir sicher: Ich hatte noch viel von diesem Leben zu erwarten, ich hatte Freunde, konnte schöne Dinge tun und brauchte nicht als Gefangene bei Hamid zu bleiben. Ich hatte ein Stück meines Selbstvertrauens wieder gefunden und setzte es nun für mich selbst ein.

Ich schrieb der Wohnungsbaugesellschaft, dass ich für mich und meine Tochter eine größere Wohnung suchte. Hamid sagte ich nichts davon. Weil ich für mich eine unumstößliche Entscheidung getroffen hatte, wurde ich auch gegenüber seinen Launen viel geduldiger. Hamid spürte, dass sich die Atmosphäre zu entspannen schien. Damals hatten wir eigentlich eine gute Zeit miteinander.

Ich arbeitete wieder in meinem Geschäft und versuchte, meine alte Wohnung gegen eine neue zu tauschen. Zwei Monate darauf merkte ich, dass ich schwanger war.

Mein Schock war ziemlich groß. Gerade als ich beschlossen hatte, mich endgültig von Hamid zu trennen, bekam ich noch ein Kind von ihm. Sehr schnell begann ich mir ein Leben mit zwei Kindern auszumalen. Für Dunja würde ein Brüderchen oder Schwesterchen etwas sehr Schönes sein. Obwohl diese Schwangerschaft alles andere als geplant war, freute ich mich doch auf das Kind.

Hamid war verrückt vor Freude. Er sah dies als ein Zeichen an, dass wir doch noch eine glückliche Familie werden könnten. Doch ich wusste im Grunde meines Herzens, auch wenn ich dieses Kind von ihm noch kriege – sobald ich eine neue Wohnung habe, bin ich weg. Erstaunlicherweise half mir gerade meine Schwangerschaft bei der Suche nach einer größeren Unterkunft. Ich wurde auf die Dringlichkeitsliste der Wohnungsbaugesellschaft gesetzt. Nur noch wenige Monate musste ich durchhalten, dann würde ich endlich von Hamid erlöst sein.

3

Ich bin eine Tochter arabischer Eltern

Meine Eltern standen, als die ersten Probleme mit Hamid auftauchten, nicht unbedingt auf meiner Seite. Das wunderte mich eigentlich nicht allzu sehr. Seit wir mit unserer Familie in die Niederlande gekommen waren, haben wir uns ständig weiter auseinander gelebt. Während ich in der neuen Kultur aufging und immer mehr »verwestlichte«, fühlten sie sich weiterhin mit der arabischen Kultur verbunden und hielten vor allem an den islamischen Normen und Werten fest, mit denen sie aufgewachsen waren.

Ich bin im Dezember 1962 als viertes Kind meiner Eltern in der algerischen Hafenstadt Oran zur Welt gekommen. Meine Familie, die von Berbern abstammte, hatte ein gutes Leben. Oran ist eine große Stadt mit vielen Ausländern. Der französische Einfluss war damals noch deutlich zu spüren, und auch meine Familie lebte nach westlichem Standard. Meine Eltern trugen europäische Kleidung, und meine Mutter lief unverschleiert durch die Stadt. Nach algerischen Vorstellungen führte unsere Familie fast ein luxuriöses Leben.

Doch im Jahr meiner Geburt, 1962, befreite Algerien sich aus der französischen Kolonialherrschaft und wurde unabhängig. Und plötzlich steuerte das Land führungslos durch eine Zeit der Wirren. Geschäfte wurden geschlossen, Arbeitsplätze gingen verloren, und jeder musste von vorne beginnen. Das Militär übernahm die Macht, und das tägliche Leben wurde härter.

Mein Vater war unmittelbar nach der Unabhängigkeitserklärung nach Europa gegangen und lebte und arbeitete dort zwei Jahre. Er kehrte dann zwar zurück, aber sobald sich eine Gelegenheit bot, verließ er Algerien erneut. Diesmal ging er in die Niederlande. Warum es ausgerechnet dieses Land war, ist mir nicht bekannt.

Während wir in Algerien die Ereignisse abwarteten, baute mein Vater sich in Amsterdam eine neue Existenz auf. Er zog in den Jordaan, ein Viertel, in dem schon immer viele Minderheiten gelebt hatten, und arbeitete dort in einer Metzgerei. Sobald er alles geregelt hatte, sollten wir nachkommen.

Als ich zehn Jahre alt war, war es so weit. Zusammen mit meiner Mutter, zwei Schwestern und zwei Brüdern – nach mir war noch ein Brüderchen dazugekommen – zogen auch wir nach Holland.

Meine Eltern sind bekennende Moslems und haben sich immer bemüht, ihren Glauben an uns Kinder weiterzugeben. Aber irgendwie hat das nicht geklappt. Sobald wir in Holland waren, haben wir uns unsere Umwelt angesehen und selbst über die Dinge nachgedacht. Ich glaube durchaus an einen Gott, aber ich weiß, dass Allah und der Christengott das gleiche Wesen ist. Es gibt eine höhere Macht, aber die ist weder europäisch noch arabisch. Sie hat meiner Ansicht nach auch nichts mit einer Kirche oder Moschee zu tun. Die überlieferten Traditionen des Islam kann ich daher auch nur bedingt befolgen. Ich sehe zum Beispiel nicht ein, warum eine Frau sich Männern gegenüber unterordnen muss.

In den ersten Jahren wurde bei uns zu Hause inkonsequent mit den Anforderungen des Islam umgegangen. Meine Mutter, beispielsweise, betete zwar wie vorgeschrieben fünf Mal am Tag – trug aber keinen Schleier. Mein Vater betete weniger regelmäßig. Wir befolgten auch die Fastenregeln im *ramadan*, aber doch ziemlich locker, und so »vergaß« ich ab und an in der Schule, dass ich nicht essen und trinken durfte.

Als wir noch klein waren, übernahm meine Mutter im Wesentlichen unsere Erziehung, denn mein Vater arbeitete vierzehn Stunden am Tag. Sie hat sich wirklich bemüht, uns so gut wie möglich die islamischen Werte zu vermitteln, doch wir nahmen nur wenig davon an. Wenn sie fragte: »Seid ihr überhaupt richtige arabische Kinder?«, dann antworteten wir: »Ja, natürlich – aber wir gehen auf unsere Weise damit um.« Sie hätte uns auch – wie es in vielen arabischen Familien geschieht – zwingen können, uns »islamischer« zu verhalten, und uns diese Werte geradezu einprügeln können, aber glücklicherweise hat sie das nie getan.

Es war für uns natürlich hilfreich, dass wir im Herzen von Jordaan lebten, mitten unter waschechten Amsterdamern. Mein Vater arbeitete noch eine Weile in einer holländischen Metzgerei, und wir besuchten eine Schule, in der wir nur mit niederländischen Kindern Kontakt hatten. Zu Hause sprachen wir mit meiner Mutter die Sprache der Berber, doch mit unserem Vater fast ausschließlich niederländisch.

An meine ersten Jahre in Holland habe ich eigentlich nur gute Erinnerungen. Wir hatten ein schönes Zuhause, und ich besaß viele Freunde und Freundinnen. Wir wurden nicht als Ausländer betrachtet, und wir fühlten uns auch nicht so. Zu Weihnachten hatten wir den größten Baum in der ganzen Straße, es gab Geschenke und leckeres Essen.

Nur die Geburtstage wurden bei uns zu Hause nicht gefeiert. Ich weiß noch, dass ich das merkwürdig und auch langweilig fand, aber meine Mutter ließ sich in dieser Hinsicht nicht umstimmen. Es gab zwar eine Torte, doch das war alles. Erst als die zwei Jüngsten, die beide in Holland geboren worden waren, um eine Geburtstagsfeier baten, gab meine Mutter nach. Selbstverständlich war ich deswegen eifersüchtig auf sie! Vielleicht habe ich deshalb später die Geburtstage meiner Töchter so groß gefeiert.

In den Sommerferien fuhren wir manchmal zurück nach Algerien. Aber das ging nicht lange gut. Jeder, der nicht reinrassiger Algerier war, wurde aus dem Land gejagt, und das galt auch für meine Familie, die von Berbern abstammte. Viele exilierte Algerier sind deshalb nach Marokko gegangen, auch meine Verwandten aus Oran. Wir machten in diesem Land Urlaub, und zu der Zeit muss es auch gewesen sein, als meine Eltern und wir Kinder die marokkanische Staatsbürgerschaft annahmen. Wann das genau passiert ist, daran kann ich mich nicht mehr erinnern.

Als ich ungefähr zwölf Jahre alt war, veränderte sich mit einem Schlag alles. Wir zogen in einen anderen Teil der Stadt, und mein Vater arbeitete in einer anderen Schlachterei. Meine Eltern hatten viel weniger Kontakt zu den Nachbarn, weil in unserer neuen Umgebung sehr viel Marokkaner lebten. Vor allem meine Mutter kam häufig mit diesen Frauen in Berührung. Sie ging ins nahe gelegene Badehaus, wo sie Stunden lang mit den anderen Frauen über das Land ihrer Herkunft, ihren familiären Hintergrund und den Islam sprach. Zu Hause wurde es dadurch viel strenger für uns. Mein Vater machte das alles mit. Meine Schwestern und ich bekamen wieder und wieder zu hören, dass wir uns nicht angemessen verhielten und dass wir uns jene marokkanischen Mädchen zum Vorbild nehmen sollten, die sich den Respekt vor der eigenen Herkunft und Kultur bewahrt hatten. Doch inzwischen hatten wir schon sechs Jahre lang in den Niederlanden gelebt und wussten eigentlich gar nicht, was von uns erwartet wurde. Die Spannungen innerhalb unserer Familie – mit inzwischen sieben Kindern – nahmen unaufhörlich zu.

Dann verließ meine älteste Schwester Sarah das Haus. Meine Eltern waren entsetzt und wollten verhindern, dass wir anderen ihrem Beispiel folgten. So zogen wir von einem Tag auf den anderen aus Amsterdam weg und ließen uns in der Polderregion nieder. Der Umzug ging so schnell, dass ich nicht einmal Zeit hatte, mich von meinen Freundinnen zu verabschieden. Wahrscheinlich glaubten meine Eltern, wenn wir aus Amsterdam weg sein würden, wären wir den Versuchungen des westlichen Lebensstils weniger ausgesetzt. Das jedoch erwies sich als großer Irrtum. Denn hier auf dem Dorf begannen meine Schwestern und ich zu rebellieren.

Bei derart vielen Kindern im Haus muss man sehen, wie man allein klarkommt – aber wir halfen uns auch gegenseitig. Mit meinen Brüdern und Schwestern bildete ich ein Bündnis gegen meine Eltern. Wir deckten uns gegenseitig, wenn einer von uns zu spät nach Hause kam, und besprachen Dinge, die wir unseren Eltern nicht mitteilen wollten: die erste Schwärmerei, die erste Zigarette...

Jeden Sonntagmittag erzählte ich meinen Eltern, dass ich zu einer Freundin wollte, um gemeinsam mit ihr Schularbeiten zu machen. Ich war meist kurz bei ihr, ging dann aber in die dörfliche Jugenddisco im Gemeindehaus. Dort tanzte ich stundenlang. Nach diesen Sonntagnachmittagen ging ich voller Energie zurück nach Hause. Natürlich durfte ich meinen Eltern nichts davon erzählen.

In jenen Jahren habe ich gelernt, eine Art Doppelleben zu führen. Das half mir wahrscheinlich später, als ich es wieder tun musste. Es wurde mir zur zweiten Natur, etwas geheim halten zu müssen, und ständig mit einem Gefühl der Angst herumzulaufen.

Ich war siebzehn, als ich meinen ersten ernsthaften Konflikt mit meinen Eltern hatte. Es ging um einen niederländischen Jungen, den ich in der sonntäglichen Disco kennen gelernt hatte und in den ich ganz fürchterlich verliebt war. Er war meine erste wirkliche Jugendliebe, doch wir konnten uns nur heimlich, in gestohlenen Stunden sehen. Ich wusste genau, dass meine Eltern es mir verbieten würden, mit einem Jungen auszugehen – und dann noch mit einem Holländer. Ich hatte inzwischen am Samstag einen Job in einer Boutique angenommen und nutzte diese Stunden, um Peter, so hieß der Junge, zu treffen.

Eines Tages hatte ich mich mit Peter festgequatscht und kam eine halbe Stunde zu spät nach Hause. Meine Eltern waren sehr wütend und fragten mich, wo ich gewesen sei. Sie glaubten mir nicht, dass ich länger arbeiten musste, und mein Vater, überarbeitet, müde und verärgert, wie er war, schlug mich. Ich bekam ein blaues Auge. Es war das zweite Mal in meinem Leben gewesen, dass mein Vater mich geschlagen hatte, und ich stand wie betäubt da. Am Abend, in meinem Bett, beschloss ich, von zu Hause wegzulaufen.

Ich packte eine Tasche, verließ heimlich mein Elternhaus und lief zu Peter. Dort wurde ich verständnisvoll aufgenommen, und ich durfte dort übernachten. Am nächsten Tag flüchtete ich weiter zu meiner Schwester Naguis nach Amsterdam, die dort eine Krankenpflegeschule besuchte und in einem Schwesternheim wohnte. Sie rief meine Eltern an und erzählte ihnen, dass ich bei ihr sei.

Meine Eltern sind dann zu Peter gegangen und haben von ihm verlangt, dass er sich von mir fern halten sollte. Er gehöre zu seiner Kultur, ich zu meiner. Sie würden die Polizei holen, wenn sie uns jemals wieder zusammen sehen würden. Peter stimmte ihren Forderungen – wenn auch mit großem Kummer – zu. Ich musste wieder zurück nach Hause, und meine Eltern waren froh, weil sie dachten, sie hätten mich gezähmt.

Ich machte zu jener Zeit eine Ausbildung als Kinderpflegerin. Um das notwendige Praktikum durchzuziehen, hätte ich eine Weile auswärts zur Miete wohnen müssen, doch das wollten meine Eltern nicht erlauben. Meine beiden älteren Schwestern hatten das Haus bereits verlassen, und meine Eltern hatten sich schon damit eigentlich nicht abfinden können. Sie wollten die Kontrolle über mich behalten, und ich musste deshalb die Schule verlassen. Ich durfte das Haus nicht mehr verlassen, außer wenn ich meinem Vater in seiner Schlachterei in Amsterdam half. Inzwischen war ich achtzehn Jahre alt geworden, und meine Eltern bedrängten mich zunehmend, ich solle mir einen guten marokkanischen Mann suchen und endlich heiraten.

In der Ferienzeit fuhren wir wie immer mit der ganzen Familie nach Marokko, wo meine Eltern einen geeigneten Heiratskandidaten für mich zu finden hofften. Ich fand einen meiner Neffen, Abdelkadder, ganz nett. Er war noch nie in den Niederlanden gewesen und wollte unbedingt mit uns mit. Ich schlug ihm vor, sich mit mir zu vermählen, damit er in das Land einreisen konnte. Als Gegenleistung erwartete ich, dass ich mein Elternhaus verlassen konnte. Ich dachte mir: Wenn ich schon heiraten muss, dann wenigstens jemanden, den ich ganz nett finde und dem ich offen gesagt habe, dass es keine wahre Liebe bei mir wäre, sondern allein sachliche Überlegungen, die mich diesen Schritt machen ließen. Als meine Familie im Sommer in die Niederlande zurückkehrte, waren wir verlobt. Sobald er die notwendigen Ausreisepapiere zusammen hatte, wollte Abdelkadder nachkommen.

Zurück in Holland, war ich wieder ganz das »westliche« Mädchen. Ich wollte um keinen Preis heiraten, und vor allem nicht einen Neffen von mir. Meinen Eltern sagte ich jedoch nichts davon. Wenig später reiste Abdelkadder in die Niederlande ein. Da musste ich ihm dann gestehen, dass ich ihn nicht heiraten wolle. Natürlich tobten meine Eltern ganz fürchterlich. Da sie mich aber auch nicht gegen meinen Willen zur Ehe zwingen wollten, akzeptierten sie zähneknirschend meine Entscheidung.

In den Jahren darauf wurden mir und meiner Schwester Naguis, die am Wochenende immer noch nach Hause kam, ständig neue Heiratskandidaten vorgeführt. Wir mussten den Männern Tee und Gebäck servieren, während sie uns begutachteten. Wir schickten meist unseren kleinsten Bruder in den Garten, um uns unter dem Vorwand, wir müssten auf ihn aufpassen, zu verdrücken. Dann saßen wir im Garten und machten uns über die merkwürdigen Typen lustig. Wir beide waren uns längst einig: keinen Mann aus Marokko! Wir wollten einen Europäer, der uns nicht ans Haus band.

Ab und an ging ich mit so einem Bewerber aus, aber meist nur, um dem elterlichen Haus zu entkommen. Die

Männer selbst fand ich nichts sagend. Ich wollte auf meinen eigenen Füßen stehen, wollte meine Freiheit. Doch meine Eltern ließen mich nicht gehen. Zum Ausgleich verwöhnten sie mich, wo sie nur konnten. Sie kauften mir Kleider und Schuhe, so viel ich nur wollte, und stopften mich mit tausend Extras voll. Sie versuchten, mir alle Wünsche zu erfüllen – solange ich als dritte Tochter nicht auch noch das Haus verließ.

Auch sonst versuchten sie mir so weit wie möglich entgegenzukommen. Beispielsweise als ich verkündete, dass ich nicht länger in der Metzgerei meines Vaters arbeiten wollte. Ich konnte Arbeit als Verkäuferin in einem Textilgeschäft bekommen, und das schien mir wesentlich reizvoller zu sein. Meine Eltern stimmten meinem Vorschlag zu, allerdings nur unter der Bedingung, dass ich weiterhin jeden Tag mit meinem Vater nach Amsterdam rein und abends zurückfahren würde.

Zwei meiner Brüder hatten inzwischen niederländische Freundinnen. Mein Vater hatte zudem den Verdacht, dass auch meine Schwestern in Amsterdam mit holländischen Jungen ausgingen. Obwohl er persönlich nichts gegen sie hatte, fand er es nicht gut, wenn wir uns mit Niederländern verbinden wollten.

Er versuchte deshalb, dieser bedrohlichen Entwicklung so früh wie möglich Einhalt zu gebieten, und rief die gesamte Familie zusammen. Er hielt eine donnernde Ansprache, mit der Aufforderung, keines seiner Kinder solle sich mit jemandem aus dem westlichen Kulturkreis verbinden. Andernfalls wären sie nicht mehr Mitglieder seiner Familie. Meine Brüder sollten ihre Freundinnen verlassen, und wir Mädchen sollten uns alle Gedanken an holländische Freunde aus dem Kopf schlagen.

Doch meine Brüder weigerten sich, ihm zu gehorchen. Sie verließen das Elternhaus und lebten mit ihren europäischen Freundinnen zusammen. Daraufhin wurde wieder einmal die doppelte Moral meiner Eltern sichtbar: Meine Brüder wurden – entgegen allen Drohungen – nicht aus der Familie ausgestoßen. Meine Eltern schluckten die Kröte, wenn auch mit Widerwillen.

Hauptsache, ihre Töchter würden nicht niederländische Männer mit nach Hause bringen ...

Wenige Wochen nach diesem Zwischenfall sah ich eines Sonntags die endgültige Chance, aus dem Elternhaus zu flüchten. Ich war mit meinem kleinen Bruder allein zu Hause, da meine Eltern Bekannte besuchten. Sie hatten ihm eindringlich aufgetragen, gut auf mich aufzupassen und dafür zu sorgen, dass ich das Haus nicht verließ. Doch ich hatte andere Pläne geschmiedet. Ich schloss mich im Badezimmer ein, zwängte mich durch das Fenster und floh über das Dach eines angrenzenden Schuppens. Ich war inzwischen immerhin einundzwanzig Jahre alt.

Ich ging wieder zu Naguis, wo ich für eine Weile unterkommen konnte. Sie half mir in allem und belog sogar meine Eltern über meinen Verbleib. Natürlich vermuteten sie, dass ich bei ihr oder meiner anderen Schwester Sarah untergeschlüpft war. Doch sie kümmerten sich nicht groß darum und unternahmen auch nichts, um mich zurückzuholen.

Eine Kollegin aus dem Geschäft, in dem ich arbeitete, half mir, eine eigene Wohnung zu finden. Ich war total glücklich und unheimlich stolz: Schließlich verdiente ich jetzt mein eigenes Geld und stand auf meinen eigenen Füßen!

Ich richtete mir meine erste eigene Wohnung ein, kaufte mir neue Kleidung, nahm Fahrstunden, ging abends aus, lernte viele neue Menschen kennen und fuhr erstmalig in meinem Leben mit einer Freundin in Urlaub. Ich hatte mein altes Leben ein für alle Mal abgeschüttelt und war eine richtige Amsterdamer Frau von heute geworden.

Zu jener Zeit unternahmen meine Eltern zum ersten Mal in ihrem Leben eine *hadj,* die große Pilgerfahrt nach Mekka. Ob das etwas damit zu tun hatte, dass nun auch ihre dritte Tochter das Elternhaus verlassen hatte, weiß ich nicht. Ich weiß nur, dass ich genau zur richtigen Zeit weggegangen bin, denn nach ihrer Rückkehr aus Mekka wurden meine Eltern noch strenger in ihren religiösen Anschauungen als vorher.

Mein Vater gab das Rauchen auf und saß halbe Tage lang in der Moschee. Er kündigte bei seinem alten Arbeitgeber, wo er ständig mit unreinem Schweinefleisch zu tun hatte. Meine Eltern zogen zurück nach Amsterdam, und mein Vater eröffnete dort eine eigene Schlachterei, die nach islamischen Reinheitsgeboten geführt wurde.

Es muss für meine Eltern sehr bedrückend gewesen sein, mit anzusehen, wie ihre Kinder an die niederländische Kultur »verloren« gingen. Sie waren in dieses Land gekommen, weil wir es besser haben sollten, eine Ausbildung bekommen und uns unsere Zukunft aufbauen konnten. Aber dass wir dabei all unsere arabischen Traditionen und Wertvorstellungen gegen die westliche Kultur eintauschen würden, war etwas, was sie zu verhindern gehofft hatten. Doch sie scheiterten, und die Kluft zwischen uns wurde mit den Jahren eher größer. Dass wir alle das Elternhaus verließen und unser eigenes Leben führten, hat sie nur noch mehr entmutigt. Natürlich blieben wir ihre Kinder, aber wir waren jetzt allein verantwortlich für unser Schicksal.

Als ich dann endlich doch mit einem arabischen Mann nach Hause kam, hielten sie nach anfänglichem Zögern eine ganze Menge von Hamid. Vielleicht würde doch noch alles gut mit mir werden! Aber ich änderte mich nicht so, wie sie gehofft hatten. Ich wurde nicht mit einem Mal streng religiös. Ich hielt weiterhin die Fastenregeln im *ramadan* nicht ein und rauchte immer noch – obwohl sie mir das Rauchen in ihrer Gegenwart verboten hatten. Aus ihrer Sicht ist es daher nur logisch, dass sie Hamid lange Zeit unterstützten, um doch noch eine gute arabische Frau aus mir zu machen. Sie konnten einfach nicht begreifen, dass der islamische Mann Schuld an der Entwicklung unserer Beziehung haben sollte, und nicht die aufsässige, verwestlichte Frau. Schließlich hatte ich mir mein Leben selbst ausgesucht – dann war es auch meine eigene Schuld, wenn die Dinge aus dem Ruder liefen. Also schlossen sie sehr lange – und wider besseres Wissen – ihre Augen vor der Wirklichkeit.

Sie können mich jetzt natürlich fragen, warum ich trotz unseres gespannten Verhältnisses so oft meine Eltern um Hilfe bat. Ich selbst habe mir diese Frage auch schon gestellt. Ich denke, ein Kind sucht, hofft und erbittet noch lange die Hilfe seiner Eltern. Vielleicht ist es eine Art Instinkt, in Notsituationen an der elterlichen Tür anzuklopfen. Auf der anderen Seite wollte ich nach jedem Streit mit Hamid meine Eltern wissen lassen, dass auch arabische Männer schlecht sein können. Ich wollte ihnen zeigen: Seht her, ich sollte mich ja unbedingt mit einem Araber zusammen tun – nun habe ich einen. Und das ist das Ergebnis!

Als ich selbst Mutter wurde, wuchs mein Wunsch nach einer stärkeren Beziehung zu meinen Eltern eher noch.

Ich realisierte, dass man – wenn man einmal erst ein Kind in die Welt gesetzt hat – sein ganzes Leben lang die Verantwortung dafür trägt. Das Kind hatte keine Wahl, du hast ihm das Leben geschenkt und musst nun dafür sorgen, dass dieses Leben so schön wie möglich wird. Ich finde es daher auch nur mehr als logisch, dass Eltern ihren Kindern beistehen, wenn es Probleme gibt. Diese Einstellung ist Teil meiner eigenen Erziehung. Darum haben mir meine Eltern auch immer wieder geholfen, wenn ich in Schwierigkeiten war. Und darum habe ich auch bis zuletzt um meine eigenen Kinder gekämpft.

4

Jahre des Terrors

An Dunjas fünftem Geburtstag, dem 16. Januar 1995, bekam ich endlich eine neue Wohnung zugewiesen, sogar eine mit drei Schlafzimmern. Ich stand kurz vor der Entbindung meines zweiten Kindes und wusste felsenfest, dass die Beziehung zwischen mir und Hamid zu Ende war.

Bei der Geburt von Shirin, am 5. Februar, war er nicht dabei. Als meine Fruchtblase platzte, bot eine Freundin an, auf Dunja aufzupassen, damit Hamid mit mir ins Krankenhaus fahren konnte. Doch er weigerte sich und zog es vor, selbst bei Dunja zu bleiben. Ich fuhr dann mit der Freundin und meiner Schwester Sarah in die Klinik. Sie blieben über Nacht und standen mir bei. In der ganzen Zeit, während all der Wehen, habe ich zahllose Male versucht, Hamid anzurufen. Das Telefon war ständig besetzt. Erst am folgenden Morgen, als unsere zweite Tochter Shirin schon geboren war, konnte ich endlich mit ihm sprechen. Er hatte in der Nacht tief und fest geschlafen, und der Hörer lag die ganze Zeit neben dem Telefon.

Er holte mich aus der Klinik ab, und wir gingen in seine Wohnung, wo ich meine Zeit als Wöchnerin verbringen wollte. Meine neue Wohnung musste noch renoviert werden, und ich wollte nicht mit zwei kleinen Kindern wie auf einer Baustelle leben. Außerdem sollte Hamid auch seine zweite Tochter etwas näher kennen lernen. Doch dieses Mal zeigte er wenig Interesse für den Neuankömmling, er sah Shirin kaum an. Auch mir gegenüber war er nicht mehr so rücksichtsvoll wie nach der ersten Entbindung. Nur wenige Stunden, nachdem wir nach Hause gekommen waren, bat er mich, Pfannkuchen zu machen, weil Dunja die gern isst. So stand ich also keine vierundzwanzig Stunden nach der Entbindung wieder am Herd. Glücklicherweise kam Sarah herein. Sie steckte mich sofort ins Bett und versorgte mich und die Kinder während des restlichen Tages.

Nach einer Woche entschied ich mich, Hamid von meinen Umzugsplänen zu erzählen. Das brachte das Fass endgültig zum Überlaufen! Er hatte sich eingebildet, dass ich – wenn Shirin erst einmal geboren wäre – mich ändern und ein normales Familienleben führen würde.

Als er einsah, dass ich keinen Millimeter von meinen Plänen abweichen würde, versuchte er, eine andere Taktik einzuschlagen. Er half mir, die neue Wohnung auf Vordermann zu bringen, verlegte den Boden, strich die Wände und stellte Möbel auf, die er irgendwoher organisiert hatte. Sein Hintergedanke war vermutlich: *If you can't beat them, join them*. Wenn er mit mir zusammen an der Fertigstellung der neuen Wohnung arbeitete, so hoffte er zumindest, könnten wir darin auch als Familie leben. Nach einigen Monaten, während der Ferien von Dunja, war alles fertig, und ich zog mit meinen beiden Mädchen – aber ohne Hamid – in die neue Wohnung.

Von dem Moment an begann sein »Rosenkrieg«. Vier, fünf Mal pro Woche stand er vor der Tür und verlangte, eingelassen zu werden. Er brachte jedes Mal einen anderen Grund vor: Mal war seine Waschmaschine kaputt und ich sollte seine Wäsche waschen, mal konnte er nicht kochen und ich sollte ihn versorgen... Und ich sagte mir: Nun ja, ich muss sowieso waschen, oder: Ob ich nun nur für Dunja und mich koche oder noch einen Teller hinstelle, macht auch nichts mehr aus. Ich versuchte immer noch, Hamid bei Laune zu halten, um möglichst wenig Reibungsfläche zu bieten. Immerhin waren es ja auch *seine* Töchter, die bei mir wohnten. Seine Arbeit als Taxifahrer erlaubte ihm, mehrmals pro Woche zu mir zu kommen. Meine Wohnung lag auf der Vorderseite der ersten Etage. Im Sommer waren alle Fenster und Türen geöffnet. Hamid saß dann oft stundenlang in seinem Auto und starrte zu unserem Balkon herauf. Manchmal hatte er ein großes arabisches Fladenbrot bei sich, das er aß und von dem er ab und an Brocken abriss, um sie in die Wohnung zu werfen.

Ich wurde ständig zwischen den Gedanken hin und her gerissen, dass ich ihn nicht mehr sehen und meine Ruhe haben wollte und dass er andererseits durchaus ein Recht hatte, seine Töchter zu besuchen. Weil er damals Dunja regelmäßig zur Schule brachte, hatte Hamid zu der Zeit noch die Schlüssel zu meiner Wohnung. Oft genug machte er davon Gebrauch. Er rechtfertigte sich, dass er es schließlich gewesen wäre, der die Wohnung renoviert hätte, und dass ich ihm dankbar sein müsse, hier wohnen zu können.

Sobald er in der Wohnung war, schloss er die Tür hinter sich und begann, mich zu bedrängen, zu schreien und mich durch die Räume zu jagen. Dunja stand dann in einer Ecke und heulte und jammerte: »Papa, lass das, hör auf, lass das, Papa!« Er hielt dann inne, sah sie an und sagte: »Du brauchst keine Angst haben, ich tu dir nichts.« Und er richtete seinen Zorn wieder gegen mich. Er konnte sich nicht damit abfinden, dass ich nicht mehr mit ihm zusammenleben wollte, und ließ mich das sehr brutal spüren. Wenn seine Wut verraucht war, verzog er sich, und wir hatten wieder ein paar Stunden Ruhe vor ihm – bis er erneut auf der Schwelle stand.

Nach anderthalb Monaten wechselte ich das Türschloss aus. Doch das half nur wenig. Hamid kam weiterhin und stand manchmal stundenlang schimpfend unter unserem Balkon. Aus lauter Verzweiflung ließ ich ihn dann doch wieder in die Wohnung. Eine befriedigende Lösung des Problems fiel mir damals nicht ein, ich hoffte, mit der Zeit würde sich alles irgendwie von selbst einrenken.

Als Shirin schon ein paar Monate alt war, begann ich wieder zu arbeiten. Shirin nahm ich mit, und Dunja ging in die Vorschule. Aber auch im Geschäft ließ mich Hamid nicht in Ruhe.

An einem Sonntag im Herbst des Jahres 1995 schloss er sich in meinem Geschäft ein. Ich merkte das erst am Dienstag (montags hatten wir geschlossen), als ich hineinwollte und die Tür nicht öffnen konnte. Er hatte dort drinnen zwei Tage auf mich gewartet. Nun drohte er, den Laden und sich selbst in Brand zu stecken, wenn ich nicht zu ihm zurückkehrte. Solche Drohungen waren mir nicht unbekannt. Hamid schien an einem Kriegstrauma zu leiden, denn seine Einschüchterungsversuche waren immer extrem gewalttätig. So wollte er uns, zum Beispiel, in die Luft jagen, sich selbst anzünden und alles und jeden über den Haufen schießen...

Ich wusste nicht, was ich tun sollte, als ich Hamid in meinem Geschäft antraf, und rief meinen Vater an.

Er war der Einzige, auf den Hamid manchmal zu hören schien. Und er war auch derjenige, der ihm wieder und wieder aus seinen Schwierigkeiten herausgeholfen hatte. Mein Vater kam sofort und redete stundenlang auf ihn ein. Er appellierte an sein Ehrgefühl und sagte ihm, er solle sich nicht so abhängig von mir machen. Schließlich gab Hamid klein bei und verließ wie ein getretener Hund das Geschäft. Ich habe danach noch eine Stunde wie blöd dagesessen und mich gefragt, ob es das alles wert sei. Seine Einschüchterungsversuche schienen kein Ende zu nehmen, und es sah nicht danach aus, als würde ich jemals von ihm loskommen. Doch ich wusste nicht, was ich tun sollte, und fuhr fort, den Kopf in den Sand zu stecken.

Als Hamid dann eine Woche später fluchend und tobend in das Geschäft eindrang und alles kurz und klein schlug, brach ich zusammen. Ich konnte nicht mehr. Nicht nur, dass er mein Privatleben zur Hölle machte, jetzt machte er auch noch alles kaputt, wofür ich so hart gearbeitet hatte. Mein ganzes Herzblut hatte ich in den Laden gesteckt, hatte nun aber keine Kraft mehr, gegen diese Aggression anzugehen. Ich war am Ende und beschloss, das Geschäft zu schließen. Gegen mehr als ein Problem konnte ich zur Zeit nicht angehen.

Ich wollte nichts als ein normales Leben mit meinen Kindern und einen normalen Umgang mit Hamid. Deshalb sollte alles durch eindeutige Absprachen geregelt werden, etwa, wann er die Kinder besuchen und wann er sie eventuell zu sich nach Hause nehmen konnte. Hamid wollte das jedoch nicht durch einen Anwalt regeln lassen und meinte, das Problem könnten wir auch unter uns regeln.

Obwohl ich eigentlich keine allein erziehende Mutter sein wollte, kam ich damals ganz gut mit meinen zwei Töchtern zurecht. Wir versuchten, es uns so behaglich wie möglich zu machen, und solange Hamid sich nicht einmischte, klappte das auch gut. Dunja, beispielsweise, träumte schon lange davon, sich ein »Indianerzimmer«

einzurichten. Also malten wir die Wände ihrer Kammer bunt an, kauften indianische Puppen, hängten Kopfschmuck an die Decke – kurzum: Wir machten ihren Traum wahr.

Wir waren stolz auf unsere eigene Wohnung. Shirin krabbelte durch alle Räume, und Dunja besorgte sich von überall Pflanzen und Blumen, um den Balkon in ein Blütenmeer zu verwandeln. Neben unserer alten Wohnung hatte eine liebe, alte Nachbarin gewohnt, die Dunja »Omi« genannt hatte. Omi hatte einen prächtigen Garten gehabt, und Dunja versuchte, diesen auf unserem Balkon nachzuahmen. Sie wollte auch Haustiere haben, und ich kaufte ihr schließlich ein paar Aquarienfische, aber die von beiden heiß ersehnte Miezekatze kam erst Jahre später ins Haus. Als Dunja acht war, legte ihr der Nikolaus eine Katze in die Schuhe.

Wir gingen viel raus, um unsere Nachbarschaft zu erkunden. Unsere Wohnung lag in der Nähe der Fähre, die zum Hauptbahnhof führte, und damit zu fahren war für Dunja jedes Mal ein Ereignis. Sie konnte sich einfach nicht satt sehen an all den Booten, die auf dem Wasser fuhren.

Wir backten Kuchen, spielten zusammen, und abends musste ich den Kindern mindestens zehn Geschichten vorlesen. Erst dann war Ruhe, und ich konnte zu mir selbst finden. Mehr und mehr war ich davon überzeugt, dass dies das Leben sei, das ich für mich und meine Töchter erträumt hatte und das es zu bewahren galt.

Obwohl ich Hamid nicht mehr in mein Leben lassen wollte, war mir doch klar, dass er noch immer der Vater von Dunja und Shirin war. Ich schlug ihm vor, dass die Mädchen am Wochenende bei ihm sein sollten, aber das lehnte er ab. Er begründete das damit, dass er bei seiner unregelmäßigen Arbeit als Taxifahrer nicht in der Lage sei, sich um die Kinder zu kümmern. Zwischen Tür und Angel erwähnte er dann noch, dass seine Mutter ihn wieder besuchen, und er es besser finden würde, wenn sie bei mir wohnte. Auf die Art und Weise könne er seiner Arbeit nachgehen und seine Mutter mir mit den Kindern helfen. Obwohl ich bei dem Gedanken an Teta nicht gerade vor Freude einen Purzelbaum schlug, dachte ich daran, dass es vielleicht für Dunja und Shirin schön wäre, sie bei mir zu haben. Außerdem hoffte ich, dass sie einen günstigen Einfluss auf das Verhalten ihres Sohnes ausüben würde.

Teta kam – und blieb ein halbes Jahr. In den ersten Wochen wohnte sie bei mir. Sie spielte mit den Kindern, aber ansonsten war sie entsetzlich faul. Ihr einziger Beitrag zum Haushalt blieb auf das Waschen der Kleidung beschränkt. Damit beschäftigte sie sich jedoch intensiv: zu schauen, wie hoch der Berg schmutziger Wäsche schon war, zu beobachten, was in der Waschtrommel passierte, zu kontrollieren, wie die Wäsche auf der Leine trocknete...

Wenn Hamid vorbeischaute, endete der Abend regelmäßig im Streit. Teta hielt mich für eine besonders miserable Mutter und Frau und ließ keine Gelegenheit aus, das Hamid unter die Nase zu reiben. Hamid schimpfte dann mit mir, Teta brüllte die Kinder an, und ich verfluchte meinerseits Hamid und Teta. Kurz gesagt, es war eine grauenvolle Zeit. Teta vor die Tür zu setzen und ihr zu sagen, sie möge gefälligst bei ihrem Sohn wohnen, half nur wenig. Tagsüber kam sie zu mir, weil sie ihre Enkelkinder sehen wollte und Hamid ohnehin den ganzen Tag weg war. Oft genug blieb sie dann so lange, dass man sie nicht mehr allein auf die Straße lassen durfte, und übernachtete wieder bei mir.

Mir fiel zu jener Zeit auf, dass manche Dinge einfach verschwanden: Kleidungsstücke, Schmuck, Spielsachen von den Kindern... Es schien so, als ob alles plötzlich spurlos verschwand. Eines Tages etwa war ein Ring von mir weg, von dem ich sicher wusste, dass ich ihn am Vorabend auf das Waschbecken gelegt hatte. Es war ein kostbarer Ring, den ich von meiner Schwester geschenkt bekommen hatte. Ich stellte deshalb das ganze Haus auf den Kopf. Nach einer Weile kam Hamid zu mir gelaufen mit einem Topf Kokosfett in seinen Händen, das ich schon seit Jahren nicht mehr benutzt hatte, und sagte: »Guck mal, du brauchst dich gar nicht so aufzuregen. Der Ring liegt hier im Topf.« Ich fand es äußerst befremdlich, wie das Schmuckstück dorthin gekommen sein sollte. Ich verdächtigte Teta auch, schöne Sachen von mir verschwinden zu lassen. Als ich Hamid darauf ansprach, wurde er wütend und beschuldigte mich, seine Mutter nur verunglimpfen zu wollen. Später erfuhr ich, dass Hamid damals einen großen Teil meines antiken Schmucks ins Pfandhaus gebracht hatte, um Geld für die geplante Reise zu sparen.

Ich weiß nicht mehr, wie oft ich in jenen Tagen die Schlösser meiner Wohnungstür auswechseln ließ, aber es half trotzdem nichts. Irgendwie schaffte es Hamid immer wieder, reinzukommen oder irgendwoher einen Schlüssel zu organisieren. Manchmal ließ Dunja ihn auch herein. Immerhin war es ihr Vater, der da vor der Tür stand. Am liebsten tauchte er völlig unerwartet auf. Es konnte passieren, dass ich in der Küche beschäftigt war, mich umdrehte und plötzlich in das Gesicht von Hamid blickte, der mich anstarrte. Auch nachts, wenn ich im Bett lag, stand er manchmal vor mir. In neun von zehn Fällen hatte

Teta ihn hereingelassen, die der Meinung war, ihr Sohn habe ein Recht darauf, bei seiner Frau zu sein. Ich habe mich deshalb heftig mit ihr gestritten und wies ihr die Tür. Aber sie kam zurück – und mit ihr Hamid.

Häufig wollte er dann Sex mit mir haben, und wenn ich mich ihm verweigerte, interessierte ihn das herzlich wenig. Langsam bestimmte Gewalt unsere Beziehung, und ich weiß nicht, wann das angefangen hat. Vielleicht machte ich mir damals nicht klar, dass es nicht eine Art schmutziger Sex war, den wir trieben, sondern eher Vergewaltigung. Ich wollte es nicht, protestierte und versuchte, ihn mir vom Leib zu halten. Aber ich hatte nicht die Spur einer Chance gegen ihn. Zuletzt war ich mir sicher, dass die Vergewaltigungen nichts als ein Bestandteil unserer abscheulichen Beziehung waren, in der ich immer noch gefangen saß. Das war offensichtlich mein Los als arabische Frau.

Ich erinnere mich, dass Teta sich zu mir auf die Bank setzte, auf der ich heulend nach einer derartigen Vergewaltigung saß, und mich beruhigen wollte: »*Ma'alisch,* Malika, nimm es nicht so schwer. Männer sind nun einmal so.«

Auch wenn ich nach rund dreißig Jahren in den Niederlanden ziemlich »verwestlicht« bin, fühle ich mich doch noch oft zwischen beiden Kulturen hin und her gerissen. So habe ich beispielsweise die Folgen der islamischen Erziehung am eigenen Leib erfahren. Eine ihrer Grundregeln war: Eine Frau gebraucht keine Verhütungsmittel. Das wird einem immer wieder eingetrichtert, und meine Mutter kontrollierte regelmäßig meine Sachen, um zu prüfen, ob ich nicht heimlich die Pille nahm. Sie horchte mich aus und sah in meinem Kalender nach, ob da auch keine Arzttermine darin standen. Meine Schwestern und ich hatten uns schon daran gewöhnt, dass sie ständig unsere Jackentaschen untersuchte. Eines Tages habe ich sie dabei erwischt, wie sie unter dem Läufer auf der Treppe nachsah, ob dort etwa Pillen oder Kondome versteckt waren.

Je älter ich wurde, desto mehr setzte ich mich gegen alle islamischen Bräuche und Werte zur Wehr. Aber einige Dinge sitzen so tief in mir drin, dass ich sie nicht mehr abschütteln kann. Deshalb benutzte ich auch keine Verhütungsmittel, als Hamid mich regelmäßig vergewaltigte.

Ein einziges Mal habe ich mir dann doch eine Spirale einsetzen lassen. Doch als das zu Infektionen im Genitalbereich führte, ließ ich sie mir schnell wieder entfernen. Na also, dachte ich, du kannst wirklich keine Verhütungsmittel gebrauchen.

Ein anderer Aspekt dieser Erziehung ist die Treue zum Mann. Wenn ein Mann und eine Frau sich für einander entschieden haben, geht man nicht mehr auseinander. Auch das war ein Grund, warum meine Eltern Hamid immer wieder unterstützten und hofften, es werde noch alles gut werden. Schließlich war er der Vater meiner Kinder, ihrer Enkel. Selbst als seine Aggressionen nicht mehr nur verbal, sondern physisch wurden, selbst als er mich nicht nur beschimpfte und bedrohte, sondern immer größere Zerstörungen anrichtete und mich vergewaltigte, verteidigten sie ihn noch. Immerhin waren wir eine Beziehung eingegangen – und in jeder Beziehung gab es Probleme. Außerdem hatten sie mich immer als rebellische und ungehorsame Tochter kennen gelernt und wunderten sich jetzt also nicht, dass es Schwierigkeiten gab. Ich müsse meine Rolle als arabische Frau eben erst lernen.

Hamid hatte sich angewöhnt, seinen Kummer über diese widerspenstige Frau bei meinen Eltern loszuwerden. Jedes Mal, wenn es wieder zwischen uns gekracht hatte, ging er zu ihnen und heulte sich dort aus. Er wollte doch nur das Beste für mich – warum machte ich es ihm nur so schwer? Meine Eltern müssten es begreifen, wie arm dran er war und welch ein beklagenswerter Mann! Er trieb es so weit, dass mein Vater zu mir kam, um mir vorzuhalten: »Es ist ganz allein deine Schuld, Malika. Wenn du deinem Mann keine Zuneigung zeigst, bist du eine schlechte Gattin. Kein Wunder, wenn Hamid böse mit dir ist.«

Meine Eltern versuchten immer wieder, eine Versöhnung zwischen Hamid und mir herbeizuführen – ergriffen dann aber Partei für ihn. Ich habe ihnen das sehr übel genommen, und wir haben uns oft darüber gestritten. Ich fühlte mich allein gelassen und nicht verstanden. Vielleicht war dies auch eine der Ursachen dafür, dass ich die Verbindung zu Hamid nicht endgültig abbrechen konnte.

Im Sommer des Jahres 1996 brach ich wieder einmal zusammen. Ein Arzt verschrieb mir ein Beruhigungsmittel und Schlaftabletten, die mir wundervoll halfen. Ich gewann langsam wieder Lebensmut und suchte nach Lösungen, um meine verfahrene Situation zu beenden. Das Sozialamt wies mir eine häusliche Hilfe zu, eine sehr liebe Frau, die meine Wohnung in Schuss hielt, beim Kochen half und auf Shirin aufpasste, die mit ihren anderthalb Jahren durch alle Zimmer tobte.

Vor allem aber half sie mir dabei, mein gewohntes Leben wieder aufzunehmen. Ich hatte nämlich inzwischen Angst, allein auf die Straße zu gehen, und sie half mir geduldig. Ich dachte in Ruhe nach, wie es weitergehen sollte. Sollte ich wieder mein eigenes Geschäft aufmachen oder vielleicht in meinen ehemaligen Beruf als Köchin zurückkehren? Sollte ich einen letzten Versuch unternehmen, um eine vernünftige Regelung für die Besuche von Hamid bei seinen Töchtern zu treffen, oder ihn ein für alle Mal aus meinem Leben streichen?

Viel Zeit blieb mir nicht, um meine Angelegenheiten wieder auf die Reihe zu kriegen, denn auch jetzt spuckte mir Hamid in die Suppe. Wie meist kam er im denkbar ungünstigsten Moment, diesmal wurde er von meiner Haushaltshilfe in die Wohnung gelassen. Und sie wurde ebenfalls zur Zielscheibe seiner Angriffe. Er gab zu allem, was sie tat, bissige Kommentare ab und warf die Kleidungsstücke, die sie gerade gebügelt hatte, auf den Fußboden. Da sie selbst eine Tochter hatte, warf Hamid ihr vor, das eigene Kind zu vernachlässigen, nur um für fremde Kinder da zu sein. Er versuchte sie im wahrsten Sinne des Wortes wegzuekeln, und nach zwei Monaten hatte er es geschafft. Wir standen – zum wievielten Mal eigentlich? – am Nullpunkt.

Ich wollte wieder arbeiten gehen, aber ich konnte noch nicht an ein Geschäft mit voller Verantwortung denken. Außerdem wollte ich nicht den ganzen Tag von meinen Töchtern getrennt sein. Deshalb nahm ich einen Teilzeitjob als Verkäuferin in einem Bekleidungsgeschäft für Kinder an. Dunja ging in die Schule, Shirin in die Kinderkrippe, und so konnte ich alles organisieren.

Eines Tages, als ich mit dem Staubsauger im Laden herumfuhrwerkte, wurde mir plötzlich sehr schlecht. Ich lief zum WC und übergab mich. Als ich mich danach im Spiegel betrachtete, sah ich etwas in meinem Gesicht, das mir schon von früher bekannt war: Es war wieder einmal so weit... Hamid hatte mich bei einer seiner zahllosen Vergewaltigungen geschwängert!

Mir war sofort klar, dass ich das Kind nicht behalten wollte. Ich war so schon kaum in der Lage, meine Situation in den Griff zu bekommen, und mit einem dritten Kind würde das völlig unmöglich sein. Außerdem wollte ich um keinen Preis ein weiteres Kind von Hamid in die Welt setzen. Ich ließ deshalb eine Abtreibung vornehmen und zwang Hamid, mit mir in die Klinik zu gehen, damit er sehen konnte, was er mir angetan hatte.

Als wir nach Hause kamen, wartete dort bereits meine Mutter auf uns. Sie war so geschockt über die Abtreibung, dass sie noch einmal im Gespräch eine friedliche Regelung zwischen uns erreichen wollte. Doch dieses Mal ging sie die Sache anders an und sagte zu Hamid: »Lass Malika doch in Ruhe. Verschwinde aus ihrem Leben. Du wirst sehen, wenn du sie eine Weile nicht beachtest, kommt sie ganz von allein zu dir zurück. Denk doch mal an dein eigenes Ehrgefühl. Lass Malika bei dir angekrochen kommen, statt umgekehrt. Lass sie nur eine Weile in Ruhe.«

Obwohl ich nicht im Geringsten daran dachte, jemals wieder bei ihm angekrochen zu kommen, fand ich alles, was meine Mutter sagte, sehr gut. Es konnte mir schließlich egal sein, aus welchen Motiven auch immer Hamid aus meinem Leben verschwand. Wir drei haben dann noch geredet, aber meine Mutter schien diesmal den richtigen Nerv bei ihm getroffen zu haben. Hamid blieb ruhig und ging endlich in seine Wohnung zurück.

Eine Woche später wollte Dunja ihren Vater sprechen. Sie rief ihn an und nannte am Telefon ihren Namen.

Er sagte: »Dunja? Ich kenne keine Dunja.« Und er legte den Telefonhörer auf.

Natürlich war Dunja deswegen sehr verletzt. Ich verstand seine Reaktion auch nicht und rief selbst noch mal an. Auch mich kannte er angeblich nicht. In den nächsten Tagen versuchten Dunja und ich immer wieder vergebens ihn anzurufen, doch er befolgte den Vorschlag meiner Mutter bis ins Extrem. Auch die Postkarten, die Dunja ihrem Vater schrieb, blieben unbeantwortet.

Manchmal wurde es mir einfach zu viel: die Launen von Hamid, das Unverständnis meiner Eltern und dann auch noch zwei kleine Mädchen, für die ich sorgen musste. An solchen Tagen brachte ich die Kinder zu meiner Schwester und nahm mir eine Auszeit. An unserem nationalen Feiertag, dem Geburtstag der Königin, 1997, war es wieder einmal so weit. Das Wetter war wunderschön, und ich wollte einfach mit dem Fahrrad in der Gegend herumfahren. Ganz allein und von keinem gestört. Ich brachte also Dunja und Shirin zu Naguis und fuhr in die Polder.

Herrlich erfrischt und durchgepustet kam ich nach ein paar Stunden wieder nach Hause und beschloss, noch mal kurz in die Stadt zu gehen. Sie war voller Menschen, doch plötzlich fiel mein Blick auf jemand, der am Straßenrand stand und alles etwas distanziert beobachtete. Es war Danny, ein Bekannter von früher, mit dem ich mich immer gut verstanden, den ich aber seit Jahren aus den Augen verloren hatte. Ich lief auf ihn zu, und wir begrüßten uns herzlich. Wir kamen ins Reden, und es war, als ob wir uns gerade gestern erst gesprochen hätten. Ich spürte mit einem Mal das enorme Bedürfnis, ihm von meinen Problemen mit Hamid zu erzählen. Vielleicht konnte mir ja ein Außenstehender mit unvoreingenommenem Blick weiterhelfen. Wir redeten und redeten, gingen zusammen was essen, und bevor wir es uns versahen, war es elf Uhr abends. Ich hatte zwischendurch meine Schwester angerufen, um sie zu fragen, ob Dunja und Shirin die Nacht über bei ihr bleiben konnten.

Als ich dann später nach Hause ging, fühlte ich mich wunderbar erleichtert. Ich hatte einen sehr schönen Abend hinter mir, und es war gut gewesen, sich endlich mal wieder bei jemandem aussprechen zu können.

In den Wochen danach suchte ich immer häufiger den Kontakt zu Danny. Wir trafen uns regelmäßig, und ich war glücklich, eine Schulter zu haben, an der ich mich ausweinen konnte. Außerdem war es ein beruhigendes Gefühl, einen großen starken Mann an meiner Seite zu haben, falls Hamid mich wieder belästigen sollte.

Ich sorgte auch dafür, dass er Dunja und Shirin kennen lernte, die ihn sofort gern mochten. Häufig unternahmen wir auch zu viert etwas, damit die Kinder sich mal einen Tag erholen konnten. Natürlich hoffte ich auch, dass die Mädchen davon abgelenkt würden, dass ihr Vater sie mit einem Mal nicht mehr kennen wollte. Vielleicht würde das ja ihren Schmerz etwas lindern.

Nach drei Monaten stand Hamid plötzlich vor der Tür. Weil mir klar war, dass Dunja sich freuen würde, ihn wieder zu sehen, ließ ich ihn rein. Er erzählte uns, dass er Teta, die die ganze Zeit bei ihm geblieben war, am Morgen zum Flugzeug in den Libanon gebracht hatte. Ich fand es typisch für sie, dass sie abgereist war, ohne sich von ihren Enkelkindern zu verabschieden. Als Hamid in der Wohnung war, lief er wie ein Detektiv durch alle Räume und schnüffelte herum. Ich war allein mit meinen Töchtern. Auf einmal hörte ich, wie er im Badezimmer herumsuchte und dann Shirin fragte: »Wer ist hier gewesen? Wer hat hier geduscht?«

In all ihrer Unschuld antwortete sie ihm: »Danny.«

Danny hatte am Vorabend den Duschkopf ein ganzes Stück höher gesetzt, als das bei mir und den Kindern notwendig war. Ich konnte es kaum glauben, dass Hamid nach solchen Kleinigkeiten gesucht – und sie dann auch noch gefunden hatte. Ich versuchte zunächst, mich dumm zu stellen, aber da Shirin bereits Dannys Namen genannt hatte, beschloss ich mit offenen Karten zu spielen. Ich erzählte Hamid, dass ich einen neuen Freund, einen Niederländer, habe. Obwohl er schon einen Verdacht in der Richtung gehabt hatte, rastete Hamid vollkommen aus.

Die Monate danach waren der reine Terror. Hamid stand Stunde für Stunde brüllend und tobend unter meinem Balkon, beobachtete mich in meinem Geschäft und vor der Schule der Kinder... Eines Tages holte er Shirin aus der Kinderkrippe zu sich nach Hause und weigerte sich, sie zurückzubringen. Weil er damals noch Rechte als Vater hatte, konnte ich nicht viel machen. Nach der Vermittlung eines Rechtsanwaltes, den ich schließlich eingeschaltet hatte, brachte er sie dann glücklicherweise nach zwei Tagen doch zurück.

Aber selbst das musste er auf höchst dramatische Weise tun. Statt sie wie sonst üblich zu mir nach Hause zu bringen, kam er morgens mit Shirin in meinen Laden. Das Mädchen hatte noch ihren Schlafanzug an und war ungekämmt. Er stellte sie vor mir hin und sagte: »So, hier hast du sie!« und verließ das Geschäft.

Die nächsten Monate verhielt er sich ruhig. Die Kinder besuchten ihn ab und zu, doch nach dem Zwischenfall mit Shirin schien er sich an unsere Abmachung zu halten.

Eines Abends, im Herbst 1998, saß ich mit Danny in einem Restaurant. Shirin war bei Hamid, und wir hatten abgesprochen, dass er Dunja vom Ballettunterricht abholen und zu mir nach Hause bringen sollte. Plötzlich rief mich Hamid auf meinem Handy an und fragte mich, wo ich gerade sei. Ich hatte keine Lust auf eine Auseinandersetzung mit ihm, sah andererseits aber auch keinen Grund, ihm etwas zu verheimlichen. So sagte ich ihm, dass ich gerade im Café Tomeloos einen Happen aß und er sich keine Sorgen zu machen brauche.

Zehn Minuten nach dem Gespräch kam Hamid mit Dunja und Shirin im Schlepptau in das Lokal gestürmt. Er war total aufgeregt, seine Augen traten deutlich hervor, und er schäumte vor Wut. Er setzte Shirin auf meinen Schoß und machte mir eine entsetzliche Szene wegen des »dreckigen holländischen Hundes«, mit dem ich nun ausgehen würde. Danny stand auf, und es begann eine Schlägerei zwischen den beiden. Glücklicherweise wurde er vom Personal des Restaurants aus dem Lokal geworfen. Er schrie, dass er bei mir zu Hause alles kurz und klein schlagen werde, packte die Mädchen, schob sie in sein Auto und fuhr in Richtung meiner Wohnung. Voller Todesangst, dass Hamid den Mädchen etwas antun könnte, rannten Danny und ich aus dem Café, sprangen in sein Auto und jagten Hamid mit ebenfalls überhöhter Geschwindigkeit hinterher.

Bei mir zu Hause war Hamid inzwischen damit beschäftigt, alles, was Danny gehörte, auf die Straße zu werfen. Dunja und Shirin waren nirgends zu sehen. Als Hamid uns sah, griff er sich zwei Pflastersteine und warf sie nach uns. Als Danny die gleichen Steine dann aufhob – glücklicherweise hatte Hamid uns verfehlt – und Anstalten machte, sie zurückzuwerfen, versteckte Hamid sich hinter mir und kreischte: »Hilfe! Polizei! Ich werde ermordet!« Es war eine höchst lächerliche Situation.

Durch das Geschrei aufgeschreckt, kamen natürlich auch die Nachbarn angerannt und wenig später kam auch die Polizei. Sie trennten Hamid und Danny und schickten meinen Freund nach Hause. Hamid, der sich eine Wunde am Mund zugezogen hatte, wurde in ein Krankenhaus gebracht.

Ich erzählte die ganze Geschichte einem der Polizeibeamten und fügte hinzu, in ihren Akten gäbe es bereits ein Dossier über Hamid. Ich fragte auch, ob sie ihn nun endlich festnehmen könnten. Der Beamte hörte mir zu, aber das Einzige, was er sagte, war: »Gute Frau, Ihre Kinder haben doch genug zu essen in diesem Land? Und ein Dach über dem Kopf? Warum beschweren Sie sich eigentlich?«

Ich wusste in dem Augenblick immer noch nicht, wo meine Kinder waren, und ich wollte, dass die Polizei Hamid festnahm.

Der Polizist sagte noch, dass Hamid die Kinder vermutlich von selbst zurückbringen würde, und dass wahrscheinlich momentan keinem geholfen wäre, wenn sie ihn jetzt festnähmen. Nach einer Nacht auf dem Revier müssten sie ihn laufen lassen, und dann würde er nur seine angestaute Wut bei mir austoben. Es war Samstagabend, sie hatten viel zu tun und dachten wohl, dass sich alles einrenken würde. Ohne noch was zu sagen, zogen die Polizisten ab. Ich blieb allein zurück und wusste immer noch nicht, wo meine Mädchen waren.

Nach einer halben Stunde wurde an meiner Tür geklingelt: Hamid stand draußen, fand sich äußerst bemitleidenswert und bat, hereingelassen zu werden. Durch die Sprechanlage sagte ich ihm, dass er erst meine Kinder holen solle, dann würde ich es mir überlegen, ob ich ihn hereinlassen würde. Er ging und kehrte nach einer Viertelstunde mit den Mädchen zurück, die er in der Zwischenzeit bei meinen Eltern gelassen hatte. Ich weinte vor Erleichterung und ließ sie herein.

In diesem Moment schoss mir der Gedanke durch den Kopf, dass es vielleicht nicht sicher war, Hamid derart viel Freiheiten bezüglich der Kinder einzuräumen. Vielleicht würde er sie mir eines Tages endgültig wegnehmen. Ich erzählte ihm von meiner Angst, und er sagte: »Ach, Malika, so etwas würde ich doch nie tun. Wo sollte ich denn auch hin? Ich habe illegal den Libanon verlassen und kann nicht mehr dorthin zurück. Was sollte ich dort mit den Mädchen machen? Und außerdem habe ich doch gar kein Geld dafür. Es geht mir gut in den Niederlanden, und ich liebe Dunja und Shirin. Ich würde ihnen nie etwas antun!«

Ich wusste damals nicht, was ich glauben sollte. Ich war so glücklich, dass ich meine Töchter wieder hatte, dass ich mich in jenem Augenblick nicht damit befassen wollte, was alles geschehen könnte. Außerdem klangen seine Argumente glaubwürdig – wo sollte er auch mit Dunja und Shirin hingehen?

Als ich am Montag offiziell eine Anzeige wegen der Ereignisse auf der Straße – immerhin sah ich darin einen versuchten Totschlag – erstatten wollte, musste ich schnell einsehen, dass meine Chancen nur gering waren. Die Polizisten sahen in mir ein hysterisches Weib, das die ganze Geschichte maßlos übertrieb. Statt Hilfe erhielt ich Komplimente über mein Aussehen, ich wäre eine gepflegte Erscheinung mit sexy purpurroten Fingernägeln. Ich sah offensichtlich in ihren Augen nicht wie das übliche

»Schlachtopfer« aus, und bei näherer Betrachtung wäre wohl alles nur halb so schlimm. Und außerdem müsse man auch noch Hamids Version der Geschichte anhören.

Offenbar musste erst noch Schlimmeres passieren, bevor die Polizei bereit war, etwas zu unternehmen. Ich bin heute noch stocksauer, wenn ich an all die Anschuldigungen und Protokolle denke, die ihnen vorlagen, während Hamid uns das Leben ungestört zur Hölle machen konnte. Er zerstach die Reifen von Dannys Auto, belästigte mich regelmäßig mit Anrufen, in denen ich nur das Geräusch von Messern, die geschliffen wurden, hörte, und stand plötzlich mitten auf der Straße vor mir, sagte nichts, sah mich nur durchdringend an und machte mit seiner Hand eine Gebärde, als richte er eine Pistole auf mich. Als ich das den Polizisten meldete, fragten sie mich, ob ich tatsächlich eine Pistole gesehen hätte, und wenn nicht, könnten sie ohnehin nichts tun. Sie empfahlen mir, einen Rechtsanwalt einzuschalten. Keiner hat mir während dieser Zeit gesagt, ich solle mich an die Sittenpolizei wenden, die deshalb für mich zuständig war, weil es hier um Vergewaltigung und Misshandlung innerhalb der Familie ging.

Einige Tage nach meiner letzten Anzeige rief mich der Beamte an, der die Anzeige aufgenommen hatte. Er hatte inzwischen mit Hamid gesprochen und fand, dass Hamid in seine Schranken verwiesen werden müsste. Konkret konnte er aber nichts für mich tun oder gar Hamid festsetzen, weil keine handfesten Beweise vorlagen. Ich begriff in diesem Moment, dass es wohl erst Tote und Verletzte geben musste, bevor die Polizei mir beistehen würde.

Drei Wochen danach erzählte mir eine Nachbarin, dass sie Hamid regelmäßig aus einer Wohnung, die gleich um die Straßenecke lag, habe kommen sehen. Als er mir etwas vorbeibrachte, fragte ich ihn danach, und er antwortete selbstherrlich: »Ja, ich bin umgezogen. Ich wohne jetzt hier ganz in der Nähe. Gut, was?«

Was ich befürchtet hatte, geschah: Er kam noch häufiger vorbei. Als Gegenleistung brachte er Dunja ab und an zum Ballettunterricht. Doch wenn ich ihn fragte, ob er die Kinder mal einen ganzen Tag lang bei sich haben wolle, verneinte er in neun von zehn Fällen. Manchmal spielten sie in seiner Wohnung, aber dort zu übernachten war nicht möglich.

Am 16. Januar 1999 wurde Dunja neun Jahre alt. Sie veranstaltete eine traumhaft schöne Pyjama-Party mit ihren Freundinnen, und ich weiß noch, dass Shirin neidisch auf ihre große Schwester war. Ich versprach ihr daher, wenn sie vier würde, auch eine Riesenfete auszurichten. Hamid ließ am Geburtstag seiner Tochter nichts von sich hören. Als sie ihn ein paar Tage später besuchte, schenkte er ihr nachträglich eine Plastikuhr, die sich noch am gleichen Abend in ihre Einzelteile auflöste.

Als Shirin dann am 5. Februar ihren Geburtstag mit einer großen Kinderdisco feierte, dachte Hamid diesmal an ein Geschenk: Er warf einen Umschlag mit hundert Gulden in meinen Briefkasten.

Zwei Wochen danach kündigte er plötzlich an, dass er die Kinder ein ganzes Wochenende bei sich haben wolle. Sein Wunsch kam völlig unerwartet, und ich zögerte. Aber die letzten Wochen waren ziemlich friedlich verlaufen, und ich hoffte, dass meine wiederholten Appelle, sich mehr um die Mädchen zu kümmern, endlich auf fruchtbaren Boden gefallen waren. Ich beschloss daher, diese Annäherung von Hamid nicht abzuweisen, und stimmte seinem Vorschlag zu. Außerdem wohnte er ja gleich um die Ecke, und so konnte ich die ganze Sache im Blick behalten. Im Grunde dachte ich: Endlich hat er die Situation akzeptiert und ist nun vielleicht so weit, dass er sich an normale Umgangsregeln mit den Kindern hält. Am Freitagmorgen rief er noch mal an, um zu sagen, dass alles in Ordnung wäre. Er würde die Kinder mittags von der Schule und der Kinderkrippe abholen. Beruhigt ging ich abends mit Danny zum Essen.

Während unserer Mahlzeit rief mich Hamid erneut an und fragte mich, ob ich noch zusätzliche Bekleidung für die Kinder vorbei bringen könne. Ich fand den Wunsch etwas unsinnig, da sie nur zwei Tage weg wären und zudem am nächsten Tag nur eine Straßenecke weiter laufen brauchten, wenn sie etwas benötigten. Außerdem hatte ich den beiden Mädchen genug Kleider mitgegeben. Doch Hamid behauptete, sie brauchten noch weitere Kleidungsstücke.

Um jeder Auseinandersetzung aus dem Weg zu gehen, bin ich abends noch mit ein paar Sachen zu ihm in die Wohnung gegangen. Sobald ich drinnen war, fingen wir wieder an zu streiten. Ich war sauer, weil er mir meinen Abend mit Danny wieder einmal vermiest hatte, und er warf mir zum x-ten Mal meinen Umgang mit diesem »dreckigen Holländer« vor.

Hamid drehte meinen Arm auf den Rücken und bedrängte mich. Danach lief er hinter mir her durch die Wohnung. Shirin lag schon im Bett, aber Dunja saß noch auf einer Bank und las. Um ihr eine weitere Szene zu ersparen, beschloss ich, schnell wegzugehen.

»Willst du nicht deiner Tochter noch ein Küsschen geben?«, fragte Hamid mich.

Ich gab ihr einen Kuss, und Hamid lästerte: »So ein kleines Küsschen? Das soll genug sein?«

»Sie geht schließlich nicht auf Weltreise«, antwortete ich kühl.

Danach wollte ich auch noch nach Shirin sehen, aber Hamid verbot es mir. Ich ließ die Sache auf sich beruhen und ging nach Hause zurück. Irgendwie war ich beunruhigt und sprach Danny darauf an. Er beruhigte mich jedoch und sagte, dass Hamids Aggressionen allein gegen mich und nie gegen die Mädchen gerichtet waren. Ich sah ein, dass das stimmte, und versuchte, meine Angst zu vergessen.

Am nächsten Tag fuhrwerkte ich im Haus herum und genoss die Tatsache, Zeit für mich selbst zu haben. So sehr ich meine Mädchen auch liebe, ab und an ist es einfach schön, sich mit sich selbst zu beschäftigen. Ich schlief richtig aus, blätterte in Zeitschriften und genoss die freie Zeit. Gegen Abend rief Hamid an, um zu berichten, wie es seinen beiden Besuchern ging. Er gab mich auch noch an Shirin weiter, wir quatschten ein Weilchen, und ich fragte sie: »Und morgen kommst du wieder schön zurück zu deiner Mama, nicht?«, woraufhin sie antwortete: »Nein – nie wieder.«

Ich tat das als Spaß eines vierjährigen Mädchens ab und reagierte nicht darauf. Dann nahm Hamid ihr den Hörer aus den Händen und meinte: »Sie weiß nicht, was sie sagt.« Ich bat darum, noch Dunja sprechen zu können, aber er antwortete nur kurz angebunden: »Nein, die liest gerade.« Hamid erzählte noch, dass sie alle einen Besuch in Arnhem gemacht hätten und dass die Mädchen am nächsten Tag wieder zurücksein würden.

»Du bist doch so gegen halb neun zu Hause, nicht?«, fragte er noch.

Am nächsten Tag – es war Sonntag, der 21. Februar – genoss ich noch mal das Alleinsein. Ich blieb den ganzen Tag zu Hause und nahm die Gelegenheit wahr, die Zimmer der Mädchen ein bisschen aufzuräumen. Abends, kurz nach acht, setzte ich mich hin und wartete auf meine Töchter. Nach zwei Tagen der Ruhe freute ich mich schon auf die Unruhe, die sie gleich verbreiten würden. Punkt halb neun brach ein fürchterliches Unwetter los. Es begann zu regnen und zu hageln, zu donnern und zu stürmen. Ich hoffte, dass Dunja und Shirin nicht gerade jetzt unterwegs waren. Gegen neun wurde mir übel, und eine große Unruhe erfasste mich. Ich rief Hamid an, aber der Hörer wurde nicht abgenommen. Ich konnte von meiner Wohnung aus erkennen, dass in seiner Wohnung kein Licht brannte. Dann versuchte ich, ihn über sein Handy zu erreichen, wurde aber nur mit seiner Voicemail verbunden. Hin und her gerissen zwischen den Gedanken, dass er die Mädchen bei diesem Unwetter nicht auf die Straße schicken würde, und der Frage, warum er nicht ans Telefon ging, saß ich den ganzen Abend auf meiner Bank und wählte alle fünf Minuten Hamids Handy an.

Um drei Uhr nachts ging ich dann endlich schlafen, weil ich mir dachte, sie wären länger in Arnhem geblieben, weil Hamid bei diesem Sauwetter nicht Auto fahren wollte. Morgen früh würden sie munter zurückkommen, redete ich mir ein.

Am Montagmorgen wurde ich sehr früh wach. Das Erste, was ich machte, war, Hamids Handy anzuwählen. Wieder nur die Voicemail! Ich rief ihn zu Hause an. Der Anschluss schien gesperrt zu sein. Als ich dieses Signal hörte, begann ich entsetzlich zu schreien.

Noch im Morgenmantel, lief ich auf die Straße und zu seiner Wohnung. Während ich die Klingel drückte und gegen die Tür schlug, sah ich im Fensterrahmen die gelben Gardinen hängen, die einst in Dunjas Babyzimmer gehangen hatten. Und auch die Nachttischlampe, die schon sechs Jahre alt war, stand auf der Fensterbank. All diese Sachen waren bereits vor Jahren nach meinem Auszug aus der gemeinsamen Wohnung verschwunden. Offensichtlich hatte Hamid sie aus der Vergangenheit zurückgeholt.

Ich stand da, betrachtete all diese Dinge, und dann drang es in mein Bewusstsein, dass es an diesem Wochenende genau zehn Jahre her gewesen war, dass wir unsere Verlobung gefeiert hatten. Vor einem Jahrzehnt hatten wir voller Hoffnung und Vertrauen ein gemeinsames Leben begonnen. Und nun stand ich hier und sah nach den gelben Gardinen und der Nachttischlampe... Zorn überfiel mich, alles war aus dem Ruder gelaufen. Ich fühlte, dass etwas ganz Entsetzliches geschehen war.

Er hat sie ermordet, er hat sie ermordet, schoss es mir durch den Kopf.

Bei der Polizei musste ich die Beamten erst aus ihrer Lethargie reißen, bevor sie bereit waren, meine Anzeige anzunehmen. Sie ließen mich am langen Arm verhungern und schickten mich von einer Abteilung zur anderen.

Ich rief Hamids Arbeitgeber an – aber da kannte man keinen Hamid Khalaf. Als ich ihn beschrieb, sagten sie: »Oh, Sie meinen Ricardo, den Brasilianer? Zu dem möchten wir nichts sagen.« Später erfuhr ich, dass er vor anderthalb Monaten entlassen worden war. Jedes Mal, wenn ich ihn in den vergangenen Wochen in seinem Auto gesehen hatte, war er also nicht zur Arbeit gefahren, sondern hatte mich nur verfolgt. Darüber hinaus kannten sie ihn bei der Arbeit nur als Ricardo, den Brasilianer, und nicht als Hamid, den Libanesen. Und sie erzählten mir noch, dass er in den letzten Wochen, die er gearbeitet hatte, wie ein Verrückter alle Dollar gespart hatte, die er von Touristen erhalten hatte. Stolz hatte er sie seinen Kollegen gezeigt.

Inzwischen suchte die Polizei bereits nach Hamid und meinen zwei Mädchen. Einen Tag, nachdem ich die Anzeige erstattet hatte, drückte mir einer der Beamten eine Broschüre über Kindesentführung im internationalen Maßstab in die Hand. In diesem Augenblick wurde mir schwarz vor Augen.

Danach ging ich mit der Polizei in Hamids Wohnung. Während die Beamten die Tür aufbrachen, sah ich wie ein Junkie auf Entzug zu. Mir war eiskalt, und ich zitterte wie ein Schilfrohr im Wind. Ich war fest davon überzeugt, dass hinter jener Tür Dunja und Shirin ermordet lagen.

Als wir erst einmal in der Wohnung waren, zeigte es sich, dass sie fast vollständig leer war. Keine Kleidung, keine Möbel, kein Spielzeug – nichts! Nur die gelben Gardinen und die Nachttischlampe...

Weil Hamid als Erziehungsberechtigter noch immer elterliche Gewalt besaß, verlief die Suche nur zögerlich. Schließlich kann ein Vater mit seinen Kindern weggehen. Die Angelegenheit drohte, sich festzufahren.

Ich setzte Diny, meine Rechtsanwältin, unter Druck, die Suche nach ihnen fortzusetzen und jeden zu befragen, der Hamid kannte. Ich hatte ihr die ganze Vorgeschichte erzählt, und sie hatte begriffen, dass mit ihm nicht zu spaßen war. Sie fürchtete, er wäre dieses Mal vor nichts zurückgeschreckt.

Am Ende der Woche hatte sie bei Gericht ein beschleunigtes Verfahren durchgesetzt, um Hamid die elterliche

Gewalt zu entziehen. Wir mussten nachweisen, dass er als Vater ungeeignet war. Anders hätten wir nichts gegen ihn unternehmen können. An einem einzigen Wochenende sammelte ich fünfzig Aussagen von Freunden, Familienangehörigen, Kollegen und Bekannten, die sein Verhalten mir und den Kindern gegenüber bezeugten.

Am Montag erfuhr ich von der Polizei, dass Hamid die Erziehungsberechtigung noch immer nicht entzogen worden war. Dies sei nämlich ein Prozess, der Monate dauern könne, und nicht von einem Tag auf den anderen durchzuziehen sei. Bevor jemandem die elterliche Gewalt entzogen wird, müssen erst alle Seiten ausführlich gehört werden. Und da Hamid spurlos verschwunden war, konnten sie nichts machen. Immerhin sagte die Polizei mir zu, dass sie den Ernst der Situation – gerade auch wegen der vielen Zeugenaussagen – durchaus erkannten und deshalb verschärft nach meinen zwei Töchtern suchen würden.

Wie ich diese Woche überstanden habe, weiß ich nicht mehr. Ich verbrachte meine Zeit bei Rechtsanwälten, auf Polizeistationen und bei jedem, von dem ich wusste, dass er Hamid kannte. Nachts saß ich zu Hause, zermarterte mir meinen Kopf, heulte und wartete auf Nachricht von Dunja und Shirin.

Zwölf Tage nach ihrem Verschwinden, an einem Freitag, kamen zwei Polizeibeamte zu mir nach Hause. Sie hatten vorher telefonisch angekündigt, dass sie vorbeikämen, um mir eine persönliche Mitteilung zu machen. Ich hatte daraufhin rasend schnell einige Leute zusammen getrommelt, damit sie mir beistehen konnten, denn ich erwartete nur das Allerschlimmste. Mein Bruder, zwei Freundinnen und ich saßen bei mir zu Hause, um das zu hören, was wir nicht hören wollten. Während eine Freundin mich umarmt hielt, berichteten die Polizisten, dass sie Hamid und die Mädchen aufgespürt hatten.

Ich war in diesem Moment so glücklich, dass ich nicht begriff, dass dies erst der Anfang meines Albtraums war.

5

Hamid alias Ricardo alias Faruk – der Entführer

Hamid war an jenem Sonntagmorgen mit den Mädchen, die auch in seinem Pass eingetragen waren, nach Paris geflogen. Als die niederländische Polizei den Ernst der Sache begriffen hatte und selbst eine Entführung im internationalen Maßstab nicht mehr auszuschließen war, hatten sie Hamids Personalien an alle Grenzstationen durchgegeben. Die Flugkontrolle in Schiphol bestätigte, dass er mit den Kindern ein Flugzeug bestiegen hatte – mit 260 Kilo Gepäck. Von Paris aus waren sie dann weiter nach Beirut im Libanon geflogen.

Er hat sie zu Teta mitgenommen, dachte ich. Dann wird alles gut. Teta wird leicht ausfindig zu machen sein. Die Namen von Hamid Khalaf und von Teta, Lana al-Karam, wurden von der Polizei ans Außenministerium und von da per Telex an Interpol weitergegeben. Einen Tag später rief mich Sandra, eine Mitarbeiterin im Auswärtigen Amt, an und schockierte mich mit ihrer Mitteilung: In ganz Beirut, ja selbst im gesamten Libanon gab es keine Personen dieses Namens.

Von nun an mussten wir also Hamids Spur von Anfang an verfolgen. Das Letzte, was ich von ihm gehört hatte, war, dass er nach Arnhem gefahren war. Ich hatte nicht die geringste Ahnung, wen er da besucht haben könnte. Doch dann kam die Antwort aus einer völlig unerwarteten Ecke.

Die Nachbarn von Hamid hatten am Samstag vor dem

Verschwinden von Dunja und Shirin ganz früh am Morgen einen Möbelwagen vor seiner Tür stehen sehen. Hamid hatte ihnen erzählt, dass er seine Wohnung neu einrichten würde und die alten Sachen abgeholt würden. Weil die Nachbarn am nächsten Tag zwar mitbekamen, wie die Möbel aus dem Haus geholt wurden, aber Hamid selbst nicht sahen, notierten sie sich das Autokennzeichen des Möbelwagens. Sie hatten am Freitagabend den Streit zwischen mir und Hamid gehört und befürchteten, etwas könne nicht stimmen. Als sie von dem spurlosen Verschwinden meiner Töchter hörten, gaben sie die Autonummer an die Polizei weiter.

Von dem Umzugsunternehmen erfuhren wir dann, dass Hamid und die Kinder nicht nach Arnhem gefahren waren, sondern zu Bekannten in Roosendaal. Die wiederum bestätigten uns auch, dass sie am Samstag bei ihnen gewesen seien, Hamid habe ihnen jedoch erzählt, er wolle mit den Kindern am nächsten Tag ins Disney-Land bei Paris. Und weil sie die Letzten waren, die Hamid in den Niederlanden gesehen hatten, installierte die Polizei bei ihnen – wie dann auch bei mir – eine Fangschaltung, damit wir ihn aufspüren konnten, falls er anrufen sollte.

Drei Wochen vergingen, ohne dass ich irgendetwas hörte. Ich besuchte – manchmal zusammen mit Danny, manchmal mit einem meiner Brüder oder Schwestern – alle Leute, die Hamid und ich gekannt hatten. Ich fragte jeden von ihnen, ob er etwas wüsste oder mir sonst helfen könne, ob Hamid über seine Rückkehr in den Libanon gesprochen habe oder eine Adresse oder Telefonnummer aus dem Land hinterlassen habe... Niemand konnte mir etwas sagen.

So klingelte ich auch bei Ellen an, der Nachbarin und guten Freundin von Hamid. Sie hatte mich nach dem

Zwischenfall mit dem Gashahn überredet, zu ihm zurückzukehren. So sehr sie mir anfangs auch geholfen hatte, so sehr hatte sie sich im Laufe der Zeit durch Hamid einwickeln lassen. Ob sie mir nun tatsächlich helfen wollte, bezweifelte ich– aber ich musste es auf jeden Fall versuchen. Sie sah mich jedoch nur völlig uninteressiert an und sagte: »Was geht mich das an, wenn deine Rotzlöffel verschwunden sind, du blöde Kuh!« Ich konnte kaum glauben, was ich da hörte. Wie konnte diese Frau nur so gefühllos auf das Verschwinden meiner Töchter reagieren?

Als ich der Polizei diese doch sehr ungewöhnliche Reaktion mitteilte, meinten sie, dass die Frau vermutlich Angst vor Hamid habe.

Ich fragte auch bei der Fernsehsendung *Vermisst* an, ob ich dort einen Aufruf machen könne. Ich hatte das schon früher machen wollen, aber die Behörden hatten mir davon abgeraten. Sie wollten die Öffentlichkeit noch nicht einschalten, weil Hamid dadurch – falls er noch in den Niederlanden war – zu einer überstürzten Flucht veranlasst werden könnte. Jetzt aber, wo wir sicher waren, dass er schon lange das Land verlassen hatte, stimmten sie zu.

Zwei Tage später saß ich mit Fotos von Dunja und Shirin im Studio. Ich bat die Zuschauer, falls jemand die beiden gesehen habe oder wüsste, wo sie seien, möge er bitte mit mir Kontakt aufnehmen.

Ich sprach auch mit den Müttern ihrer Klassenkameraden. Eine von ihnen war Karima, eine arabische Frau. Sie war gut mit Hamid zurechtgekommen, wenn er ab und an mit den Mädchen bei ihr zu Hause gewesen war, damit die Kinder miteinander spielen konnten. Als ich sie fragte, ob sie etwas wisse, drängte ihr Sohn: »Erzähl es ihr nun, Mama, erzähl es ihr.« Doch Karima sagte, sie wisse nichts und ihr Sohn wolle sich nur interessant machen.

Als ich alle Freunde, Bekannte und Arbeitskollegen befragt hatte, wusste ich nicht, was ich noch machen sollte. Auch die Polizei konnte nichts anderes tun, als abzuwarten, bis Hamid irgendetwas von sich hören ließe. Um auf andere Gedanken zu kommen, nahm ich meine Tätigkeit im Geschäft wieder auf. Auch wenn ich den ganzen Tag dabei war, Kindern die schönsten Kleidungsstücke anzupassen, dachte ich doch nur an meine beiden eigenen Mädchen. Wo waren sie? Würde ich sie jemals wiedersehen?

Nachts saß ich in ihren Zimmern, hielt ihre Spielsachen in der Hand und weinte, weinte, weinte. Nach all den Jahren des Terrors war es also so weit gekommen: Hamid hatte mir meine Kinder gestohlen. Er hatte seine allergrößte Rache an mir vollzogen – und mir blieb nichts als zu warten. Danny, meine Brüder und Schwestern und einige Freunde unterstützten mich zwar, aber in Wirklichkeit konnte niemand etwas für mich tun. Ich fühlte mich im Grunde völlig einsam und allein.

Am Dienstag, den 13. April, rief mich Diny, meine Rechtsanwältin an: Man hatte eine erste Spur. Teta hatte vor einigen Tagen bei den Bekannten in Roosendaal angerufen, bei denen Hamid und die Kinder das letzte Wochenende auf niederländischem Boden verbracht hatten. Sie hatte in gebrochenem Englisch gesagt: »Hamid ist nicht hier, er ist in Venezuela« und dann gleich wieder aufgehängt.

Da dieses Telefon immer noch abgehört wurde, verfolgte man via Interpol die Herkunft des Anrufs. Teta hatte

nicht aus dem Libanon angerufen, sondern aus Aleppo, einer Stadt in Syrien.
Was hatte Teta in Syrien zu suchen?

Diese Frage klärte sich in den folgenden Wochen: Hamid war offensichtlich in Syrien als Faruk Nasri geboren worden und aufgewachsen. Wegen der dort herrschenden miserablen Lebensumstände und eines drohenden Bürgerkriegs beschloss er Ende der siebziger Jahre, in den reichen Westen zu flüchten. Er überschritt illegal die Grenze zum Libanon, besorgte sich falsche Papiere und eine falsche Identität – Hamid Khalaf – und siedelte nach Europa über.

Im Juni 1979 betrat er als Asylant die Niederlande – ohne Schuhe an den Füßen, ohne Gepäck und ohne Geld. Er behauptete, Libanese zu sein, der wegen der Bürgerkriegssituation in dem Land nicht sicher sei. Und so gewährte man ihm politisches Asyl. Faruk Nasri, der Syrier, war tot – Hamid Khalaf, der Libanese war geboren. Selbst seine Mutter holte er mehrere Male mit der gleichen Geschichte zu Besuch in das Land. Sie spielte dieses Spielchen bereitwillig mit und erzählte allen, die es hören wollten, wie das Leben im Libanon sei. Es war eine absolut glaubwürdige Geschichte, mit der sie jahrelang jeden – auch mich – an der Nase herumgeführt hatte. Selbst wenn wir Teta vom Flughafen Schiphol abholten, kamen mir nie Zweifel, denn der Flug aus Syrien ging immer über Beirut…

Natürlich erfuhr ich die Wahrheit über Hamid alias Ricardo alias Faruk erst viel später – und auch dann nur stückchenweise. Immer mehr Einzelheiten kamen ans Licht, und meine Verärgerung wuchs ins Unermessliche.

Wie konnte Hamid all die Jahre mit so vielen Lügen leben, wie mit solcher Abgebrühtheit verschiedene Identitäten ausleben? So konnte nur ein pathologischer Lügner handeln. Alles, was ich jetzt von ihm erfuhr, warf immer neue Fragen auf. Die Frage, die mich jedoch am meisten bedrängte, blieb immer noch unbeantwortet: Wo waren meine Töchter?

Das Einzige, was ich nach dem Telefonat von Teta wusste, war, dass meine Kinder vermutlich zusammen mit Hamid irgendwo in Syrien saßen. Sie hatte den Anruf gemacht, um uns auf eine falsche Fährte zu locken. Die Geschichte über Venezuela war einfach zu verrückt, um von irgendjemandem ernst genommen zu werden.

Ich begriff damals zwar noch nicht, warum sie nach Syrien gegangen waren, aber andere Dinge wurden mir jetzt sehr klar: das Verschwinden der Gegenstände, die Tatsache, warum ich noch zusätzliche Bekleidung vorbeibringen musste...

Hamid hatte die ganze Aktion sehr sorgfältig vorbereitet. Alles war lange und gründlich geplant gewesen. Das würde es natürlich besonders schwierig machen, ihn zu fassen zu kriegen. Er hatte monatelang Zeit gehabt, dafür zu sorgen, die Mädchen für immer bei sich zu behalten.

Von meiner Anwältin erhielt ich eine Kopie des Briefes mit der Adresse und Telefonnummer von Teta in Aleppo, den ihr das Außenministerium zugesandt hatte. Es wurde mir dringend abgeraten, vorerst selbst anzurufen. Ich sollte das jenen überlassen, die beruflich damit zu tun hatten. Sie würden beraten, wie man am besten vorgehen könnte.

An diesem Mittag saß ich zu Hause bei meiner Mutter, und ich konnte der Versuchung kaum widerstehen.

Meine Mutter spürte das, und da mein Vater gerade unterwegs war, sagte sie: »Komm, wir rufen einfach an.« Mit zitternden Händen wählte ich die Nummer. Es schien endlos zu dauern, bis endlich abgehoben wurde. Dann hörte ich ein Klicken, einen Piepton und danach die Stimme von Shirin: »*Allo, allo?*« Dann wurde ihr der Hörer aus der Hand genommen, und ich erkannte Tetas Stimme: »*Allo, allo?*«

Ich legte sofort auf – aber ich war außer mir vor Freude. Shirin! Sie lebte noch! Endlich wusste ich, wo sie und Dunja waren! Mir war im selben Moment klar, dass ich selbst nach Syrien fahren würde, um die Mädchen zurückzuholen. Auch meine Eltern – mein Vater war inzwischen auch wieder da – waren unheimlich glücklich. Doch sie wollten auf keinen Fall, dass ich selbst dahinfuhr, denn sie fürchteten, Hamid könne mir etwas antun. Ich rief Diny an, die sich spontan anbot mitzureisen. Ich heulte vor Freude, umarmte meine Eltern und dankte Allah und Gott.

Nun, wo ich wusste, wo meine Kinder waren, wurde ich aktiv. Ich rief die niederländische Botschaft in Syrien an, das Konsulat in Aleppo und alle offiziellen Instanzen, an die ich nur denken konnte.

Ich beschloss, Karima aufzusuchen, die mir mal erzählt hatte, sie habe sowohl im Libanon als auch in Syrien Verwandte. Eigentlich wollte ich nichts mit einer Person zu tun haben, die mit Hamid befreundet gewesen war. Doch mein Vater schärfte mir damals wieder und wieder ein, zur Not selbst mit dem Teufel ein Bündnis einzugehen. Man wisse schließlich nicht, wessen Hilfe man eines Tages noch brauche.

Karima könne mir beispielsweise das eine oder andere

über das Land erzählen und wie man die Mädchen dort rausholen könne. Sie meinte dann auch, dass der illegale Weg der aussichtsreichste wäre, um Dunja und Shirin zurück in die Niederlande zu holen. Ein paar Brüder und Freunde von ihr hatten Kontakt zur syrischen Armee, und wenn ich genug Geld hätte, könnte ich Soldaten bestechen, die meine Töchter aus dem Land schmuggeln würden. Karima gab mir eine ganze Reihe Telefonnummern möglicher Kontaktpersonen. Ob das sicher war, wusste sie auch nicht genau, aber ich war in meiner Situation froh über jede Idee. Ich war wild entschlossen, nach Syrien zu fahren, um meine Kinder zurückzuholen.

Doch am Freitag, den 16. April, rief mich Sandra vom Außenministerium an, die mich darüber informiert hatte, dass Teta und Hamid im Libanon unbekannt waren, dass ich die geplante Reise auf keinen Fall antreten durfte. Das wäre viel zu gefährlich! Sie waren sich noch nicht klar, wie die Beziehung zwischen Hamid und mir rechtlich einzustufen war und ob wir in Syrien vielleicht als verheiratetes Ehepaar galten. Wenn das der Fall wäre, könnte Hamid mich dort zum Bleiben zwingen und sie könnten nichts mehr für mich tun. Sie wollten erst selbst Kontakt aufnehmen und über offizielle Kanäle Verhandlungen beginnen. Ich selbst sollte vorerst nichts unternehmen. Meine Enttäuschung war riesig.

Dann boten meine Eltern an, an meiner Stelle dorthinzufahren. Sie erkannten, dass die ganze Geschichte völlig aus dem Ruder lief, und machten sich Sorgen um ihre Enkelkinder.

Dafür verlangten sie von mir aber eine Gegenleistung: Danny, der mich die ganze Zeit unterstützt und mir beigestanden hatte, sollte aus meinem Leben verschwinden. Indirekt sahen sie in ihm die Ursache aller Probleme zwischen mir und Hamid. Wenn er nicht gewesen wäre – so sahen sie es –, wäre Hamid nicht auf diese Wahnsinnsidee gekommen. Im Grunde aber mochten sie Danny nicht, weil er kein Araber war. Meine Eltern fanden es schrecklich, dass ich mit einem Niederländer zusammen war. Sie hatten schon lange versucht, uns auseinander zu bringen, aber jetzt hatten sie endlich eine starke Waffe in der Hand. Sie wussten, dass ich um jeden Preis wollte, dass jemand zu Dunja und Shirin fuhr, um zu sehen, wie es meinen Mädchen ging, und vor allem, wie man sie zu mir zurückholen konnte.

Ich fand die Entscheidung unmöglich, zumal Danny in den letzten Monaten zu den wenigen Menschen gehört hatte, die mir unerschütterlich zur Seite standen. Ich konnte mir kaum vorstellen, wie ich den Kampf um meine Kinder ohne ihn durchhalten sollte. Aber genau dies erwarteten meine Eltern von mir. Und wenn mir das meine Mädchen zurückbringen würde, dann musste ich es wahrscheinlich akzeptieren. So entschied ich mich schließlich für meine Familie, vor allem aber für meine beiden Töchter. Ich versprach meinen Eltern, dass ich Danny nicht mehr sehen würde. Tief in mir war mir klar, dass dies nur eine Trennung auf Zeit sein konnte. Wenn meine Kinder erst einmal wieder in den Niederlanden wären, würde ich mit meinen Eltern den Streit um Danny erneut aufnehmen. Mit Tränen in den Augen verließ mich Danny an jenem Wochenende.

Nun saß ich ganz allein zu Hause und dachte an meine Mädchen. Morgens wurde ich bereits um sechs Uhr wach. Ich lief auf den Balkon, um die Sonne aufgehen zu sehen. Zwei Vögel saßen auf dem Geländer, und ich begann mit ihnen zu sprechen. Ich bat sie, nach Syrien zu fliegen und Dunja und Shirin eine Nachricht von mir zu überbringen.

Sie sollten ihnen erzählen, wie sehr ich sie liebte und dass ich, so schnell ich konnte, kommen würde, um sie zu holen.

Vielleicht klingt es verrückt, aber ich habe immer an die besondere Kraft von Vögeln geglaubt. Und obwohl meine Botschaft an diese Tiere nur symbolisch gemeint war, fühlte ich irgendwie doch, dass ich durch die Vögel Kontakt zu meinen Töchtern aufnehmen könnte.

Später erzählte mir Dunja, dass sie das Gleiche mit den Vögeln auf dem Balkon von Tetas Wohnung in Aleppo gemacht hatte.

Auch die nächste Woche erlebte ich wie in einem Trancezustand. Ich ging zur Arbeit, aber meine Gedanken waren allein bei den Mädchen und bei meinen Eltern, die sie bald wieder sehen sollten.

Am Donnerstag flogen meine Eltern nach Syrien. Sie fuhren auf gut Glück, hatten nur Tetas Adresse irgendwo in Aleppo bei sich. Sie wussten nicht, ob meine Kinder dort noch lebten, ob Hamid da war oder ob alle zusammen irgendwo anders hingezogen waren. Das Ziel der Mission meiner Eltern war, Dunja und Shirin wiederzufinden und mit Hamid das Gespräch zu suchen, um eine Lösung des Problems herbeizuführen.

Ich brachte meine Eltern zum Flughafen. Ich hatte ihnen zwei Taschen mitgegeben, voll mit Briefen, Fotos, besprochenen Kassetten und Geschenken für meine Mädchen. Auch einen Koffer mit Bekleidung und Leckereien drückte ich ihnen in die Hand. Ich ließ sie nur mit sehr gemischten Gefühlen fliegen und hoffte, dass sie meine Töchter finden und zurückbringen würden, aber im Augenblick des Abschieds fühlte ich mich völlig machtlos.

Ich wusste, dass die ganze Reise einschließlich der fünf Stunden dauernden Busfahrt von der Hauptstadt Damaskus nach Aleppo einen ganzen Tag dauern würde. Am Freitagmorgen hoffte ich, etwas von ihnen zu hören. Zur Sicherheit hatte ich den ganzen Tag Urlaub genommen.

Die Nacht vom Donnerstag auf Freitag ging nur äußerst schleppend vorbei. Um so wenig wie möglich zu merken, wie sie vorankroch, schluckte ich eine Schlaftablette nach der anderen. Ich wollte nichts fühlen. Dann wurde es Morgen und es wurde später und später, und mir blieb nichts anderes übrig, als in meinem Bett zu liegen und auf den Anruf zu warten. Ich war voller Angst, dass ich mit einer einzigen Bewegung alles kaputt machen würde. Ich musste dringend zum WC, aber ich ging nicht, weil ich dann vielleicht das erlösende Telefonat verpasste. Ich hatte Hunger und Durst, doch ich durfte mich heute keinen Meter vom Telefon entfernen. Langsam verstrich auch die Mittagszeit, und ich hatte immer noch nichts gehört. Ich verstand nicht, warum es so lange dauerte, und war überzeugt, dass etwas Schreckliches geschehen war.

Meine Eltern waren nach ihrer Ankunft in Damaskus sofort zur niederländischen Botschaft gefahren. Dort sprachen sie darüber, wie es am besten wäre, sich Hamid und Teta zu nähern. Der Botschafter riet ihnen, nicht vorher anzurufen, sondern direkt in Aleppo Tetas Haus aufzusuchen. Sollten die Kinder sich tatsächlich dort aufhalten, hatten Hamid und Teta auf jeden Fall keine Zeit mehr, die Mädchen woanders unterzubringen.

Meine Eltern fuhren daraufhin direkt weiter nach Aleppo, 360 Kilometer nördlich von Damaskus. Ihre einzige Orientierungshilfe war der Straßenname und der Name des Stadtviertels, Telefon Hawaii, in dem Teta wohnte. Als sie dort angekommen waren, glich ihre Unternehmung der Suche nach einer Nadel im Heuhaufen. Die Straßen in Aleppo haben zwar Namen, aber Straßenschilder findet man so gut wie überhaupt nicht. Man hat also nicht die geringste Idee, wo man sich gerade befindet.

Meine Eltern wurden zwar von einem Taxifahrer im richtigen Viertel abgesetzt, mussten aber durch kleine Gassen laufen und nach jemandem suchen, der ihnen weiterhelfen konnte. Mit Sack und Pack irrten meine Eltern zwischen hohen und dunklen Häusern durch kleine Sträßchen. Der Boden war nicht asphaltiert, sondern bestand aus holperigen Pflastersteinen. Überall hing Wäsche aus den Fenstern, und auf den Straßen spielten Kinder und Hunde. Überall begegneten sie verschleierten Frauen und Männern in *djellabas,* langen Überwürfen.

Meine Eltern sprechen beide Arabisch, doch das half ihnen wenig. Wenn mein Vater jemanden ansprach, reagierte der gleichgültig und zuckte nur die Schultern. Mein Vater dachte zunächst, dass die Menschen ihn nicht verstanden. Arabisch ist nämlich eine Sprache mit sehr, sehr vielen Varianten, und mein Vater spricht das marokkanische Arabisch. Nach einer Weile erkannten meine Eltern aber, dass die Reaktionen auf ihre Fragen nicht an ihrer Aussprache lagen, sondern allein an der deutlich erkennbaren Tatsache, dass sie Touristen – wenn auch arabischer Abstammung – waren.

Stundenlang liefen sie herum, zeigten den Leuten Fotos von Dunja und Shirin und fragten sie, ob sie die Kinder oder Teta kennen würden. Schließlich ging mein Vater wieder einmal in einen kleinen Laden hinein und fragte den Besitzer, ob er diese Menschen kennen würde. Der Mann sah ihn groß an, lief dann in den hinteren Teil des

Geschäfts, eine Treppe hoch – und kehrte mit Noura, der Schwester von Hamid, zurück!

Meine Eltern erkannten Noura sofort, denn sie waren ihr bei ihrem Besuch in den Niederlanden begegnet. Der Ladenbesitzer, den mein Vater angesprochen hatte, war offensichtlich ihr Mann Amahl. Noura wurde leichenblass, als sie meine Eltern sah. Sie nannte sie beim Namen und fragte sie, was sie hier zu suchen hätten.

»Ja, was denkst du wohl«, entgegnete mein Vater, »wir kommen wegen unserer Enkelkinder. Wo sind sie?«

Selbstverständlich wusste Noura, wo Teta, die gerade umgezogen war, wohnte. Zuerst hatte sie bei ihr gewohnt, aber als dann Dunja und Shirin ankamen, war nicht mehr genügend Platz für alle. Daraufhin zog Teta mit den Kindern in eine kleine Wohnung in der Nähe.

Noura wollte zunächst allein dorthin gehen, um zu sehen, ob sie zu Hause wären. Aber davon wollten meine Eltern nichts wissen und gingen mit. Teta schien direkt um die Ecke zu wohnen, in einem großen grauen Wohnblock. Amahl lief nach oben, um Teta zu holen. Als sie nach unten kam und meine Eltern sah, erschrak sie fürchterlich. Meine Eltern wollten jetzt keine Zeit mehr verlieren und sagten, sie wollten sofort nach oben. Sie gingen hinter Teta, Noura und Amahl durch ein dunkles und schmutziges Treppenhaus. Die Tür zu der Wohnung stand einen Spalt offen, und als meine Eltern hineingingen, sahen sie Dunja und Shirin im Zimmer sitzen.

Die Mädchen erkannten ihre Großeltern nur mühsam. Ihre Verwirrung war verständlich, denn meine Mutter trug einen Schleier und mein Vater hatte durch den Kummer in den letzten Wochen stark abgenommen und hatte zudem in den letzten Tagen keine Zeit gehabt, sich zu rasieren. Dunja und Shirin saßen nebeneinander auf einer Bank. Sie trugen viel zu große Kleider und sahen meine Eltern voller Erstaunen an. Die Mädchen hatten in der letzten Zeit sehr viel mitmachen müssen. Sie waren plötzlich in ein fremdes Land gebracht worden, saßen zwischen Menschen, die sich in einer fremden Sprache unterhielten, und wussten nicht mehr, wem sie noch vertrauen konnten. Überdies war ihnen von Anfang an gesagt worden, dass sie am besten ihre niederländische Familie vergessen sollten, dass alle Menschen dort im Westen schlecht und verdorben wären und dass ihre Mutter sie nicht mehr liebte.

Hamid saß ebenfalls in dem Zimmer. Er betrachtete die Szene, als ginge sie ihn nichts an, doch innerlich muss er sehr aufgewühlt gewesen sein. Meine Eltern, bei denen er so oft Zuflucht gesucht hatte und die so oft bei unseren Auseinandersetzungen für ihn Partei ergriffen hatten, standen plötzlich hier im Raum. Sie waren gekommen, um ihre Enkelkinder zu suchen, die er aus Holland entführt hatte.

Teta versuchte die ganze Zeit, sich von dem Schrecken zu erholen. Sie kannte meine Eltern von ihren Besuchen in unserem Land. Zudem hatte sie großen Respekt vor ihnen, denn meine Eltern waren *hadji*, hatten also die große Pilgerfahrt nach Mekka angetreten und mussten daher in der arabischen Welt mit höchster Ehrerbietung behandelt werden. Für Teta war der Schock darum ein doppelter: nicht nur weil sie überführt war, Dunja und Shirin versteckt zu haben, sondern auch noch vor diesen Respektspersonen.

Vorsichtig nahmen meine Eltern Kontakt zu den Mädchen auf, und sehr schnell wussten die beiden auch, wen sie vor sich hatten. Sie waren glücklich – hielten sich aber dennoch zurück. Und völlig unvermittelt fragten sie, wie es mir gehe, ob ich noch leben würde.

Meine Eltern waren verstört und versicherten ihnen, dass ich sehr wohl am Leben sei. Daraufhin erzählte Dunja, Hamid und Teta hätten gesagt, dass ich eine Hure sei, die Aids habe und sterbenskrank im Krankenhaus liege – wenn ich inzwischen nicht sogar schon gestorben wäre.

Mein Vater wandte sich daraufhin an Hamid und fragte ihn, ob er das tatsächlich behauptet habe. Hamid ging sofort in die Verteidigung: »Ihr wisst doch selbst, dass Malika eine schlechte Mutter ist«, sagte er in seinem gebrochenen Niederländisch, »und ihr wisst auch, dass ich alles getan habe, um mit ihr zusammen zu sein. Ich kann nicht mehr in Holland leben. Und ich will nicht, dass meine Mädchen als Huren aufwachsen.« Schließlich habe er Dunja und Shirin nur aus dem verderbten Westen herausholen und sie von ihrer miserablen Mutter fern halten wollen, die Drogen nahm und sich mit einem dreckigen holländischen Hund abgab. Und wenn sie die Kinder sehen wolle, müsse sie eben nach Syrien kommen.

Meine Eltern versuchten, ihm darzulegen, dass die Kinder doch ihre Mutter brauchten und in die Niederlande gehörten. Doch Hamid wollte nichts davon hören. Nach seiner Ansicht hatte er das einzig Richtige getan, und nun musste ich mal erleben, wie es sei, abgewiesen zu werden.

In diesem Moment beschlossen meine Eltern, mich in den Niederlanden anzurufen, damit ich wüsste, dass es den Kindern gut gehe. Außerdem sollten Hamid und ich die Angelegenheit direkt miteinander besprechen. Weil Teta in der neuen Wohnung noch keinen Telefonanschluss hatte, gingen sie ins Hotel, in dem meine Eltern untergekommen waren. Mein Vater wählte meine Nummer und reichte Hamid dann den Hörer.

Sehr weit entfernt, in meiner Wohnung in Amsterdam,

hörte ich durch einen Nebel von Schlaftabletten seine dunkle, schwere Stimme: »Ja, hallo, Malika...«

»Wo sind meine Kinder?«, war das Einzige, was ich herausbrachte. »Wo sind Dunja und Shirin?«

Dann kam Dunja ans Telefon: »Mama, wo liegst du?«

»Ich liege nirgends, Liebes, ich sitze wie üblich zu Hause.«

»Mama, wie komme ich hierher? Und was mache ich hier?«

Am Wochenende nach Shirins Geburtstag sind wir zu Freunden von Papa gefahren. Ich kannte die Leute nicht, aber es war sehr lustig. Alle sprachen Arabisch. Wir sollten nur eine Nacht bleiben, doch Papa hatte neun Koffer mitgenommen. Ich fragte, warum, und er sagte: »Das erfährst du noch früh genug.«

Am Abend fragte er uns, ob wir eine Ferienreise machen wollten, und ich wollte wissen, wohin. Er sagte: »An das Rote Meer.« Ich fragte, wie das denn mit Mama sei, und er antwortete, er habe sie schon angerufen, und sie findet die Idee ganz prima. Sie würde später nachkommen. Deshalb müssten wir auch die vielen Koffer mitnehmen.

Am nächsten Tag flogen wir nach Paris, wo wir umsteigen mussten. Als wir auf dem zweiten Flugplatz ankamen, wartete dort schon Teta auf uns. Ich kapierte nichts und fragte mich, ob sie uns begleiten würde. Papa sagte, wir seien im Libanon. Er hatte uns früher mal erzählt, dass er dort geboren sei und Teta dort auch wohnen würde.

Wir gingen in ein Hotel, und dann erzählte Papa uns, dass all unsere Sachen aus den Niederlanden nachkommen und wir von nun an in Syrien leben würden.

Was sollte das alles? Wir wollten doch nur Ferien machen? Und warum konnten wir nicht im Libanon bleiben, warum mussten wir nach Syrien? Und was war mit Mama?

Papa sagte: »Mama ist sehr krank geworden. Vielleicht muss sie sterben.« Ich bekam einen fürchterlichen Schreck und musste ganz entsetzlich weinen.

Ich begriff es einfach nicht, warum wir hier bleiben sollten. Das Einzige, woran ich denken konnte, war Mama. Ich fragte Papa, ob ich sie nicht anrufen könnte, aber er sagte, dass man aus diesem Land nicht in die Niederlande telefonieren könne.

Wir blieben etwa zwei Wochen in dem Hotel in Beirut. Eines Tages gingen wir in eine Telefonzelle, und Papa sprach mit Tante Ellen in Holland. Sie hatte uns nach Schiphol gebracht. Danach sagte ich zu Papa, wenn man Tante Ellen anrufen kann, können wir uns doch auch bei Mama melden. Er sagte, das geht nicht, aber wir würden von Syrien aus anrufen.

Schließlich fuhren wir nach Syrien. Wir mussten schon sehr früh aufstehen und bei einem Café warten. Dort kam ein großer dicker Mann heraus, den ich nicht kannte, Papa aber schon. Wir fuhren mit ihm in seinem Auto. Teta, Shirin und ich saßen hinten, Papa und der dicke Mann auf den Vordersitzen.

Als wir uns der Grenze näherten, sagte der Mann, dass Papa nun den Chauffeur spielen sollte, und wir wären seine Kinder. Ich widersprach: »Das stimmt nicht, wir sind Papas Kinder.« »Aber jetzt seid ihr meine Kinder«, behauptete der dicke Mann. So passierten wir die Grenze nach Syrien.

Wir saßen lange im Auto, und es war sehr eng. Mir gefiel die Gegend, wir fuhren durch eine Berglandschaft und offene Hochebenen. Ich sah überall Kühe und Schafe und Hirtenjungen. Am Wegrand standen Tische mit Obst und Gemüse. Einige Male hielten wir an, um zu tanken und etwas zu essen oder zu trinken. Shirin und ich bekamen Datteln mit Walnüssen gefüllt, die an einer Schnur aufgezogen waren. Sie schmeckten unheimlich lecker.

Gegen Mittag kamen wir in Aleppo an. Wir gingen in ein Haus und stiegen dunkle und enge Treppen hinauf. Als wir an eine Tür klopften, wurde sie von einer hässlichen dicken Frau aufgemacht, die fürchterlich heulte. Ich fragte mich, wer das sei. Es schien Noura zu sein.

Wir haben sechs Wochen bei Noura und Amahl gewohnt, zusammen mit Papa und Teta. Die Wohnung war völlig überfüllt. Noura hatte eine Tochter, aber die fanden Shirin und ich ziemlich blöde. Sie spielte mit unseren Spielsachen, und wir durften nichts von ihr anfassen. Noura und Papa hatten ständig Streit: Einmal, als er weg war, tat Shirin etwas, was sie nicht durfte. Noura gab ihr daraufhin eine Ohrfeige. Als Papa dann zurückkam und den Fleck auf Shirins Backe sah, wurde er sehr böse.

Er suchte eine andere Unterkunft für uns. Zusammen mit Teta sind wir dann in eine sehr viel kleinere Wohnung gezogen. Es war da aber nicht so schön, denn anfangs hatten wir kein Fernsehen und kein Radio. Wir gingen auch nicht nach draußen, um etwas Schönes zu unternehmen. Wir langweilten uns furchtbar.

Ich fragte, ob ich Mama anrufen könnte, aber das durfte ich nicht.

Eines Tages klopfte es an der Tür. Teta öffnete, und Amahl kam herein. Er sagte ihr, sie solle sofort mitkommen, es sei etwas geschehen. Kurz danach kamen sie zurück, zusammen mit Noura. Hinter ihnen waren Oma und Opa aus den Niederlanden. Ich bekam einen großen

Schreck, denn ich wusste erst nicht, wer sie waren. Ich konnte zunächst auch kein Wort rausbringen. Nach einer Weile erkannte ich sie aber wieder.

Sie hatten jede Menge Geschenke und Leckereien mitgebracht, und Briefe und Sachen, die Mama eingepackt hatte. Ich fragte, ob Mama denn nicht tot wäre, und sie waren sehr geschockt. Mama lebte noch, sagten sie, und würde uns sehr vermissen.

Da wurde Papa sehr böse auf sie. Warum hatten sie ihre Ankunft nicht angekündigt? Opa sagte, er habe uns überraschen wollen. Ich fragte ihn, ob wir Mama anrufen könnten. Das klappte, aber zuerst sprach Papa mit Mama. Dann bekam ich den Hörer. Ich begriff überhaupt nichts mehr und fragte Mama, wo sie gerade war. Sie sagte mir, zu Hause, und sie habe schrecklich lange nach uns gesucht. Ich war so froh, dass Mama noch lebte, und gleichzeitig sehr traurig, dass sie so weit weg war.

Sie versprach, uns bald zu besuchen. Da wurde ich wieder froh.

6

Der Kampf beginnt in den Niederlanden

Der Sommer des Jahres 1999 war der längste meines Lebens. Meine Eltern kehrten nach zehn Tagen wieder zurück in die Niederlande, hatten aber Dunja und Shirin nicht dabei. Doch sie konnten immerhin mehrmals mit den Kindern sprechen und ich selbst durfte mit ihnen telefonieren.

Alle ihre Gespräche mit Hamid liefen auf das Eine hinaus: Ich sollte nach Syrien kommen, und dann könnten wir die ganze Angelegenheit besprechen. Über die niederländische Botschaft schalteten meine Eltern einen ortsansässigen Rechtsanwalt ein, denn Hamid hatte die Kinder schließlich ohne meine Zustimmung mitgenommen und sie zudem noch illegal aus dem Libanon über die syrische Grenze geschmuggelt. Und obwohl Hamid ein Bürger Syriens ist, gilt das nach niederländischem Recht für die Kinder nicht.

Unser syrischer Anwalt, Samir, beurteilte die Situation mit großem Optimismus. Er glaubte, dass es keine Schwierigkeiten geben wird, die syrischen Richter davon zu überzeugen, dass die Kinder zurück in die Niederlande, zu ihrer Mutter, gehören. Für ihn war das nur eine Frage der richtigen Dokumente, Beweise und Zeugenaussagen. Mit einem Vorschuss von zweitausend Dollar nahm er die Arbeit auf.

Meine Eltern konnten nicht länger bleiben, weil ihr Visum nach zehn Tagen ablief. Aber sie haben Dunja und

Shirin gesehen, wissen, dass sie ausreichend zu essen kriegen und ein Dach über dem Kopf haben. Außerdem konnte es nach Aussage des Anwalts nicht mehr lange dauern, bis die Mädchen wieder nach Holland kämen. Diese Aussicht beruhigte meine Eltern und ließ sie Ende April hoffnungsvoller aus Syrien abreisen.

Inzwischen bin ich ein Wrack. Ich lebe von Schlaftabletten und Antidepressiva, wiege nur noch achtunddreißig Kilo und habe am ganzen Körper Schmerzen. Bei jedem Schritt, den ich mache, martern mich Höllenqualen. Bei dem geringsten Anlass bekomme ich einen Wutanfall, und es ist vor allem meine Familie, die darunter leiden muss.

Irgendwann ruft mein Vater den Hausarzt an und verbietet ihm, mir noch länger Schlaftabletten zu verschreiben. Ich fand es inzwischen ganz normal, dass ich jedes Mal, wenn mir die Pillen ausgingen, ihn einfach anrief und neue bestellte. Als ich ihn wieder anrief und er mir sagte, er wolle mich erst einmal sehen, rastete ich völlig aus. Ich beschimpfte ihn und dann meinen Vater, der mir das eingebrockt hat.

Doch ich musste nun einsehen, dass mein Zorn sich an die falschen Adressaten richtete. Ich muss es ohne chemische Keule versuchen. Drei Nächte hintereinander bin ich schon wach. Ich sitze im Dunkeln, ich male, ich schreibe Briefe an die Kinder und lese viel über das Land, wo sie jetzt sind.

Syrien liegt am Mittelmeer und hat die Türkei, den Irak, Jordanien, Israel und den Libanon als Grenznachbarn. Das dort vorherrschende Seeklima sorgt für eine Abfolge von Jahreszeiten mit warmen trockenen Sommern und kalten Wintern mit Schnee. Das Land ist ungefähr sechsmal so groß wie die Niederlande und hat ungefähr sechzehn Millionen Einwohner. Die Landschaft besteht hauptsächlich aus Gebirgsregionen und Wüstengebieten. Es gibt einige große Städte, Aleppo ist nach der Hauptstadt Damaskus die zweitgrößte Stadt.

Die syrische Kultur ist eine der ältesten der Welt. Die Einwohner sind überwiegend islamischer Religionszugehörigkeit, doch haben sich über die Jahrhunderte ein paar christliche Gruppierungen gehalten. Generell aber muss Syrien als ein arabisches Land gesehen werden: Freitag ist nationaler Feiertag, überall gibt es Moscheen, und in allen öffentlichen Gebäuden befinden sich Gebetsräume. Frauen müssen in der Öffentlichkeit verschleiert sein.

Das Land wird von einem Militärregime unter der Leitung der Ba'th-Partei regiert, mit Präsident Assad an der Spitze. Syrien ist eines jener sieben Länder, die wegen ihrer Unterstützung des internationalen Terrorismus auf der »Schwarzen Liste« der Amerikaner stehen.

Doch über Syrien nur etwas zu lesen, reicht mir nicht mehr. Ich will etwas unternehmen – aber mir sind die Hände gebunden. Ich habe zwar telefonischen Kontakt mit unserer Botschaft in Damaskus, aber ein ums andere Mal rät man mir ab, in das Land zu reisen. Der Anwalt kümmert sich um die Angelegenheit, und mir bleibt nichts übrig, als geduldig abzuwarten.

Dann ruft mich überraschend Ali, ein Neffe von Hamid, aus Syrien an. Meine Eltern waren ihm bei ihrem Besuch in Aleppo ein paar Mal begegnet, und ihm schien die ganze Sache irgendwie an die Nieren zu gehen. Ali erzählt mir, dass Hamid den Behörden ins Netz gegangen und nun zum Militärdienst eingezogen ist. Durch die Anklage, die Samir gegen ihn – wegen unseres Streites um die Vormundschaft für die Kinder – eingereicht hat, ist man darauf gekommen, wer er wirklich ist. Die Behörden haben so herausgefunden, dass er eigentlich Faruk Nasri ist, der vor zwanzig Jahren das Land verlassen hat und nun wieder illegal zurückgekehrt ist.

Bevor Hamid – wie wir ihn hier weiterhin nennen wollen – aber den vollen Rechtsanspruch auf die syrische Staatsangehörigkeit erheben kann, muss er erst seinen Militärdienst ableisten. Und das bedeutet, dass er drei Jahre von zu Hause weg ist. Ali erklärt mir, er habe nun das Sorgerecht für Hamids Töchter, aber er sei der Sache nicht gewachsen. Er will jedoch auch nicht, dass Dunja und Shirin die ganze Zeit bei Teta bleiben. Gegen eine fürstliche Entschädigung wäre er daher durchaus bereit, dafür zu sorgen, dass die Kinder zurück in die Niederlande kommen. Mein Vater könne sie nach der Zahlung in Damaskus abholen.

Wir brauchten keine Sekunde über das Angebot nachdenken. Innerhalb von zwei Tagen haben wir Flugtickets besorgt, und mein Vater fliegt – dieses Mal mit einem Schwager von mir – nach Syrien. Nach der Ankunft melden sie sich sofort bei der Botschaft und bei Samir, unserem Anwalt. Einiges an der Geschichte von Ali erscheint nun in einem sehr fragwürdigen Licht, doch mein Vater greift nach jedem Strohhalm, um Dunja und Shirin aus dem Land zu holen. Von Damaskus aus ruft er Ali in Aleppo an, um ihm mitzuteilen, dass er angekommen und bereit ist, die Mädchen zu übernehmen. Ali verspricht, so schnell wie möglich in die Hauptstadt zu kommen.

»So schnell wie möglich« bedeutet vier lange Tage. Vier Tage, in denen mein Vater nichts anderes machen kann als abwarten, anrufen, abwarten, anrufen...

Es ist Hochsommer in Syrien, und in Damaskus wimmelt es nur so vor Menschen. Meinen Vater treibt der Lärm und die Hitze fast in den Wahnsinn. Mehrmals bietet er an, selbst nach Aleppo zu kommen, doch Ali beschwört ihn jedes Mal, er solle auf jeden Fall in Damaskus bleiben und alles ruhig abwarten.

Nach vier Tagen taucht Ali endlich in Damaskus auf – *ohne* Dunja und Shirin. Es seien noch eine ganze Reihe von Dingen zu regeln, und dafür brauche er dringend Geld von meinem Vater, mit dem er in Aleppo die letzten Schwierigkeiten ausräumen, die benötigten Papiere besorgen und gegebenenfalls Schmiergelder zur Beschleunigung der Angelegenheit zahlen könne. Danach würde er mit den beiden Mädchen nach Damaskus zurückkehren. Mein Vater händigt ihm tausend Dollar und die Kosten für die Busreise nach Aleppo aus.

Drei Tage später hat er immer noch kein Lebenszeichen von Ali oder den Kindern erhalten. So beschließt er – ohne einen anderen einzuweihen –, selbst nach Aleppo zu fahren. Das bedeutet eine fünfstündige Busreise quer durch die Wüste. Und so sitzen mein Vater und mein Schwager in dem schaukelnden heißen Bus, eingeklemmt zwischen Dutzenden von Mitreisenden, die sich miteinander unterhalten, während ein Radio in voller Lautstärke plärrt. Als sie in Aleppo ankommen, finden sie Dunja und Shirin immer noch bei Teta vor.

Ich sitze inzwischen zur Untätigkeit verdammt in den Niederlanden herum und warte darauf, etwas zu hören. Weil ich nichts Gutes höre, rufe ich Noura an, die mich sofort auf Englisch anschreit: »Warum ist dein Vater hier? Was macht er hier?« Ich weiß in diesem Augenblick überhaupt nicht, dass er in Aleppo ist, darum sage ich auch, er ist da nicht, er ist wie immer hier in den Niederlanden.

»Das stimmt ja gar nicht! Er ist hier. Warum ist er hier?«, brüllt Noura erneut. »Denkt er vielleicht, er kann uns die Kinder stehlen?«

»Nimm es mir nicht übel, Noura«, entgegne ich, »aber dein Bruder ist doch derjenige, der meine Töchter entführt hat!«

Schließlich lege ich den Hörer auf und frage mich, wo mein Vater jetzt wohl ist und ob es ihm gelingt, die Mädchen wieder mitzunehmen.

Genau zu diesem Zeitpunkt trifft mein Vater bei Teta ein. Diesmal erkennen seine Enkeltöchter ihn sofort und fallen ihm um den Hals. Dann hört er von Teta, dass Ali sich die ganze Geschichte ausgedacht und keinerlei Sorgerecht für die Kinder hat. Das liegt, solange Hamid beim Militär ist, allein bei Teta. Ali ist ein alkoholabhängiger Liebhaber der Wasserpfeife, in die er bevorzugt *aguila*, eine Haschischsorte, mischt. Diese beiden Hobbys kosten viel Geld, und Ali tut alles, um sie finanzieren zu können.

Als mein Vater das hört, kehrt er nach Damaskus zurück und berät sich mit Samir. Es gibt offensichtlich keine legale Möglichkeit, Dunja und Shirin in die Niederlande mitzunehmen. Wir müssen abwarten, was das Gericht entscheidet, und das kann noch lange dauern. Mein Vater händigt Samir einen weiteren Vorschuss aus und kehrt am zweiten Juni unverrichteter Dinge nach Holland zurück. Weinend verlässt er das Flugzeug in Schiphol: »Es tut mir so Leid, Malika, ich habe es nicht geschafft.«

Ich bin geschockt und habe eine riesige Wut auf Ali. Dies war der bekannte Tropfen, der das Fass zum Überlaufen bringt. Meine Geduld ist zu Ende. Ich rufe den lokalen

Fernsehsender an, der schon einige Male bei mir angefragt hat, ob ich ihm meine Geschichte erzählen wolle. Ich teile den Leuten mit, dass ich bereit bin, auszupacken. Ich hoffe, dass jemand die Sendung sieht, der irgendetwas für meine Töchter tun kann. Noch am gleichen Abend berichte ich im Amsterdamer TV-Journal, was passiert ist.

Nach der Sendung rufe ich – immer noch vor Wut schäumend – Noura und Ali an. Der ist wieder einmal sturzbesoffen und zugekifft. Es ist nur allzu klar, was er mit dem Geld meines Vaters gemacht hat.

Ein paar Wochen später erhalte ich einen Brief von Dunja. Er ist kurz, distanziert und endet mit den Worten: »Ich bin jetzt arabisch, Mama. Syrien ist mein Land.«

Mein Erschrecken beim Lesen des Briefes ist grenzenlos. Mir wird deutlich, dass Eile geboten ist: Meine Kinder werden langsam umgepolt und beginnen, Holland zu vergessen. Außerdem ist Dunja schon neun – und mit vierzehn Jahren kann sie dort bereits verheiratet werden. Ich muss die Mädchen – koste es, was es wolle – so schnell wie möglich wieder nach Hause holen.

Ich schnüre Päckchen für sie mit Geschenken und Briefen von ihren Freunden aus der Schule. Das Wichtigste in diesen Päckchen sind die Sachen, die sie an die Niederlande und das Leben, das sie hier führten, erinnern sollen: Fotos, Musikkassetten und typischer Schnickschnack aus Holland. Dann schicke ich sie an die niederländische Botschaft in Damaskus und bitte sie, dafür zu sorgen, dass die Mädchen sie auch wirklich bekommen. Ich hoffe, dass ich Dunja und Shirin »wach schütteln« kann.

Ich rufe die Botschaft jeden Tag an und bitte sie, bei mir zurückzurufen. Meine Telefonrechnungen werden ohnehin hoch und höher. Stundenlang diskutiere ich mit dem

Botschafter, um herauszufinden, was man tun könnte. Ich frage ihn, ob Samir sich auch wirklich in die Sache reinhängt, denn das Einzige, was wir von ihm erhalten, sind Rechnungen. Zum Beispiel deswegen, weil er wieder einmal nach Aleppo zu einer richterlichen Anhörung gefahren ist und nun erneut tausend Dollar braucht. Aber irgendwelche Resultate sind nicht in Sicht. Der Botschafter versucht mir zu erklären, dass ich Geduld haben muss, dass alles eine Frage des Aktenwälzens und Abstempelns von Dokumenten ist.

Inzwischen schickt mir Samir ein Fax nach dem anderen, er müsse noch zwei bis drei Monate am Ball bleiben. Jedes Fax endet mit der ausdrücklichen Ermahnung: »Es wird Frau Kaddour auf das Dringlichste abgeraten, selbst nach Syrien zu kommen.«

Abends lege ich mich in die Betten der Kinder, die eine Nacht verbringe ich in dem von Shirin, die nächste in dem von Dunja. Ich sehe mich im Zimmer um und drücke ihre Puppen und Plüschtiere an mich. Shirins Lieblingstier bleibt die ganze Nacht bei mir. Wie kann mein Mädchen mit ihren vier Jahren ohne ihren Knuddel ruhig schlafen? Ich liege in ihren Betten und suche ihren Geruch in den Kopfkissen. Auch wenn er jeden Tag etwas schwächer wird, kann ich mich lange nicht dazu durchringen, ihr Bettzeug zu wechseln.

Ich führe jetzt auch ein Tagebuch, das im Wesentlichen aus Briefen an meine Töchter besteht. Und ich schreibe jede Menge Listen mit möglichen Aktivitäten, um meine Kinder zurückzukriegen. Alles, was mir so durch den Kopf geht: einen Bericht für die Presse verfassen, die landesweiten TV-Sender ansprechen, zur syrischen Botschaft nach Brüssel fahren, die für alle drei Beneluxstaaten zuständig ist, Hamid hier die Erziehungsberechtigung absprechen lassen, eine Unterschriftenaktion starten, Kontakte zu Leidensgenossinnen aufnehmen...

Eines Tages, als ich wieder einmal in meinem Tagebuch schreibe und eine Seite umblättere, stockt mir mein Atem. Dunja und Shirin hatten in meine Tagebücher und Terminkalender gelegentlich etwas geschrieben oder gemalt, um mich damit zu überraschen. Jetzt, wo meine Kinder Tausende von Kilometern von mir entfernt sind, stoße ich wieder einmal auf so einen Überraschungsgruß von Dunja:

4. September 1998

Meine Mutter.

Meine Mutter ist ein ganz besonderer Mensch, denn sie ist immer für alle da. Vor allem für die Familie! Und das finde ich unheimlich gut! Und wenn ich ihr eine Note geben soll, dann ist das die 1!

Alles Gute von deiner dich liebenden Tochter Dunja. Küsschen, Küsschen, Küsschen, Küsschen...

Ich rufe sofort in Syrien an. Am anderen Ende der Leitung ist Hamid, der mir wieder und wieder erzählt, dass er die Mädchen vor dem verderbten Westen gerettet hat und dass dies gerade noch rechtzeitig geschehen ist, bevor der schlechte Einfluss, den ich und Danny auf sie gehabt haben, zu groß wurde. Er gibt zu, dass Dunja und Shirin mich vermissen, findet jedoch, dass sie in Syrien besser aufgehoben sind. »Malika«, schlägt er vor, »wenn du eine gute Mutter bist und deine Kinder sehen willst, komm doch hierher.«

Doch ich fürchte mich. »Hamid, ich weiß nicht, was du mit mir machst, wenn ich tatsächlich komme. Ich weiß nicht mal, ob ich dann wieder aus dem Land ausreisen kann. Warum kommst du nicht einfach mit den Mädchen zurück in die Niederlande? Dann können wir uns aussprechen und nach einer Lösung suchen.«

Doch erneut geht Hamid nicht auf diesen Vorschlag ein und sagt, ich soll nach Syrien kommen. Dort gehören er und seine Töchter hin, das ist ihr Heimatland.

Um ihm entgegenzukommen, schlage ich nun vor: »Was hältst du davon, wenn ich mit meinem Vater nach Aleppo komme, und wir – du und ich – schließen ein Abkommen? Die Kinder gehen hier in den Niederlanden zur Schule und besuchen dich sechs Wochen während der Sommerferien und zwei Wochen über Weihnachten. Können wir uns darauf einigen?«

Als ich meinen Vater erwähne, bei dem Hamid über all die Jahre Rat und Hilfe gesucht hat, gerät er sofort in Rage: »Dein Vater, der lügt doch das Blaue vom Himmel herunter. Weißt du überhaupt, was du und er mir angetan haben? Hör mir gut zu! Ihr beide habt das Ganze doch erst so schwierig für uns alle gemacht. Malika, quäle dich nicht selbst und mach dir keine Sorgen. Die Kinder sind hier bei ihrem Vater. Wir haben alle eine schöne Zeit. Wenn du Beweise dafür brauchst und das selbst sehen willst, komm her, nichts sonst. Ich regele das dann ganz allein mit dir, zum Besten der Kinder. Aber ohne irgendwelche Einschränkungen. Anders geht das nicht.«

Bei anderen Gelegenheiten kommen Dunja oder Shirin ans Telefon. An ihren zurückhaltenden Stimmen und knappen Antworten merke ich, dass sie nicht frei sprechen können. Shirin spricht kaum noch Holländisch, meist redet sie Arabisch. Wenn ich mit Dunja spreche, versuche ich sie aufzurütteln. Ich lese ihr dann in unserer Sprache ihre Lieblingscomics wie etwa *Donald Duck* vor oder singe ihre liebsten Lieder. Manchmal erreiche ich etwas, dann beginnt sie zu weinen: »Mama, komm doch hierher! Ich vermisse dich so sehr. Sag mir, wann du kommst, dann kann ich mich darauf einrichten. Mama, wann kommst du?«

Ein anderes Mal ist sie sehr zurückhaltend und sagt, sie komme nicht mehr in die Niederlande. Wenn ich sie dann nach dem Grund frage, meint sie: »Weil wir nun einmal hier sind und du dort. Wenn du aber kommen willst, bist du hier sehr gern gesehen.«

»Aber, Liebes, du musst doch zurück in deine Schule, hier in den Niederlanden.«

»Nein«, sagt Dunja, »da können wir nicht mehr hin. Denn dann ist Papa ganz allein hier und das wäre doch schade?«

Ich versuche ihr klarzumachen, dass das nicht schade wäre. Papa war schließlich so gemein, mir meine Töchter zu rauben. Und das war weder ihnen noch mir gegenüber ehrlich, oder? Darüber hinaus sollten sie als Kinder nicht zu viel Mitleid mit Erwachsenen haben, denn die sind verantwortlich für das, was sie tun. Aber wie kann man einem neunjährigen Mädchen, das nur möchte, dass Mama und Papa immer zusammenbleiben, erklären, dass ihr Vater ein Verbrechen begangen hat?

Wir verabreden uns, jeden Abend um acht Uhr fünf Minuten ganz fest aneinander zu denken. Auf die Art und Weise würden wir noch ein wenig zusammen sein.

Wir waren noch immer bei Noura, weil die Wohnung dort einfach größer war. Manchmal rief Mama an, und dann konnten wir kurz mit ihr sprechen. Aber es kam auch vor, dass Noura sofort den Stecker aus der Wand zog. Ich fand es sehr schön, Mamas Stimme zu hören, aber ich begriff nicht, warum sie nicht zu uns kam. Sie sagte, das wolle sie nicht. Ich fand es ziemlich schlimm, dass Mama so weit weg und auch so bekümmert war. Und wenn sie mit Papa telefonierte, stritten sie fast immer.

Ich glaube, Papa tat es inzwischen Leid, dass er uns mitgenommen hatte. Aber wenn er uns zurück in die Niederlande schicken würde, würde er ja ganz allein sein. Deswegen fragte er Mama jedes Mal, wann sie kommen würde. Ich fragte ihn, warum wir drei nicht nach Holland zurückkehrten, und er sagte, das kann er nicht, weil er erst eine Zeit lang bei der Armee bleiben muss und deshalb nicht aus dem Land kann.

Ich fand es nicht schön, dass Papa beim Militär war, denn so waren wir viel allein mit Teta. Und die lag uns den ganzen Tag in den Ohren, was wir alles tun sollten. Wir mussten auch immer mit auf den Markt, und das fand ich nicht so toll. Anfangs fragten Shirin und ich sie noch, ob wir was Schönes kriegen, Spielzeug oder Leckereien. Aber Teta kaufte uns nichts, und nach einer Weile fragten wir gar nicht mehr.

Die Schwester von Amahl arbeitete an einer Schule, und nach einer Weile musste ich dort hingehen. Wir trugen da eine komische Uniform mit einer braunen Jacke und Halstüchern in der Farbe der jeweiligen Klassenstufe. Ich trug ein orangefarbenes Halstuch, weil ich in der ersten Klasse saß.

Wir waren zwanzig Kinder in der Klasse, Jungen und Mädchen. Mit den meisten konnte ich nichts anfangen. Die Einzigen, mit denen ich manchmal spielte, waren der Sohn und die Tochter der Schwester von Amahl. Weil Papa früher viel arabisch mit mir gesprochen hatte und auch Teta und Noura nur arabisch mit mir redeten, konnte ich glücklicherweise jeden verstehen.

Wir bekamen sehr viel Hausaufgaben auf. Ich war vor allem im Rechnen gut, denn da waren sie nicht so weit, wie wir in den Niederlanden gewesen waren. Arabisch war am schwersten für mich – ich konnte es zwar sprechen und verstehen, aber das Schreiben fiel mir doch sehr schwer.

Wir mussten auch Verse aus dem Koran auswendig lernen und dann aufsagen. Davor hatte ich eigentlich nie in dem Buch gelesen.

Glücklicherweise musste ich in der Schule kein Kopftuch tragen. Einige Mädchen taten das freiwillig, aber ich fand mein Haar viel zu schön, um es zu verstecken.

Von unserer Botschaft in Damaskus erhielt ich immer alarmierendere Meldungen. Auch Hamid hatte sich einen Anwalt genommen, um die Kinder in Syrien einbürgern zu lassen. Ich hatte mich inzwischen mit dem syrischen Rechtssystem beschäftigt und wusste, was das bedeutet. Seine Grundlage sind die islamischen Gesetze. Bezogen auf die elterliche Gewalt bedeutet das: Wenn ein Kind einen syrischen Vater hat, hat es automatisch die syrische Staatsbürgerschaft – egal, wo es geboren ist oder welche Nationalität die Mutter hat.

In dem Augenblick, in dem Dunja und Shirin mit Hamid syrischen Boden betraten, sind sie Bürger dieses Landes geworden, auch wenn sie illegal die Grenze überschritten haben. Sie sind jetzt also Syrer, aber da sie keine Einreisebestätigung in ihrem Pass haben, muss Hamid eine besondere juristische Prozedur über sich ergehen lassen, um ihren Aufenthalt zu legalisieren. Wenn ihm das gelingt, ist er wieder einen Schritt weiter mit ihrer Einbürgerung und ich von ihrer Rückkehr in die Niederlande immer weiter entfernt. Syrische Kinder unter elf Jahren dürfen nämlich nur mit der ausdrücklichen Zustimmung ihres Vaters das Land verlassen.

Das größte Hindernis auf diesem Weg ist für Hamid meine große Hoffnung auf die Rückkehr der Kinder. Um seine Rechtsansprüche durchsetzen zu können, muss Hamid nämlich eine Heiratsurkunde von uns oder die Geburtsbescheinigungen seiner Töchter vorlegen. Und die müssen auch in Syrien oder durch eine syrische Botschaft bestätigt sein. Ich weiß, dass es keine solchen Papiere gibt. Wir sind nicht verheiratet und die Geburten von Dunja und Shirin sind nie der syrischen Botschaft gemeldet worden. Doch Hamid lässt sich dadurch nicht abschrecken und sucht nach Möglichkeiten, diese Dokumente doch noch zu kriegen.

Dass er, um dieses Ziel zu erreichen, vor nichts zurückschreckt, wird mir deutlich, als ich erfahre, dass er in seiner Geburtsstadt Manbij bei den Behörden mit einer Frau auftaucht, die behauptet, Malika Kaddour zu sein, die Mutter von Dunja und Shirin. Auf diese Art und Weise will er so tun, als ob die Mutter der Mädchen – also ich! – ihre Zustimmung gegeben hat, sich in Syrien niederzulassen. Dadurch hofft Hamid, eine gültige Heiratsurkunde zu erhalten. Glücklicherweise wird dieser Betrugsversuch rechtzeitig aufgedeckt, weil die angebliche Malika Kaddour keinen Ausweis vorlegen kann und der Name deshalb von der Polizei überprüft wird. Weil aber die falsche Frau Kaddour behauptet hat, Niederländerin zu sein, wird ihre Geschichte an Samir, den Anwalt der holländischen Botschaft, weitergeleitet.

Alle Lügen von Hamid fliegen nun nacheinander auf. So erfahre ich über die Botschaft, dass er kein Muslim, sondern – Christ ist. Genau wie Teta, die einmal in der Woche eine christliche Kirche aufsucht. Hamid hat sich nur ein paar Monate, nachdem er 1979 als Asylant in die Niederlande eingereist ist, mit einer Holländerin verheiratet und christlich taufen lassen. Aber auch das war nur Taktik – wie vieles in seinem Leben. Muslim zu sein, hatte er nur behauptet, um leichter politisches Asyl in den Niederlanden zu erhalten. Als er dann mir begegnete, meinte er, dass das bei mir und meiner Familie besser ankommen würde. Nun begriff ich auch, warum er die Einladungen meines Vaters, ihn zur Moschee zu begleiten, immer abgelehnt hatte...

Durch Ali erfuhr ich auch, warum Hamid und Teta so viel über den Libanon erzählen konnten. Als Hamid klein war, hat Teta ihre Familie im Stich gelassen und ist nach Beirut gegangen. Dort hoffte sie, einen reichen Mann zu finden. Ihr eigener Mann hatte die Familie bereits verlassen, als Hamid noch sehr klein war. Teta kannte Beirut daher sehr gut, und Hamid ist mit Erzählungen über den Libanon groß geworden.

Ich falle von einer Überraschung in die andere. Der Mann, den ich so gut zu kennen glaube, führte mehr als nur ein Doppelleben. Wahrscheinlich hat er sich so sehr in seinem Lügengespinst verheddert, dass er selbst nicht mehr weiß, wo die Unwahrheit aufhört und die Wahrheit beginnt.

Ein neues Gerücht, das mich erreicht, besagt, dass Hamid behauptet, Dunja und Shirin seien in Syrien geboren. Er sagt, er könne das beweisen und hat auch Zeugen, die das beeiden würden. Ich bin in meinem ganzen Leben noch nicht in Syrien gewesen – wie meine Mädchen also in dem Land geboren sein sollen, ist mir ein Rätsel. Aber weil Hamid gefälschte Dokumente und sogar Zeugen zur Hand hat – wenn man genug Geld aufbringt, kann man alles und jeden in Syrien kaufen –, muss ich handfeste Beweise vorlegen, um das Gegenteil zu beweisen.

Das heißt, ich muss jetzt auch Zeugenaussagen sammeln, mir die Geburtsakten von Dunja und Shirin besorgen und alles ins Arabische übersetzen lassen. Das kostet viel Geld und darüber hinaus auch noch viel Zeit und Energie – zwei Dinge, die ich eigentlich nicht habe. Ich muss ins Amsterdamer Rathaus, in die syrische Botschaft in Brüssel, ich muss mir einen Übersetzer suchen und mich mit meiner niederländischen Anwältin beratschlagen, was ich sonst noch alles brauche und woher ich es kriege. Für jeden Stempel und für jede Unterschrift rufe ich ungefähr drei Mal in Syrien an, um nichts falsch zu machen... Der bürokratische Aufwand ist einfach riesig. Und eine kleine Nachlässigkeit von mir kann eine wochenlange Verzögerung nach sich ziehen. Jedes Mal, wenn Hamid einen neuen Schritt unternimmt, muss ich schnell Geld an Samir schicken, damit der Gegenmaßnahmen einleitet.

Und jetzt, wo ich so viel um die Ohren habe, um alles in die Wege zu leiten, damit meine Töchter zurückkommen, muss ich auch wieder arbeiten. Die Telefonrechnungen und die Anwaltskosten steigen ins Unermessliche, und irgendwoher muss das Geld ja kommen. Glücklicherweise schießt mein Vater mir ab und an eine Summe vor, damit ich über die Runden komme. Nach allem, was nun über Hamid zu Tage kommt, beginnen meine Eltern allmählich einzusehen, dass er sie jahrelang belogen hat. Dass Hamid überhaupt kein Muslim ist, hat den Ausschlag gegeben. Als sie das hörten, beschlossen sie, alles in ihrer Kraft Stehende zu tun, um Dunja und Shirin zurück in die Niederlande zu holen.

Im September 1999 bekomme ich erstmalig Kontakt mit Laura, einer neuen Mitarbeiterin der Botschaft in Damaskus. Der Botschafter, mit dem ich bisher gesprochen habe, geht in Pension und hat meine Angelegenheit an Laura übertragen. Sie verspricht mir, nach Aleppo zu fahren und nachzusehen, wie es Dunja und Shirin geht. Die beiden wohnen immer noch bei Teta in der Zweizimmerwohnung.

Dunja besucht inzwischen eine Schule, obwohl ihr noch kein legaler Aufenthaltsstatus gewährt wurde. Aber da die Schwester von Amahl an einer öffentlichen Schule arbeitet, kann sie dort am Unterricht teilnehmen. Sie lernt Arabisch und erfährt viel über den Koran und die Geschichte Syriens – einschließlich der unumgänglichen Propaganda über Präsident Assad. Nach der Schule hätte sie Zeit, mit Klassenkameradinnen zu spielen, aber da muss sie im Haushalt helfen. Arabisch lernt sie leicht und schnell.

Auch Shirin, die den ganzen Tag in der Wohnung sitzt, spricht hauptsächlich Arabisch. Sie spielt viel mit Eileen, der kleinen Tochter von Noura und Amahl. Ganz im Gegensatz zu Dunja vergisst sie sehr schnell alles, was sie von den Niederlanden weiß.

Zur verabredeten Zeit steht Laura bei Noura vor der Tür, doch von Dunja und Shirin ist nichts zu sehen. Laura besteht darauf, dass sie die Kinder am folgenden Tag sehen kann, sonst – so droht sie – würde sie Noura und ihre Familie verhaften lassen.

Am nächsten Tag trifft sie dann die Kinder, wenn auch nur kurz. Sie erklärt den Mädchen, wer sie ist und was sie beabsichtigt. Dunja und Shirin reagieren äußerst zurückhaltend, ja geradezu feindlich auf sie. Viel später erfahre ich, dass Teta ihnen erzählt hat, Laura wolle die Mädchen wegholen und sie in ein Kinderheim stecken.

Abends ruft Laura mich an, um mir Bericht zu erstatten. Wir müssen, so meint sie, eine kleine Verschnaufpause einlegen und die Sache nicht überstürzen. Sie hat mitbekommen, dass es mir sehr schlecht geht und ich kurz vor einem Zusammenbruch stehe. Sie rät mir, mich nicht selbst kaputt zu machen und etwas Abstand zu gewinnen. Den Kindern gehe es den Umständen entsprechend gut.

Irgendwie beruhigt mich der Bericht überhaupt nicht. Die eher lakonische Art, mit der Laura mir empfiehlt, an die ganze Sache distanzierter heranzugehen, weckt meinen Widerstand. Außerdem bin ich der Ansicht, dass es meinen Mädchen alles andere als gut geht, wenn sie nicht einmal mit irgendwelchen Freundinnen spielen und keinen Ballettunterricht nehmen dürfen, die niederländische Sprache verlernen und natürlich auch nicht bei ihrer Mutter sein können.

Ich rufe noch am gleichen Abend Noura an und werfe ihr all das vor. Unser Gespräch mündet wieder einmal in einen Streit.

Sie schreit mich an: »Warum hetzt du deine Leute auf mich? Du machst mich hier zum Gespött!«

Es war offensichtlich so, dass Laura, in Begleitung eines Kollegen, erst im Auto der Botschaft einige Runden um Nouras Haus gefahren sind. Das fiel natürlich in der Nachbarschaft auf, und die Bewohner des Viertels hingen aus den Fenstern, um mitzubekommen, was bei Noura los ist. Weil Dunja und Shirin angeblich nicht da waren, ist Laura am nächsten Tag wiederum mit dem Botschaftswagen herumgefahren, um die Nachbarschaft zu alarmieren und Noura so unter Druck zu setzen. Dadurch fühlt sie sich nun vor den Nachbarn an den Pranger gestellt. Ich bitte darum, Dunja sprechen zu können. Noura schlägt mir das ab.

»Wenn ich meine Tochter nicht sprechen kann, werde ich meine Leute weiter auf dich hetzen«, drohe ich ihr an.

Nachdem ich aufgehängt habe, schreibe ich Laura einen Brief, der schließlich neun Seiten lang wird. Ich berichte darin von all meinen Gefühlen und Ängsten und frage sie – die immerhin auch Mutter ist –, ob sie nicht verstehen kann, dass ich den gegenwärtigen Zustand nicht mehr lange aushalte. Hier ein Auszug aus diesem Brief:

Hamid hat Dunja und Shirin alles andere als »gerettet«. Im Gegenteil: Er hat sich selbst und auch die Kinder in eine furchtbare Lage gebracht. Hamid Khalaf (oder meinetwegen auch Faruk Nasri) hat die Mädchen mit Vorbedacht entführt und den Plan dazu von langer Hand vorbereitet.

Hier in den Niederlanden lief er frustriert, eifersüchtig und voller Rachegefühle herum und trachtete nur danach, mir mit allen Mitteln Schmerz zuzufügen. So beschloss er, zu flüchten, meine Töchter zu rauben und mich bewusst im Ungewissen zu lassen, damit ich spüre, wie es ist, wenn man gegen seinen eigenen Willen von jemandem getrennt ist. Hamid fühlte Schmerz – und keiner verstand ihn. Also sollte auch ich fühlen, was er gefühlt hatte, weinen, so wie auch er geweint hatte. Für all seinen Ärger sollte ich büßen – und nur darum hat er Dunja und Shirin entführt.

Er hat die Kinder also nicht gerettet, sondern sie emotional gebrochen, sie aus ihrer vertrauten Welt herausgerissen, ohne Vorankündigung, ohne Abschied. Sie haben nicht einmal ihre liebsten Knuddeltiere mitnehmen können, die hier immer noch in ihren Bettchen liegen.

Hamid hat sich selbst zum Gefangenen gemacht, und auch die Kinder, seine Mutter und Schwester, und nicht zu vergessen auch mich. Ich kann so nicht weiterleben. Seit sieben Monaten warte ich, wie auch Dunja und Shirin. Doch – worauf warten wir eigentlich noch?

Ich habe kürzlich mit Hamid telefoniert, und zunächst verlief unser Gespräch auch ganz gut. Er sagte mir, er wisse, dass ein Verfahren wegen der Vormundschaft gegen ihn läuft und dass er auf der Fahndungsliste von Interpol steht. Er war sehr aufgebracht darüber und meinte, das hätte er nicht von mir gedacht. Er schlug mir vor, ich solle meine Anklage gegen ihn zurückziehen und dafür sorgen, dass er nicht mehr auf den Listen von Interpol steht, dann würde er seinerseits die Kinder zurückbringen. Ich solle dann auch behaupten, dass ich gewusst habe, dass er die Mädchen mit nach Syrien nimmt, und dass ich immer noch vorhabe, ihn zu heiraten. Er weiß durchaus, dass ich – wenn ich erst einmal mit ihm verheiratet bin – die Kinder nie mehr aus Syrien herauskriege. Und doch bin ich momentan fast bereit, alles zu versprechen, wenn er mir hilft. Ich würde, wenn nötig, das Blaue vom Himmel herunterlügen, nur um meine Mädchen zurückzubekommen.

Dunja und Shirin haben mich nicht darum gebeten. Die Situation ist für die Mädchen alles andere als erfreulich. Sie sind die Gefangenen einer Situation, von der ihr Vater und ihre Oma nichts begreifen.

Die Kinder müssen nach Holland zurückkommen – schon um ihrer eigenen Zukunft wegen, deren Basis hier gelegt wurde. Shirin fing gerade an, zur Schule zu gehen, worauf sie sich schon seit Monaten gefreut hatte. Und Dunja machte bei einem Kinderprogramm im Fernsehen mit und war unheimlich stolz darauf. Zudem nahm sie zehn Stunden in der Woche Ballettunterricht, weil sie tanzen liebte.

Hamid hat ihnen die Jugend und die Zukunft verbaut, und dazu hat er kein Recht, nie und nimmer. Dieser Mann braucht Hilfe. Er macht sich was vor und sagt mir noch: »Du kannst froh sein, dass ich die Kinder mitgenommen und nicht dir dein Leben genommen habe.«

Ich bin keine schlechte Mutter, ich liebe meine Töchter über alles. Meine Kinder sind mein Leben und meine Zukunft!

Dies ist die schwerste Prüfung, die mir jemand auferlegen kann, und Hamid hat die Entführung bewusst eingefädelt.

Laura, ich gönne mir keine Verschnaufpause. Wir haben keine Zeit zu verlieren. Die Kinder müssen so schnell wie möglich zurück, um den abgerissenen Faden hier wieder anzuknüpfen.

Ich lasse alles, was mich bewegt, heraus und lege den Brief sofort, noch mitten in der Nacht, auf das Faxgerät. Am nächsten Tag ruft Laura mich an und sagt, ich soll nach Syrien kommen.

7

Meine erste Reise nach Syrien

Diny, meine Anwältin in den Niederlanden, hatte mir angeboten, mich nach Syrien zu begleiten. Sie hält ihr Wort, baut ihre Terminkalender um und bucht mit mir zusammen den nächsten Flug, der noch frei ist. Am Donnerstag, den 21. Oktober 1999, starten wir nach Syrien.

Wir landen mitten in der Nacht in Damaskus, wo uns Laura im Flughafengebäude erwartet. Es ist unsere erste persönliche Begegnung. Obwohl sie ganz anders aussieht, als ich sie mir vorgestellt habe, mag ich sie sofort. Sie hat große braune Augen, die mich freundlich anlächeln und mich gleich für sie einnehmen. Ihre Entschlossenheit, Dinge anzugehen, gefällt mir. Sie hat eine Liste unserer Aktivitäten aufgestellt und will eindeutig nicht eine Sekunde verlieren. Am nächsten Morgen will sie uns um acht im Hotel abholen – und dann kann die Auseinandersetzung beginnen.

Nachts sitze ich in meinem Zimmer und lese das Buch eines niederländischen Islamkenners, der selbst lange Jahre in verschiedenen arabischen Ländern gelebt hat. Es packt mich so, dass ich es nicht beiseite legen kann, und Stück für Stück durchlese. In einer muslimisch geprägten Familie in den freien Niederlanden aufzuwachsen, das ist doch etwas völlig anderes, als wenn man sich als Ausländer in einem islamischen Land aufhält. Ich fange an zu begreifen, dass die Sache hier noch ein schwerer Kampf für mich werden wird, vor allem als Frau in einem von Männern dominierten, islamistischen Syrien. Auf mich wartet offensichtlich noch viel Arbeit.

Am Freitagmorgen sitze ich – ohne in der Nacht eine Minute geschlafen zu haben – mit Diny in der Hotelhalle. Wir warten auf Laura. Punkt acht Uhr trifft sie in dem Wagen der Botschaft ein und fährt zunächst mit uns in die Kanzlei von Samir, dem von der niederländischen Vertretung beauftragten Anwalt, der sich vor einem halben Jahr voller Optimismus meiner Sache angenommen hat. Mittlerweile hört er sich jedoch ganz anders an. Die Angelegenheit sei verwickelter, als er damals angenommen habe, sagt er. Und es wäre auch besser, wenn ich meine Kinder vorläufig nicht sehen würde.

Ich reagiere sofort: »Wieso soll ich meine Kinder nicht sehen? Was tu ich sonst hier? Wofür bin ich eigentlich hergekommen? Ich *will* meine Mädchen sehen! Und das so schnell wie möglich.«

In der nun folgenden Diskussion argumentiert Laura, dass es in der Tat besser wäre, wenn ich meine Kinder sehen würde. Samir entgegnet: »Ja, schon – aber da sind so allerhand Geschichten über Frau Kaddour in Umlauf. Sie soll drogenabhängig sein und auch Aids haben.«

Als Laura mir diese Behauptung übersetzt, schreie ich empört auf: »Das ist eine glatte Lüge! Und um das zu beweisen, werde ich hier – in diesem Land – alle medizinischen Tests durchlaufen. Wer immer es will, soll mich untersuchen dürfen. Ich bin gesund und keinesfalls süchtig!«

»Bist du dir sicher, dass du das auf dich nehmen willst?«, fragt Laura mich.

»Ja, natürlich will ich das. Ich tu alles, um meine Kinder zurückzukriegen. Dies sind doch die schrecklichsten Lügen, die man über einen anderen verbreiten kann. Ich mach alles mit, damit die Wahrheit auf den Tisch kommt.«

Ich fühle mich schrecklich. Ich sitze hier einem Mann, der eine billige Brille trägt, gegenüber und muss mir sagen lassen, ich solle meine Kinder am besten vergessen. Er erzählt mir ganz ruhig, mein Rechtsstreit könne durchaus zwei, drei Jahre dauern. Erst dann würde ich meine Töchter wiederbekommen. Ich frage ihn, was ich seiner Meinung nach in diesen zwei, drei Jahren tun solle.

Seine Antwort: »Lassen Sie sich in Syrien nieder. Wenn Sie sich hier eine eigene Wohnung nehmen, können Sie vielleicht noch ein paar Jahre für die Kinder sorgen.«

»Aber genau das will ich nicht. Ich habe in diesem Land nichts zu suchen. Warum soll ich meine Kinder in einem Land aufwachsen lassen, wo jeder Mensch nur einen Wunsch hat: hier rauszukommen? Meine Mädchen gehören nicht hierher, ich will sie zurück in die Niederlande holen.«

Samir zuckt die Schultern und sagt, er würde alles in seinen Kräften Stehende für mich tun. Er schickt mich danach mit einem Anwaltsgehilfen zum Gericht, damit ich dort schriftlich bestätige, dass er mein Rechtsvertreter in Syrien ist.

Ich will ein Taxi nehmen, aber Aziz, der Anwaltsgehilfe, sagt, wir sollten besser zu Fuß gehen. Zum ersten Mal laufe ich durch Damaskus. Ich weiß nicht, was mich erwartet; irgendwie stürzt alles auf mich ein: Überall Menschen in schwarzen und braunen Umhängen, Autos und Motorroller schießen vorbei, ab und an ein kleiner Karren, der von einem Pferd oder Esel gezogen wird. Stofffetzen wehen in mein Gesicht, Passanten rempeln mich an, und von überallher ertönt das Hupen der Fahrzeuge und arabische Rufe. Ich muss laufen, um mit Aziz Schritt zu halten, und habe das Gefühl, dass mich jeder anstarrt.

Dann plötzlich bleibt Aziz vor einem großen Gebäude stehen. Etwa hundert Menschen stehen bereits vor der Tür, sehr viel Alte, aber auch Mütter mit Kindern auf dem Arm. Doch da sind auch welche mit Verstümmelungen im Gesicht, und auf dem Boden sitzt ein Mann ohne Beine...

Aziz drängt sich mitten durch die Menschenmenge, und mir bleibt nichts anderes übrig, als ihm zu folgen. Im Gebäude ist es noch drückender. Überall stehen oder sitzen die Leute. Dutzende von Türen öffnen sich und schließen sich wieder. Die Besucher laufen hin und her... Wir sind mitten im Gerichtsgebäude, wo ich die benötigten Formulare ausfüllen soll. Endlich am richtigen Schalter angekommen, muss ich vier Mal darlegen, wer ich bin und weswegen ich gekommen bin. Man fragt mich, warum ich nicht anständiges Arabisch spreche – ich sei doch offensichtlich Araberin? Wieder und wieder erkläre ich, das sei ich zwar von Geburt, aber den größten Teil meines Lebens habe ich in den Niederlanden verbracht. »Und dort sind auch meine beiden Kinder geboren – verstehen Sie? –, in den Niederlanden und nicht hier in Syrien.«

Endlich habe ich alle Papiere ausgefüllt und unterschrieben. Aziz händigt dem Mann hinter dem Schalter hundert Lire, etwa vier Gulden, aus. Als ich das sehe, nehme ich mein Portemonnaie und frage Aziz, was er von mir kriegt. Während ich noch die fremden Geldscheine zu unterscheiden versuche, greift er sich fünfhundert Lire aus meinen Händen. Als ich Laura später davon berichte, sagt sie nur: »Ja, so ist das hier nun einmal. Geh davon aus, dass sie hier für alles, was man für dich tut, ganz schnell die Hand aufhalten.«

Es geht mir nicht um die paar lumpigen Lire, aber ich finde die ganze Art und Weise schändlich. Doch Laura erklärt mir, dass Aziz ein vertrauenswürdiger Anwaltsgehilfe ist und diese Dinge nun einmal zum System gehören. Ab und an glauben diese Menschen, Anspruch auf eine kleine Extraentlohnung zu haben. Das sollte ich akzeptieren. Doch mir gefällt das ganz und gar nicht, und ich beschließe, Samir und seinen Leuten mit dem notwendigen Argwohn zu begegnen.

Am Abend rufe ich bei Noura an. Zufällig ist Hamid auch da, weil er ein paar Tage Urlaub hat. Er erschrickt, als ich ihm sage, dass ich in Syrien bin. In den vergangenen Monaten hat er mir immer wieder gesagt, ich soll hierher kommen, dann könnten wir das Problem lösen. Offensichtlich hat er nicht ernsthaft damit gerechnet, dass ich ihn beim Wort nehme. Als er den ersten Schreck überwunden hat, bietet er mir an, dass mich ein Mitglied seiner Familie in Damaskus abholen und nach Aleppo bringen könnte. Er sagt, ich solle auf keinen Fall mit irgendwelchen Leuten von der Botschaft kommen, denn die wollten uns nur die Kinder wegnehmen. Mein Vertrauen zu Hamid – und das zu seiner ganzen Familie – ist inzwischen auf dem Nullpunkt angelangt. Außerdem will ich Laura und meine niederländische Anwältin Diny bei mir haben. Schließlich verabreden wir, uns am nächsten Tag auf dem Konsulat in Aleppo zu treffen. Er soll die Kinder mitbringen, und zusammen mit Laura und Diny werden wir dann nach einer Lösung suchen.

Von Schlaf kann auch in dieser Nacht kaum die Rede sein. Morgen werde ich – nach acht langen Monaten – Dunja und Shirin endlich wieder sehen! Ich habe mehrere Taschen voller Geschenke und Briefe für sie mitgebracht, und ich freue mich schon darauf, sie damit zu überraschen. Morgen soll ich meine Mädchen wieder sehen, riechen, fühlen...

Am nächsten Morgen machen wir drei uns zeitig auf den Weg nach Aleppo. Es wird eine lange, holperige und staubige Reise mitten durch die Wüste. Laura sitzt vorne neben dem Chauffeur und hört sich über einen Walkman alle Gespräche zwischen Hamid und mir an, die ich in den letzten Monaten aufgenommen habe. Darunter auch unsere gestrige Unterhaltung, in der er sagte, dass er Laura nicht über den Weg traue. Er nannte Laura eine neidische Schlange, die nichts als Gift absondern könne. Als sie das hört, dreht sie sich um und sagt lachend: »Jetzt soll er mal sehen, wie es ist, mit dem Gift in Berührung zu kommen!«

Diny und ich sitzen auf der Rückbank. Wir sind so aufgeregt, dass wir – drei starke niederländische Frauen – die Welt aus den Angeln heben könnten. Und wir haben eine Mission zu erfüllen und werden erst Ruhe geben, wenn sie erfüllt ist.

Unterwegs betrachte ich die Landschaft, die sich ständig ändert, bis mir die Augen fast aus dem Kopf fallen. In einem Augenblick fahren wir auf einer brandneuen Autobahn, im nächsten auf einer Art Sandpiste in der Wüste. Manchmal fahren wir durch endlos scheinende, menschenleere Ebenen, dann wieder durch ein Dorf, wo Kinder, Hühner und Esel durcheinander laufen, wenn wir vorbeikommen. Wir fahren auch durch ausgedehnte Städte, von denen Homs die größte ist. Sie liegt an einem bedeutenden Schnittpunkt, genau auf halbem Weg zwischen Damaskus im Süden, Aleppo im Norden, das große Palmyra im Osten des Landes und im Westen Latakia, die wichtige Hafenstadt am Mittelmeer. Homs ist zentraler Mittelpunkt wichtiger Handelsrouten, was sich am dichten Verkehr in der Stadt bemerkbar macht. Zwischen den Autos und Bussen laufen Kinder umher, die Zigaretten an die Fahrer der Wagen zu verkaufen versuchen. Was mir besonders auffällt, ist die Tatsache, dass dreiviertel aller Autos Taxen sind. Überall, wohin man sieht, fallen die großen gelben Wagen auf. Laura erzählt mir, dass in Homs sehr viel Ausländer wohnen und arbeiten. Kurz darauf verlassen wir die Stadt und werden auf der Ausfallstraße von Wüstensand empfangen, der in das Innere des Autos hereinweht.

Syrien ist ein wunderschönes Land, und wenn ich nicht aus so einem traurigen Anlass hier wäre, würde ich mir viel mehr ansehen. Aber heute habe ich es eilig, denn mit jedem Kilometer, den ich zurücklege, komme ich Dunja und Shirin näher.

Nach einer fünfstündigen Fahrt kommen wir in Aleppo an. Genau so wie Damaskus ist auch Aleppo eine der ältesten Städte der Menschheit, eine uralte arabische Siedlung, die durch den Islam geprägt ist. Aber hier im Norden des Landes haben sich – trotz des strengen islamischen Charakters Syriens – ein paar kleine christliche Gemeinden behaupten können. Das liegt vor allem an den Armeniern, die hierher geflüchtet waren.

Aleppo ist ein bedeutendes Handelszentrum, wo Ost und West aufeinander treffen. Mit seinen etwa zwei Millionen Einwohnern ist es eine enorm große Stadt, in der Lastwagen, Taxis, Motorroller und Fußgänger ein ständiges Verkehrschaos bilden. Und überall nur Lärm, Staub und Schmutz. Ich finde die Vorstellung, dass meine Töchter hier schon seit einem halben Jahr wohnen und vielleicht gerade jetzt durch eine dieser schmutzigen Straßen laufen, völlig absurd. Wir fahren durch einen alten Stadtteil mit Moscheen und verschleierten Frauen, von denen man nicht einmal die Augen sehen kann. Es geht an kilometerlangen, überdachten *souks* entlang, bis wir die neueren und modernen Teile der Stadt erreichen, wo sich auch das niederländische Konsulat befindet.

Mit Sack und Pack betreten wir das Gebäude: drei Holländerinnen in ausgelassener Stimmung. Der Konsul, der über unseren Besuch informiert ist, erwartet uns bereits. Ich rufe Hamid an, um ihm mitzuteilen, dass wir angekommen sind. Meine euphorische Stimmung löst sich im Nu auf, als er sagt: »Ich komme nicht. Du kommst hierher.«

Aber ich will nicht zu ihm, ich will nicht, dass alle dabeistehen, wenn ich Dunja und Shirin wieder sehe, ich will keine Teta und ich will keine Noura... Nach langem Zureden gelingt es Laura schließlich doch, ihn so weit zu kriegen, dass er in das Konsulat kommt. Er verspricht, um halb vier da zu sein.

Um die Zeit zu überbrücken, bestellen wir Pizza und Obstshakes. Doch das Warten zerrt an meinen Nerven, und ich werde kaum mit der Situation fertig. Meine Ungeduld wächst. Bei jedem Taxi, das vor der Tür des Konsulats sein Tempo drosselt, stehe ich auf. Ich kann keine Sekunde länger warten, bis ich endlich meine Mädchen wieder umarmen und sie fest an mich drücken kann. Ich will den ersten Moment, in dem ich meine Töchter sehe, festhalten, und habe deshalb anderthalb Stunden meinen Fotoapparat im Anschlag. Endlich ist es halb vier. Tatsächlich hält draußen ein Taxi. Jetzt erst realisiere ich, dass ich erst meine Kinder umarmen will – jemand anders muss also fotografieren. Ich drücke also Diny den Apparat in die Hand. Als ich hinauslaufe, öffnet sich die Tür des Taxis. Ich sehe, wie Hamid aus dem Wagen steigt. *Allein!*

Ich laufe auf ihn zu und schreie: »Wo sind Dunja und Shirin? Ich kann sie mitnehmen – du hast es versprochen!«

Mit schwerer Stimme gibt er mir zur Antwort: »Ruhig, Malika, alles ist gut. Dunja und Shirin sind zu Hause bei Noura. Wenn du die Kinder sehen willst, musst du mitkommen. Bleib ruhig, Malika, es gibt keinen Grund, böse zu sein.«

Mit Tränen in den Augen bleibe ich verzweifelt stehen. Hamids träge Sprechweise und sein schlechtes Niederländisch irritieren mich mehr als jemals zuvor, und am liebsten würde ich ihm ins Gesicht schlagen. Aber vor allem will ich meine Kinder sehen! Diny zieht mich ins Gebäude zurück, und dort beginnen Laura und sie mit Hamid zu verhandeln. Schließlich kommen sie überein, dass ich doch mit Hamid mitgehen soll, um meine Töchter zu sehen, aber sie bleiben bei mir. Hamid sagt, wir müssen zu Nouras Haus. Eigentlich wollte ich in Tetas Wohnung, um zu sehen, wo die Mädchen leben und in was für Betten sie schlafen. Aber Hamid behauptet, Teta sei nicht zu Hause und die Kinder seien deshalb bei Noura.

Hamid steigt wieder ins Taxi, und wir anderen folgen ihm mit dem Botschaftswagen. Es geht kreuz und quer durch die Stadt. Ich versuche, mir den Weg einzuprägen, verliere aber schnell die Orientierung. Auch Laura, die schon einmal bei Noura zu Hause gewesen ist, weiß nicht genau, wo wir sind. Alle Straßen und Gässchen sehen hier gleich aus. Außerdem ist die Abenddämmerung angebrochen, und die Wege sind hier nicht beleuchtet.

Als das Taxi hält, steht mein Herz einen Augenblick still. Hier können meine Mädchen doch nicht wohnen? In dieses Armenviertel kann man sie doch nicht gesteckt haben? Die Gasse ist schmal, dunkel und schmutzig. An einer Straßenecke hockt ein Bettler. Alles hier sieht grau und abweisend aus.

Während wir aus den Wagen steigen, weist Hamid zum Haus von Noura. Ich blicke hoch und sehe in der dritten Etage Noura und Teta auf einem Balkon stehen – *neben sich Dunja und Shirin*. Mein Herz bleibt erneut stehen. Zum ersten Mal seit acht Monaten sehe ich meine Töchter wieder!

»Dunja, Shirin, ihr Lieben, ich bin gekommen! Kommt nach unten, meine Goldmädchen, ich hab euch so vermisst!«

Die Mädchen winken mir zu und rufen alles mögliche, aber Noura verbietet ihnen, nach unten zu gehen. Deshalb betreten wir alle das düstere Treppenhaus. Ich renne nach oben, stürme die Treppen hinauf, und Dunja und Shirin fallen in meine Arme. Zehn Minuten stehen wir so da und halten uns einfach nur ganz fest. Ich habe meine Mädchen wieder, ich habe sie gefunden! Ich drücke sie fester an mich als jemals zuvor, während ich ihnen ins Ohr flüstere, wie sehr ich sie liebe und wie fürchterlich ich sie vermisst habe. Ich halte sie fest, und ich kann mir nicht vorstellen, wie ich die letzten acht Monate ohne sie überleben konnte. Mein eigenes Fleisch und Blut, meine wunderbaren Mädchen…

Noura, ihr Mann Amahl und Teta starren uns an. Auch Hamid, Laura, Diny und der Chauffeur sind inzwischen nach oben gekommen. Eng gedrängt stehen wir in der kleinen Kammer, doch ich habe allein Augen für die Mädchen. Nach der minutenlangen Umarmung lasse ich sie los und setze mich auf eine Bank. Ich schaue mir meine Kinder von oben bis unten genau an. Ja, sie bekommen ausreichend zu essen, aber sie tragen alte, viel zu große Kleider, und Dunja hat Ringe unter den Augen. Shirin sagt etwas – auf Arabisch. Als ich sie auf Holländisch anspreche, reagiert sie nicht. Dunja verhält sich verängstigt, antwortet nur verlegen auf meine Fragen und lässt ständig ihren Kopf hängen.

Ich blicke mich um und nehme die Wohnung in mich auf. Die Wohnkammer, in der wir sind, ist schlicht, aber doch ganz nett. Es gibt zwei Sitzbänke, einen Fernseher und an den Wänden verschiedene Bilder von Präsident Assad. Direkt hinter diesem Raum liegt eine kleine Schlafkammer, wo Noura mit ihrem Mann und ihrer Tochter schläft. An der anderen Seite gibt es eine Art Vorratskammer, in der große Töpfe mit Oliven und Weinblättern stehen. Später erfahre ich von Dunja, dass sie dort mit ihrer Schwester und Hamid in den ersten Wochen geschlafen hat. Als ihr Vater dann seinen Militärdienst antreten musste, sind die Mädchen mit Teta in eine andere Wohnung umgezogen. Mich trifft der Schock, als ich das Badezimmer sehe: ein großes Loch im Fußboden dient als WC, ein Wasserhahn mit einem daran angebrachten Schlauch dicht über dem Boden ist die einzige Waschgelegenheit. Eine Dusche gibt es nicht, und warmes Wasser nur in der Küche – aber auch nur an guten Tagen. Wenn dieses hier die repräsentative Wohnung ist, wo die Familie mich in Begleitung von Laura und meiner Anwältin empfangen will, wage ich gar nicht daran zu denken, wie Tetas Wohnung wohl aussehen mag.

Ich gebe Dunja und Shirin alle Geschenke, die ich ihnen mitgebracht habe. Als sie die Päckchen sehen, tauen sie langsam auf. Sie packen alles aus und freuen sich mehr und mehr über die Sachen. Teta, die von ihrer Ecke aus alles genau beobachtet, fragt mich, ob ich ihr auch was mitgebracht habe.

Ich sehe sie an und antworte nur: »Oh, wie schade! Der ganze Koffer mit dem Zeug für dich ist doch tatsächlich nicht angekommen.« Wenn sie in die Niederlande kam, hatte sie nämlich immer Taschen mit Kleidung und Sachen für Hamid dabei. Zu mir sagte sie dann nur, der Koffer mit den Geschenken für mich sei verloren gegangen. Jedes Mal das gleiche Spielchen – deshalb kann ich jetzt der Versuchung nicht widerstehen, den Ball zurückzuspielen.

Amahl, Nouras Mann, sieht sich alles – auf der Bank sitzend – an. Es ist das erste Mal, dass ich ihm persönlich begegne. Teta hatte mir bei ihrem ersten Besuch in den Niederlanden erzählt, Amahl sei der Sohn eines bedeutenden Platingoldhändlers im Libanon und habe entsetzlich viel Geld. Seine Mitgift sei einfach riesig gewesen, und bei der Hochzeit waren an die sechstausend Gäste anwesend. Als meine Eltern mir anlässlich ihrer Reise nach Syrien erzählten, wie Noura und Amahl wohnten, war das Kartenhaus schnell zusammengebrochen. Amahl arbeitet in einem kleinen Kurzwarenladen, in den sich pro Tag nicht mehr als drei Kunden verirren. Nebenbei übernimmt er noch Bügelarbeiten in einer Reinigung und trägt so zur Haushaltskasse bei. Wenn er einen Tag nicht in seinem Geschäft ist, macht das auch nichts, denn Kunden sind eh rar. Seine Tochter Eileen hängt auch den ganzen Tag in dem Laden oder in der Wohnung rum. Sie ist ein Jahr jünger als Shirin und geht noch nicht zur Schule. Hier wird man erst mit sechs Jahren eingeschult.

Zusammen mit Laura suche ich das Gespräch mit Hamid. Ich frage ihn, was er eigentlich von mir will. Er sagt, er möchte, dass ich seinen eigentlichen Namen – Nasri – annehme. Dann würde das auch der Name der Kinder sein, und danach könne ich sie in die Niederlande mitnehmen.

Ich mache ihm noch einmal klar, dass wir keine standesamtliche Trauung, sondern nur eine islamische Verlobungszeremonie vollzogen hätten. Er meint, das sei so gut wie eine Heirat und deswegen müsse ich auch seinen Namen annehmen. Wir können ja hier heiraten, schlägt er vor. Ich sage, ich würde darüber nachdenken. Aber tief in meinem Herzen weiß ich: Das kommt niemals in Frage!

Danach fragt Laura ihn, warum er Dunja, Shirin und auch dem Rest seiner Familie so viele Lügen über mich erzählt hat: Ich sei eine Prostituierte, nähme Heroin und habe Aids. Hamid streitet alles ab und behauptet, Laura lüge. Aber wie sollen Dunja und Shirin denn sonst auf solche Gedanken kommen? Außerdem hat Faysal, unser Konsul in Aleppo, uns selbst berichtet, dass Hamid nach dem Besuch meiner Eltern ins Konsulat gekommen ist und dort angegeben hat, ich sei eine heroinsüchtige Nutte mit Aids. Selbst Samir kann bestätigen, dass Hamid diese Gerüchte verbreitet hat.

Hamid steigert sich in Wut hinein, und ich fürchte, dass alles außer Kontrolle gerät. »Hamid, ich möchte keinen Ärger«, schreie ich ihn an, »ich will nur meine Kinder zurück haben.« Er blickt mich an; seine Augen sind voller Hass. Dann steht er auf und packt die Mädchen.

»Ist gut, Malika, wir teilen. Jeder kriegt ein Kind. Sag, welches du haben willst. Wähle, eines kannst du mitnehmen.«

Dunja sieht mich mit großen, ängstlichen Augen an.

Auch ich stehe auf und sage: »Ich wähle nicht. Dunja, Shirin und ich kehren zu dritt in die Niederlande zurück. Hast du mich verstanden, Hamid? Wir gehen zu dritt zurück!«

Inzwischen ist es sieben Uhr geworden, und Laura meint, wir sollten jetzt gehen. Die Atmosphäre ist so gespannt, dass heute doch keine Lösung des Problems möglich ist.

Ich will aber nicht weg. Ich habe so lange gewartet, um meine Kinder endlich zu sehen, dass ich nun nicht schon wieder Abschied nehmen will. Ich fühle mich so machtlos und entsetzlich niedergeschlagen. Jetzt, wo ich meine Töchter gefunden habe, muss ich sie abermals zurücklassen. Mein Herz bricht fast bei dieser Vorstellung.

Ich soll am nächsten Tag zurückkommen, sagt Hamid, dann kann ich die Mädchen wieder sehen. Aber jetzt bekomme ich sie auf keinen Fall. Ich sehe ihn flehend an – ich kann mir kaum vorstellen, dass er so hart ist. Aber er weicht keinen Millimeter: Die Kinder kommen nicht mit.

Laura drängt, dass wir nun gehen und morgen zurückkehren. Vielleicht sind die Emotionen dann etwas abgekühlt. Ich gebe Dunja und Shirin noch einen langen Kuss. Dann gehe ich in Begleitung von Laura und Diny – doch ohne meine Töchter.

Papa sagte plötzlich, dass Mama hier sei und dass er sie abholen ginge. Ich freute mich riesig und ging mit Shirin auf den Balkon von Nouras Haus, um dort auf sie zu warten. Das dauerte ziemlich lange, aber dann kam sie. Ich wollte gleich nach unten rennen, aber Noura sagte uns, wir sollen oben bleiben.

Als Mama endlich reinkam, haben wir uns erst einmal ganz lange umarmt. Ich konnte es kaum glauben, dass sie wirklich da war. Schließlich hatte ich sie schon so lange nicht mehr gesehen.

Aber ich hatte auch ein bisschen Angst, dass Papa und sie wieder streiten würden, deshalb war ich still. Ich wusste nicht, was ich Mama sagen durfte, und ich hatte auch ein wenig Angst vor Laura. Noura hatte mir erzählt, dass Laura Shirin und mich von Papa und Mama wegholen wollte, um uns in ein Kinderheim zu sperren. Aber als Mama erst einmal da war, hatte ich nach einem Weilchen keine Angst mehr. Sie hatte uns auch sehr viele Sachen mitgebracht. Und weil wir bei Teta so gut wie keine Leckereien bekamen, waren wir unheimlich froh darüber.

Nach einer Weile fing der Streit zwischen Papa und Mama wieder an. Papa sagte, sie kann eine von uns mitnehmen. Ich wurde unheimlich ängstlich und dachte: Das wird sie doch nicht machen? Ich würde das alles andere als schön finden, wenn Mama mich mitnimmt und Shirin zurückbleiben muss, oder wenn Shirin mitgeht und ich allein hier bleibe. Papa und Mama stritten sich weiter, und Mama sagte schließlich, dass sie jetzt gehen muss.

Das fand ich nicht so gut, denn sie war doch gerade erst gekommen. Ich verstand nicht, warum sie wieder ging, und war ein bisschen böse auf sie. Es hatte fast den Anschein, als interessiere sie sich nicht mehr für uns und wollte einfach weg.

Laura, Diny und mich hat der Besuch einfach nur krank gemacht – im wahrsten Sinne des Wortes. Wir tun uns schwer, den Weg zurück zu finden, weil es auf den Straßen inzwischen stockdunkel ist.

Laura meint: »Ich lasse dich jetzt nicht mehr allein.

Wir checken uns nun auf Botschaftskosten im schönsten Hotel ein, das in Aleppo zu finden ist. Und morgen sehen wir weiter.«

Wir gehen in den Speisesaal des – tatsächlich sehr schicken – Hotels, aber als ich das Essen sehe, dreht sich mir der Magen um. Ich will aufstehen, um zur Toilette zu gehen, aber sobald ich hoch komme, fängt alles um mich herum an, sich zu drehen. Ich falle in Ohnmacht. Als ich wieder zu mir komme, kann ich nur noch heulen. Meine Nerven liegen völlig blank und ich kann meine Gefühle nicht mehr kontrollieren. Ich bin nach Syrien gekommen, um meine Kinder zu finden, und werde nun nach ein paar Stunden vor die Tür gesetzt. Übermorgen muss ich wieder in die Niederlande zurückkehren – und bis jetzt habe ich meine Töchter gerade mal drei Stunden gesehen. Glücklicherweise haben wir verabredet, dass ich sie morgen früh noch einmal besuchen kann. Aber ich weiß auch, dass eine Absprache mit Hamid nichts bedeutet. Laura sieht mir an, dass ich am Ende bin.

Ich gehe auf mein Zimmer, ich bin todmüde – aber meine Gedanken kann ich nicht abschalten. Laura, die sieht, wie sehr ich Ruhe nötig habe, gibt mir Valium, die sie irgendwo in einer Nachtapotheke besorgt hat. Das Einzige, was ich mir jetzt wünsche, ist, betäubt zu werden. Ich will nicht mehr an die schreckliche Familie denken, nicht an meine Mädchen, die nun wieder eine Nacht ohne mich verbringen müssen. Dankbar greife ich zu dem Valium. Sobald ich merke, dass es zu wirken beginnt, schlucke ich noch eine zweite Tablette. Wegdämmern, wegdämmern, wegdämmern...

Ich schlafe ein, doch ich habe einen sehr verstörenden Albtraum. Ich träume, dass ich mit Diny auf der Suche nach unserem Hotel durch dunkle arabische Gässchen laufe. Als wir es schließlich gefunden haben, steht die Tür zu meinem Zimmer sperrangelweit offen. Ich sehe eine junge Frau nackt auf meinem Bett liegen, um sie herum sind jede Menge Soldaten, die das Zimmer nach Drogen durchsuchen. Ich will weglaufen, schreien, die Männer schlagen – aber ich kann nichts tun. Durch das Valium bin ich völlig gelähmt. Schreiend werde ich wach.

Ich erzähle meinen Traum Diny, die sehr still wird und schließlich sagt: »Weißt du, dass solche Gedanken mir schon seit Tagen durch den Kopf spuken? Hamid nennt dich immer noch eine Heroinnutte, vielleicht denkt er ja über Möglichkeiten nach, wie er dir Drogen ins Gepäck schmuggelt, damit du dann festgenommen wirst.« Wir nehmen uns vor, noch vorsichtiger zu sein, als wir bisher schon waren.

Am nächsten Morgen gehen wir drei frühstücken. Im Speisesaal sehe ich eine Mutter mit ihren zwei Kindern – und schon habe ich wieder einen Kloß im Hals. So wollte ich hier auch mit meinen Töchtern sitzen. Ich kann meine Tränen nicht mehr zurückhalten und kriege einen furchtbaren Weinkrampf.

Gleich nach dem Frühstück fahren wir ins Konsulat, von wo ich Noura anrufe. Doch niemand nimmt den Hörer ab. Eine Stunde lang versuche ich es immer wieder – nichts! Ich will mir ein Taxi nehmen, um dorthinzufahren, doch Laura hält nichts von der Idee: »Wir melden uns nicht mehr, dann bleibt Hamid im Ungewissen. Du hast eine verbindliche Absprache mit ihm, und seine Familie soll sehen, dass wir uns an solche Absprachen halten. Mach keine unüberlegten Schritte, sonst beißt du auf Granit.«

Außerdem haben wir überhaupt keine Zeit mehr, zu

Nouras oder Tetas Haus zu fahren, denn wir müssen heute noch zurück nach Damaskus. Laura hat uns an ihrem freien Tag nach Aleppo begleitet, muss morgen aber wie üblich an ihrem Schreibtisch in der Botschaft sitzen. Obendrein fliegen Dany und ich zurück in die Niederlande. Und weil der Weg nach Damaskus teilweise sehr schlecht ist, sollten wir vor Einbruch der Dunkelheit in der Hauptstadt ankommen. Deshalb schreibe ich zwischen unseren Versuchen, Noura telefonisch zu erreichen, einen Abschiedsbrief an Dunja und Shirin. Ich lege dar, dass es nicht meine Schuld war, sie nur so kurz gesehen zu haben, dass ich schon bald zurückkommen werde und dass ich sie sehr, sehr lieb habe.

Schließlich sagt Laura, dass wir wirklich nicht länger warten können. Wir haben eine fünfstündige Fahrt vor uns und müssen losfahren. Ich versuche, so viel Zeit wie möglich herauszuschinden, indem ich das WC aufsuche, in meiner Handtasche herumwühle, ein Glas Wasser trinke, noch einen letzten Anruf mache ...

Es hilft nichts. Keiner nimmt den Hörer ab, und niedergeschlagen und enttäuscht steige ich schließlich zu Laura und Diny ins Auto. Die ganze Fahrt über sitze ich mit geschlossenen Augen auf der Rückbank des Wagens und höre Musik aus dem Walkman. Ich hatte für Dunja und Shirin Kassetten mit ihren Lieblingsliedern bespielt, war aber nicht dazu gekommen, sie ihnen zu geben. Jetzt höre ich sie mir während der langen Autofahrt noch mal an. Mein Unmut wächst. Ich habe zwar meine Mädchen gefunden, aber jetzt muss ich doch zurück in die Niederlande.

Wie lange wird es dauern, bis ich sie wieder sehe? Und werden sie begreifen, dass ich sie nicht im Stich lasse, dass ich im Augenblick gar keine andere Möglichkeit habe?

Vor allem Shirins Lieblingslied lässt mich ganz fürchterlich schluchzen: *I'm a big big girl in a big big world, it's not a big big thing if you leave me ...*

Noch am selben Abend suche ich mit Diny und dem Chauffeur der Botschaft einen syrischen Arzt auf. Das ist ein Vorteil dieses Landes: Das Leben spielt sich bis tief in die Nacht ab, und Ärzte kann man auch abends konsultieren. Der Doktor hört sich meine Geschichte an und ist sofort bereit, mich zu untersuchen und einen Bericht über meinen Gesundheitszustand zu schreiben. Er nimmt alle möglichen Untersuchungen vor, nimmt mir auch Blut für den Aids-Test ab und eine Urinprobe, um einen etwaigen Drogenkonsum festzustellen. Die Ergebnisse seiner Untersuchungen wird er, sobald sie vorliegen, an Laura in der Botschaft und zu mir in die Niederlande schicken. Sein erster Eindruck ist, ich sei viel zu mager und verspannt, aber sonst ganz gesund.

In seinem Bericht, den ich zwei Wochen später in den Händen halte, steht, dass ich kein Aids habe, nicht HIV-positiv bin und – so weit man das nachprüfen kann – keinerlei harte Drogen genommen habe. Fazit: »Diese Frau zerbricht nicht am Drogenmissbrauch, sondern an ihrem Kummer.«

Ein schöneres Gutachten hätte er uns für die syrischen Gerichte nicht in die Hand geben können.

Montagmorgen, am Tag unseres Rückflugs, ruft Laura mich früh an, um mir zu erzählen, dass sie eine Überraschung für mich hat. Sie hat es arrangiert, dass wir zusammen beim syrischen Außenminister empfangen werden. Laura hat ihm von mir erzählt, und nun will er die Geschichte aus meinem Mund hören. Begeistert über diese neue Entwicklung, warten Diny und ich, bis sie uns abholt, und dann fahren wir drei zum Minister.

Er empfängt uns in seinem Büro, und ich lege gleich los. Auf Englisch erzähle ich ihm vom Augenblick der Entführung an die ganze Geschichte. Ich berichte ihm von den Problemen, die ich hatte, um meine Töchter wiederzufinden, wie mühsam es gewesen war, Kontakt mit ihnen aufzunehmen und wie frustrierend es jetzt ist, dass ich sie, wo ich schon mal im Land bin, kaum zu sehen kriege. Der Außenminister hört mir die ganze Zeit freundlich zu und nickt ab und an bestätigend mit dem Kopf. Mitten in meiner Erzählung unterbricht er mich, wendet sich Laura zu und fragt sie auf Arabisch, wer ich eigentlich genau sei? Ihr Dolmetscher? Laura zieht ihre Augenbrauen zusammen, sieht mich einen Moment sprachlos an und beginnt dann geduldig, meine Geschichte ins Arabische zu übersetzen.

Als sie damit fertig ist, seufzt der Minister tief auf und sagt zu Laura – ich existiere in diesem Moment nicht mehr für ihn –, dies sei eine Angelegenheit zwischen Mann und Frau, und er könne sich da nicht einmischen. Ich solle doch die Gerichte bemühen. Und wenn ich da scheitern sollte, kann ich wieder auf ihn zurückkommen. Er fügt noch an, dass dies ein sehr mühsamer und langwieriger Rechtsstreit werden wird, solange Hamid noch beim Militär ist. Hamid muss nämlich erst noch die eine Strafe – die Ableistung der Dienstpflicht bei der Armee – erfüllen, bevor er die volle syrische Staatsbürgerschaft genießt. Und erst dann kann er in einem anderen Fall belangt und bestraft werden. Der Minister wünscht uns viel Erfolg und entschuldigt sich, weil er wichtige Termine habe. Völlig niedergeschlagen verlassen ihn Laura und ich.

Später höre ich, dass unser Besuch doch einen kleinen Anstoß gegeben hat. Laura gelang es dadurch, mehrfach Kontakt zum Außenministerium aufzunehmen, um mein Anliegen weiter zu verfolgen. Doch solange Hamid noch eingezogen war, wollte man dort nichts unternehmen und die »Sache« – also meine Kinder – bis auf die Zeit danach verschieben.

Unser Flugzeug zurück in die Niederlande startet spät am Abend. Ich habe jetzt genug von dieser schrecklichen Dreckstadt, ihrem Lärm und den verschleierten Frauen, die mich jedes Mal, wenn ich sie sehe, wütend machen. Auch Diny reicht es, und wir beschließen, die letzten Stunden vor dem Abflug auf unseren Hotelzimmern zu verbringen. Wir liegen auf den Betten und sprechen über alles, was wir in den vergangenen Tagen erlebt haben. Wir lesen alle Dossiers, die wir aus den Niederlanden mitgebracht hatten, und alle Unterlagen, die Laura und Samir uns gegeben haben, zum hundertsten Mal durch.

Als wir angerufen werden, dass Laura in der Lobby des Hotels auf uns wartet, um uns zum Flughafen zu bringen, gehen wir nach unten. Als ich sie da stehen sehe, muss ich plötzlich ganz fürchterlich heulen. Ich will nicht weg, ich will nicht zurück in die Niederlande... Aber ich muss! Mein Visum gilt nur für ein paar Tage, und mein Flugticket kann ich nicht mehr umbuchen. Ich muss zurück in die Niederlande, zurück an meine Arbeit, denn hier kann ich im Augenblick nichts mehr tun. Ich weiß, dass Laura hier vor Ort meinen Kampf weiterführen wird, und das ist wenigstens ein schwacher Trost.

Als ich auf dem Flughafengelände Abschied von ihr nehme, fühle ich mich sehr unwohl und niedergeschlagen. Diese Frau hat schon so unendlich viel für mich getan und mich so wahnsinnig unterstützt – und doch haben wir das noch nicht erreicht, was wir uns vorgenommen hatten. Sie verspricht mir, an der Sache dran zu bleiben und meine Mädchen ab und an zu besuchen. Außerdem wollen wir uns gegenseitig über alle Entwicklungen sofort unterrichten. Wir umarmen uns zum Abschied.

8

Helfer in der Heimat

Zehn Stunden später sitze ich wieder in meiner Wohnung in Amsterdam. Ich fühle mich ausgebrannt und einsam. Ich habe Dunja und Shirin gesehen, ja, und es haben sich auch ein paar Türen für mich geöffnet – doch in Wirklichkeit bin ich keinen Schritt weitergekommen. Meine Töchter leben immer noch bei dieser schrecklichen Familie in diesem schrecklichen Haus in Aleppo.

Ich sitze auf der Bank im Wohnzimmer. Der Koffer steht noch unausgepackt in einer Ecke. Ich denke zurück an all das, was in den letzten Tagen geschehen ist. Aber auch an die Geschichten, die mir beiläufig zu Ohren gekommen sind. Etwa über die Mädchen, die in Jordanien von ihrem eigenen Bruder oder Onkel vergewaltigt wurden und dadurch ihren Wert als mögliche Braut verloren. Sie wurden von ihrer Familie verstoßen, mussten irgendwo untertauchen und waren ihr ganzes Leben auf der Flucht vor ihren Verwandten, denn wenn man sie aufgespürt hätte, wären sie – um die Familienehre wieder herzustellen – erschlagen worden. Was, wenn man auch meinen Mädchen so etwas antut? Wenn einige denken: Ach, es sind ja nur halb niederländische Kinder, die sind doch nichts wert...

Ich denke auch an alle jene Mütter, die ich in Fernsehsendungen oder Zeitschriften gesehen habe und die von ihren Kindern seit Jahren nichts mehr gehört haben, weil der eigene Vater sie entführt hat. Ich stelle mir alle möglichen Horrorszenarien vor und beschließe, dass es höchste Zeit ist, aktiv zu werden. Wenn ich mein Problem nur anderen überlasse, gleitet es mir aus den Händen, und bevor ich mich versehe, ist es zu spät, etwas zu tun. Ich muss kämpfen – aber das kann ich nicht völlig allein. Ich brauche Hilfstruppen, die mich finanziell wie moralisch unterstützen.

Während ich nachdenke und meine Schlussfolgerungen daraus ziehe, habe ich gar nicht gemerkt, dass es schon wieder dunkel geworden ist. Ich gehe zum Kühlschrank und stelle fest, dass ich nichts zu essen im Haus habe. Nur mit ein paar Keksen und etwas zu trinken gehe ich zurück zur Bank und grübele weiter nach. Wieder bleibe ich die ganze Nacht auf. Doch diesmal weine ich nicht, sondern mache Pläne. Ich laufe durch das Haus und überlege mir, wen ich einschalten kann, mir dabei zu helfen, Dunja und Shirin zurück nach Holland zu holen.

Am nächsten Tag schreibe ich einen Brief an das Außenministerium in Den Haag, um mich für die Unterstützung zu bedanken, die ich in Syrien – namentlich durch Laura – von der dortigen Botschaft erhielt. Ich tue das nicht nur, weil ich das bei eventuellen Kontakten in der Zukunft für günstig halte, sondern weil ich ehrlich dankbar bin, dass ich in dem Land nicht allein war. Ich schreibe auch, dass Laura mehr für mich getan hat als das, was man erwarten konnte. So hatte sie, zum Beispiel, ihren freien Tag geopfert, um mich nach Aleppo zu begleiten, und mir zudem versprochen, in meiner Angelegenheit am Ball zu bleiben.

Nur wenige Tage später bekomme ich ein Antwortschreiben vom Außenminister van Aartsen, in dem er mir sagt, er finde es wichtig, zu erfahren, wie Niederländern im Ausland durch ihre jeweilige Botschaft geholfen wird. Natürlich freue er sich persönlich, dass ich so gute Erfahrungen gemacht hätte. Meine Geschichte habe ihn beeindruckt, und er verspreche mir, die Sache weiter zu verfolgen.

Eine Woche später findet in Aleppo die nächste Gerichtsverhandlung über die Vormundschaft für meine Töchter statt. Ich kann daran aber nicht teilnehmen, weil ich hier meinen Verpflichtungen nachkommen muss. Außerdem habe ich auch nicht genug Geld, um beliebig oft nach Syrien zu fliegen.

Am Tag nach der Verhandlung schickt Samir mir ein Fax. Hamid, der noch immer nicht weiß, ob ich eigentlich noch im Land bin, vertritt die gleiche Position wie eh und je. Er ist bereit, mir meine Töchter zurückzugeben, wenn ich ein Dokument unterzeichne, dass wir rechtmäßig getraut und die Mädchen syrische Staatsbürgerinnen sind. Ich bin schon vorher nicht darauf eingegangen, und auch jetzt weigere ich mich, ein derartiges Dokument zu unterzeichnen. Außerdem vermute ich, dass Hamid so versucht, herauszufinden, ob ich in die Niederlande zurückgekehrt bin – falls ich nämlich unter dieser Faxnummer erreichbar bin.

Eigentlich finde ich es sehr sehr schön, dass Hamid verunsichert ist. Dennoch lasse ich Diny zurückfaxen, dass ich meine Unterschrift erst leiste, wenn die Kinder zurück in den Niederlanden sind.

Als Antwort darauf kommt nun ein neues Fax von Samir: In dem Fall brauche er mehr Geld. Mich beschleicht ein unangenehmes Gefühl, und ich vermute, dass es Samir allein darum geht, die Angelegenheit so lange wie möglich hinauszuzögern, um möglichst viel Honorar zu kassieren.

Ich rufe ihn daraufhin an und erfahre, dass die Verhandlung auf den 29. Dezember vertagt ist, um Hamids Vorstellungen abzuwägen. Wenn ich nicht darauf eingehen sollte, wird Hamid weiterhin die Vormundschaft gerichtlich einfordern. Dann steht wiederum Aussage gegen Aussage: Hamids Position, dass er Syrer ist und folglich auch die Kinder Syrer sind, und meine Position, dass wir nicht getraut sind und die Geburt unserer Töchter auch niemals irgendwelchen syrischen Autoritäten angezeigt hätten. Letztendlich wird dieser sich dahinschleppende Rechtsstreit jede Menge Geld kosten.

Nach diesem Zwischenbericht von Samir weiß ich eines sicher: Ich will nicht mehr von anderen abhängig sein. Ich will mich selbst darum kümmern. Also muss ich zurück nach Syrien und Dunja und Shirin dort selbst rausholen. Ich muss die Angelegenheit in meine eigenen Hände nehmen.

Ich beschwöre Samir, dass es keine weitere Verhandlungen geben soll, wenn ich nicht persönlich dabei bin. Sobald ich wieder in Syrien bin, gehen wir zusammen vor das Gericht. Nach heftigen Protesten gibt Samir schließlich klein bei und verspricht mir, die Sitzung, die für den 29. Dezember angesetzt war, auf einen späteren Zeitpunkt verschieben zu lassen.

Ich habe das Gefühl, dass ich jede Minute des Tages aktiv sein muss, um alles in Bewegung zu halten. Ich kann keinen Moment still sitzen. Inzwischen arbeite ich auch wieder im Secondhand-Laden für Kinderkleidung. Meine Kollegen kennen natürlich meine Situation und wollen mich eigentlich schonen. Aber ich fühle mich gut, wenn ich arbeiten kann, und ich brauche so viel Ablenkung wie möglich. Ich arbeite bis spät in den Abend, berate die

Kunden, bessere die Kleidungsstücke aus, dekoriere die Schaufenster, sorge für Nachschub ... Die Kollegen freuen sich, mit mir zu arbeiten, denn ich nehme ihnen viel Arbeit ab, nur um ständig beschäftigt zu sein.

Auch in meiner Freizeit habe ich ständig was zu tun, etwa Briefe an Dunja und Shirin zu schreiben. Meistens schicke ich sie direkt an unsere Botschaft in Damaskus und bitte, dafür zu sorgen, dass die Post auch wirklich bei meinen Mädchen ankommt. Wegen des Prozesses bin ich einfach zu ängstlich, dass die Briefe irgendwo in Syrien verloren gehen oder dass Teta und Noura sie unterschlagen. Jedem Brief füge ich noch einen an mich adressierten Umschlag mit einer syrischen Briefmarke darauf bei. Die Briefmarken hatte ich bei meinem Aufenthalt im Land gekauft, nachdem Dunja mir erzählt hatte, sie dürften keine Briefmarken kaufen. Und ich dachte damals: Wenn ich ihr jetzt alle Briefmarken auf einmal gebe, werden sie ihr vielleicht gleich wieder abgenommen. So bekommt sie immer nur eine Marke zur Zeit.

Und es klappt! Ab und an erhalte ich auch von den Kindern einen Brief. Es sind meist sehr kurze Schreiben, denen man deutlich die Einflussnahme von Teta oder Hamid anmerkt. Aber es sind letztlich doch Grüße von meinen Töchtern – Lebenszeichen. Dunja kann noch niederländisch schreiben, und sie denkt an mich. Dieser dünne Draht zwischen uns ist unheimlich wichtig für mich. In Momenten, wo ich denke, ich kann nicht mehr, die Sache ist verloren und ich muss das akzeptieren – in solchen Momenten halten mich Dunjas Briefe aufrecht. Sie geben mir die Kraft, weiter zu kämpfen.

Ich sammle alle Informationen über Kindesentführungen im internationalen Maßstab, die mir in die Hände fallen. Auch Danny, den ich trotz der Ablehnung meiner Eltern wieder regelmäßig treffe, wird eingeschaltet. Er muss für mich andere Leute befragen, Zeitschriftenartikel kopieren und Telefonkontakte herstellen. Er macht das gern und versucht noch darüber hinaus, mir zu helfen.

Je mehr ich über internationale Kindesentführungen erfahre, desto geringer wird meine Zuversicht. Dies ist ein Vorgang, der ziemlich regelmäßig geschieht – allein in den Niederlanden geht es um etwa hundertzwanzig Fälle im Jahr. Auch in unseren Nachbarländern wie Deutschland, England, Belgien und Frankreich ist Kindesentführung immer häufiger anzutreffen. Meist geht es um einen Vater, der sein Kind oder seine Kinder in sein sehr oft arabisches Geburtsland entführt. In vielen Fällen sieht die Mutter ihre Kinder niemals wieder.

Es gibt zwar internationale Verträge zwischen den Niederlanden und verschiedenen anderen Staaten, wovon der wichtigste die Haager Menschenrechtskonvention von 1980 ist. Aber gerade viele der Länder, in die die Kinder verschleppt werden, wie etwa Marokko, Tunesien, Ägypten, Syrien, Jordanien, Irak und Iran, haben dieses Abkommen nie unterzeichnet. Außerdem sind die meisten Verträge nur rechtsgültig bei Kindern unter sechzehn Jahren. Sobald sie dieses Alter erreicht haben, müssen sie den Rest ihres Lebens in diesem für sie fremden Land verbringen. Dann kann keine Instanz mehr etwas für sie tun.

Dazu kommt, dass gerade sehr junge Kinder sich schnell an die neue Umgebung anpassen. Sie gewöhnen sich an ihre Situation, lernen meistens sehr rasch die neue Sprache und haben nach kurzer Zeit ihre alte Heimat vergessen. Jeder Richter – falls ein internationales Rechtsabkommen besteht – fragt das betroffene Kind, was es möchte. Und wenn sich das Kind an die Gegebenheiten des neuen Landes gewöhnt hat – oder was oft genug auch passiert: wenn es durch die Familie des Entführers »umgepolt« ist –, dann wird es vermutlich sagen, dass es nicht in das Land seiner Herkunft zurück will. In solchen Fällen respektieren die Gerichte häufig den Wunsch des Kindes.

Viele der entführten Kinder werden einfach auch nicht mehr gefunden und scheinen spurlos verschwunden zu sein. Sie erhalten im betreffenden Land eine völlig neue Identität oder wohnen fortan in einem winzig kleinen Bergdorf, wo sie nie jemand aufspüren kann. Es gibt eine ganze Reihe von Organisationen, die sich allein mit der Abwehr von Kindesentführungen im internationalen Maßstab beschäftigen. Leider ist es so, dass die zuverlässigen Organisationen keine Gesetze übertreten wollen und daher meist nur wenig unternehmen können. Den Organisationen aber, die wirklich etwas unternehmen – oder zumindest anbieten, entführte Kinder zurückzubringen – kann man sehr oft nicht trauen.

Ohne Zweifel ist der Rechtsstreit, um Kinder nach einer Entführung zurück in die Niederlande zu bringen, in jedem einzelnen Fall eine schwere, emotional belastende und bittere Angelegenheit. Dazu kommt, dass sie immer mit enormen Kosten und hohem Zeitaufwand verbunden ist.

Dass ich viel Zeit aufwenden muss, habe ich schon gemerkt. Aber nun beginnt auch die Frage nach dem Geld zu einem Problem zu werden. Mein Telefon ist inzwischen gesperrt worden, weil ich die Rechnungen nicht mehr bezahlen kann. Die Zeitung habe ich auch schon abbestellt, und ich kaufe mir nur die billigsten Lebensmittel. Manchmal gehe ich auch zum Essen zu meinen Eltern. Jeder Cent wird von mir drei Mal umgedreht.

Und dabei bräuchte ich ganze Truhen voller Geld! Denn was ich auch tue, um meine Mädchen zurückzuholen – es wird eine sehr teure Angelegenheit werden. Mein Vater ist in diesem Jahr zu meiner großzügigsten Geldquelle geworden. Er hat bisher alle Flugtickets und Anwaltskosten bezahlt, aber seine Geldmittel sind natürlich auch nur begrenzt. Außerdem will ich nicht völlig abhängig von ihm sein.

Ich spiele augenblicklich nämlich mit einem sehr riskanten Gedanken: meine Mädchen zurückzuentführen. Bei allem, was ich gehört und gelesen habe, weiß ich, dass das eine extrem gefährliche Sache sein kann. Aber ich will jetzt keine Möglichkeit mehr ausschließen. Nach und nach habe ich Kontakt zu einer Gruppe »schwerer Jungen« aufgenommen. Es sind Männer mit militärischer Vergangenheit, die sich mit der Zurückführung von Kindern aus dem Ausland befassen. Dies scheint mir eine Möglichkeit zu sein, an die ich in letzter Zeit immer häufiger denke. Wenn ich Samir den legalen Weg weitertrotten lasse, dauert das alles viel zu lange. Vielleicht ist ja der illegale Weg der einzige, der Erfolg verspricht.

Die Männer, mit denen ich spreche, wissen, um was es geht. So wie sie an die Sache herangehen wollen, hört es sich ganz vernünftig an, und ich habe auch Vertrauen zu ihnen. Aber ihre Aktion ist dennoch höchst riskant und soll mich mindestens hundertfünfzigtausend Gulden kosten, wovon fünfzigtausend vorab zu entrichten sind. Sie würden nach Syrien gehen und dort Tage oder Wochen den Tagesrhythmus meiner Mädchen und von Hamids Familie auskundschaften. Dann müssen sie ein Fluchtauto besorgen, Zöllner bestechen und Flugtickets kaufen.

Ihr Plan sieht vor, dass sie Dunja und Shirin auf dem Heimweg von der Schule zusammen mit Teta in einem Auto entführen, und die Kinder dann, nachdem sie Teta irgendwo in der Wüste ausgesetzt haben, zum Flugzeug bringen und dann mit ihnen nach Holland zurückkehren.

Dieses Erlebnis mit den ihnen völlig unbekannten Männern würde für meine Mädchen eine extrem traumatische Erfahrung bedeuten. Doch die Männer versichern mir, dass in einem solchen Fall der Zweck die Mittel heiligt. Ich bitte um Bedenkzeit, weil ich die Gefahr für meine Kinder und die hohen Kosten noch einmal überdenken will. Ich weihe meinen Vater in meine Überlegungen ein. Er verbietet mir, mich auf diese Männer einzulassen. Er hält die ganze Aktion für viel zu gefährlich. Außerdem ist gerade *ramadan*, und mein Vater, ein streng religiöser Muslim, findet, dass man zu derart frommen Zeiten sich nicht mit Plänen befassen sollte, die das Tageslicht scheuen.

Ich zweifele aber immer noch. Nach dem zweiten Gespräch mit den Männern beschließe ich, Abzüge von den Fotos meiner Kinder für sie machen zu lassen, die sie mitnehmen können, wenn sie nach Syrien gehen. Auf dem Weg vom Fotoladen nach Hause hat mein Fahrrad einen Platten. Und als ich in der gleichen Woche noch einmal Pech mit meinem Fahrrad habe, betrachte ich dies als ein Omen, dass ich mich mit etwas Bösem befasse. Ich sage den Männern ab und konzentriere mich nun ausschließlich auf meine Jagd nach den notwendigen finanziellen Mitteln.

Inzwischen ist es Dezember 1999 geworden. Zehn Monate sind schon seit der Entführung meiner Töchter verstrichen. Ich habe mich entschieden, meine Geschichte erneut zu publizieren. So viele Menschen wie möglich sollen davon hören. Wie man weiß, sind gerade die Tage vor Weihnachten eine optimale Zeit, um die Barmherzigkeit der Menschen anzusprechen.

Ich schicke also an alle möglichen Zeitungen Pressemitteilungen und eingeschriebene Briefe, gebe Interviews im Regionalprogramm des Fernsehens und bitte Freunde, Kollegen, meine Brüder und Schwestern, mir zu helfen. Sie entwerfen Flugblätter und starten Sammelaktionen. Die Mutter einer Freundin von Dunja organisiert über eine kirchliche Organisation eine Kollekte, die tausendfünfhundert Gulden einbringt. Freunde laufen mit der Sammelbüchse herum und liefern mir rund dreitausend Gulden ab. Meine Kollegen überraschen mich kurz vor Weihnachten mit einem Flugticket nach Syrien. Als Abflugdatum ist der 14. Januar angegeben. Das ist zwei Tage vor Dunjas Geburtstag. Mein Chef gibt mir, solange ich es möchte, unbezahlten Urlaub.

Der Gedanke, an Dunjas Geburtstag bei ihr – und vielleicht ein paar Wochen später aus dem gleichen Anlass auch bei Shirin – zu sein, tut mir gut. Es ist sehr ermutigend, zu erleben, wie jeder an meinem Schicksal Anteil nimmt und was man alles auf die Beine stellt, um mir zu helfen.

Inzwischen habe ich auch zwei landesweite Fernsehprogramme eingeschaltet: *Vermisst* und *Geld für dein Leben*. In der ersten Sendung habe ich schon wenige Wochen nach dem Verschwinden von Dunja und Shirin gesessen. Auch wenn meine Kinder nicht mehr »vermisst« sind, sind sie doch immer noch nicht da, wo sie hingehören. Die Programmverantwortlichen hatten mich schon einige Male angerufen, um zu fragen, wie der Stand der Dinge wäre. Sie wollten am Ball bleiben, bis Dunja und Shirin in die Niederlande zurückgekehrt wären. Ich beschloss, der TV-

Station wieder ein Interview zu geben. Man weiß nie, wer die Sendung sieht. Außerdem kann es sein, dass ich so an nützliche Telefonnummern, Kontaktpersonen und Adressen in Syrien komme.

Ein paar Tage später ruft mich meine Schwester Nazua an. Sie hat den Aufruf für ein neues Fernsehprogramm gesehen: *Geld für dein Leben*. Menschen können ihr eigenes Leben filmen, und für jede ausgestrahlte Sendeminute erhält der Teilnehmer dreihundert Gulden. Ich rufe sofort die Programmmacher an und höre schon bald, dass sie an meinem Schicksal interessiert sind. Sie übergeben mir leihweise eine kleine Videokamera, mit der ich sogar die Reise nach Syrien und die Suche nach Dunja und Shirin filmen kann. Am ersten Wochenende, an dem ich die Kamera hier habe, nehme ich probeweise sechs Filme auf. Geld, Geld, Geld!

Die Redakteurin, die mich bei *Geld für mein Leben* betreut, ist Doris. Vom ersten Augenblick an verstehen wir uns prächtig. Sie nimmt an meinem Leben teil und unterstützt mich von Anfang an. Wir telefonieren viel miteinander, und ich merke schon bald, dass sie weit mehr als nur professionelles Interesse an mir hat. Sie will mir ernsthaft helfen, meine Mädchen zurückzuholen.

Die Weihnachtswoche, den Jahreswechsel und meinen dazwischen liegenden Geburtstag verbringe ich allein. Ich packe Reisetaschen und Koffer voll mit Geschenken, Naschereien, Briefen, Zeichnungen von Freunden und Spielsachen für Dunja und Shirin. Ansonsten heißt es warten, bis ich wieder nach Syrien kann. Ich fühle mich schrecklich einsam, schalte den Fernseher ein und sehe überall Menschen, die mit anderen zusammen fröhlich Weihnachten feiern. Ich liege tagelang weinend in meinem

Bett, um mich herum die Deckbetten und liebsten Stofftiere meiner Mädchen. Mehr als zehn Monate sind sie nun schon weg. Werde ich jemals wieder einen schönen Dezember gemeinsam mit ihnen verbringen?

In den vergangenen Jahren war dies der schönste Monat im ganzen Jahr. Erst das spannende Warten auf den Nikolaus und seine Geschenke und dann die ganzen Weihnachtsvorbereitungen. Ich kaufte jedes Jahr einen großen Tannenbaum, den die Mädchen dann mit Kugeln und Ketten schmückten. Wir machten uns leckere Sachen zum Essen und brachten das ganze Haus auf Hochglanz. Nun, dieses Jahr habe ich allein einen kleinen Plastikbaum, den mir eine Kollegin geschenkt hat, aber ich bringe es nicht über mich, ihn irgendwo aufzustellen.

An meinem Geburtstag klingelt das Telefon fast ununterbrochen. Ich liege im Bett und höre es, aber ich kann mich nicht überwinden, aufzustehen. All die Menschen, die mir gratulieren wollen, die mich fragen, wie es ist, ein Jahr älter zu sein... ich weiß nur, dass ich sofort wieder losheulen würde, und das möchte ich einfach nicht! Nach einer Weile stehe ich auf und stelle das Telefon ab, sonst werde ich noch verrückt.

Auch am 31. Dezember bleibe ich allein. Während die ganze Welt wegen des Jahrtausendwechsels auf dem Kopf steht, starre ich wie ein Zombie auf den Fernsehschirm. Ich sehe, wie überall auf der Welt das Jahr 2000 beginnt. Zwei Stunden nach Mitternacht rufe ich Danny an, denn ich halte es nicht mehr aus, allein zu sein. Er kommt sofort, aber als er da ist, tut es mir fast schon wieder Leid, dass ich ihn angerufen habe. Eigentlich brauche ich keine Gesellschaft; ich will allein sein mit meinen Gedanken an Dunja und Shirin. Danny geht schlafen, und ich bleibe vor dem Fernseher sitzen.

Morgens um halb sechs sitze ich da immer noch. Ich sehe, wie irgendwo in Jordanien ein Kind getauft wird, das mich auf die eine oder andere Weise an Shirin erinnert. Warte nur, denke ich, 2000 wird *mein* Jahr! 2000 wird das Jahr, in dem ich meine Kinder in die Niederlande zurückhole...

Am zweiten Januar kehrt die Welt endlich wieder zur Normalität zurück – doch dafür liegt mein Nervenkostüm in Fetzen. Mein Adrenalinausstoß ist enorm, ich renne den ganzen Tag wie ein kopfloses Huhn herum und zermartere mir den Schädel, was ich noch alles organisieren muss. Mein Vater hat von einem leitenden *imam* der Amsterdamer Moschee eine Erklärung bekommen, dass Hamid und ich nach islamischem Recht nicht getraut sind. Ich selbst habe Kopien der Geburtsbescheinigungen meiner Kinder gemacht und jede Menge Zeugenaussagen und Fotos eingepackt, die dokumentieren, dass Dunja und Shirin in den Niederlanden geboren und aufgewachsen sind. Ich muss beweisen, dass sie es hier gut hatten, ich immer für sie gesorgt habe und dass sie in dieses Land gehören. Ich besorge mir auch ärztliche Atteste über meinen Gesundheitszustand und eine Bescheinigung des Arbeitgebers über meine finanzielle Situation.

Natürlich habe ich auch Laura in Damaskus angerufen, um ihr zu sagen, dass ich wieder komme. Ich erzähle ihr, dass ich diesmal allein bin und die Unterstützung durch die Botschaft dringend nötig habe. Laura bietet mir sofort an, mich vom Flughafen abzuholen, sagt aber auch, dass sie in den darauf folgenden Tagen keine Zeit für mich hat. Sie muss in der Woche etwas in Jordanien erledigen. Ob jemand im Konsulat in Aleppo da sein wird, kann sie noch nicht sagen. Aber das ist nicht so schlimm, denn zu dem dortigen Konsul, Faysal, konnte ich bei meinem letzten Besuch ohnehin kein engeres Verhältnis aufbauen.

Ein paar Tage vor meinem Abflug gehe ich in Dunjas Schule, um die Geburtstagsglückwünsche für sie einzusammeln. Ihre Klassenkameraden geben mir Briefe, Fotos und kleine Päckchen mit. Zusammen mit einem TV-Journalisten der Sendung *Vermisst* besuche ich auch eine Touristikmesse in Utrecht. Wir verteilen Flugblätter mit den Fotos von Dunja und Shirin, in der Hoffnung, dass irgendjemand, der eine Reise nach Syrien gebucht hat, sie dort sieht – falls es mir diesmal selbst nicht glückt. Andererseits möchten wir die Leute vor derartigen Situationen warnen.

Allmählich werde ich immer unruhiger. Bei diesem Besuch bin ich ganz auf mich allein gestellt, und ich weiß auch nicht, wie lange es so gehen wird. Diny kann nicht mit, weil die Arbeitsbelastung in ihrer Kanzlei zu groß ist. Auch mein Vater sieht momentan keine Möglichkeit, sein Geschäft zu verlassen. Außerdem bin ich der Meinung, dass ich ihn in der letzten Zeit schon genug in Anspruch genommen habe. Dennoch verspricht er mir, sofort nachzukommen, falls ernsthafte Schwierigkeiten auftauchen sollten. Er gibt mir auch die Adresse eines vertrauenswürdigen Hotels in Aleppo, in dem meine Eltern bei ihrem Besuch abgestiegen sind. Die Botschaft ist ebenfalls über mein Kommen unterrichtet, und inzwischen kenne ich mich auch ein bisschen in Aleppo und Damaskus aus. Mir fällt nichts mehr ein, was ich noch vorbereiten könnte.

Ich habe lange nichts mehr von Dunja und Shirin oder dem Rest der Familie gehört. In den letzten Wochen ging keiner ans Telefon, wenn ich anrief. Die wenigen Male, als der Hörer von Teta oder Noura abgenommen wurde, erkannten sie am Piepton, dass es sich um ein internationales Ferngespräch handelte, und legten sofort wieder auf. Vermutlich wohnen meine Töchter immer noch bei Teta, aber ich habe keine Ahnung, wie die Adresse der neuen Wohnung lautet. Ich weiß auch nicht, wo Hamid steckt und wie die Familie auf meinen Besuch reagieren wird. Ich habe keinem von ihnen davon erzählt, auch Dunja und Shirin nicht. Schließlich habe ich viel zu große Angst, dass die Familie sie dann irgendwo anders unterbringt.

Ich habe einen sehr konkreten Plan: Am Freitag, den 14. Januar, werde ich in Syrien eintreffen. Den Tag darauf reise ich nach Aleppo, dann bleibt mir ein Tag, um Dunja und Shirin zu finden. Am Sonntag, den 16. Januar 2000, dem Tag, an dem meine Älteste zehn Jahre alt wird, muss ich meine Mädchen gefunden haben. Ich möchte den Geburtstag zusammen mit ihnen feiern. Danach habe ich nur noch ein Ziel: meine Töchter in die Niederlande zurückzuholen – wie auch immer! Und wenn ich das ganze Land auf den Kopf stellen muss, ich kehre nicht ohne Dunja und Shirin nach Holland zurück.

Am Tag vor meinem Abflug ruft mich die Redaktion von *Vermisst* an. Man will mir einen Journalisten mitgeben, der mich fünf Tage begleiten soll, um meine Suche nach den Mädchen zu dokumentieren. Ich weiß, dass Doris von der Sendung *Geld für dein Leben* die Idee ablehnen wird, aber ich finde die Vorstellung, die Reise nicht allein antreten zu müssen, wunderbar und stimme zu. Als ich das Doris erzähle, sagt sie nur: »Mach schon, nimm mit, wen du brauchst. Ich regel das hier schon.« Dass ein Konkurrent von ihr mitkommt, findet sie offensichtlich nur halb so schlimm. Auch ihr geht es vor allem darum, dass ich zunächst einmal die Kinder finde und dann so viel wie möglich selbst filme.

Endlich ist es so weit. Am Morgen des 14. Januar drängen sich meine Eltern, zwei meiner Schwestern, ein Bruder, die Nachbarin und eine Freundin von mir in meiner Wohnung. Sie alle würden mich am liebsten begleiten, müssen aber hier ihren Verpflichtungen nachkommen. Von Danny habe ich mich bereits am Vorabend verabschiedet; ich wollte mir eine Szene zwischen ihm und meinen Eltern ersparen. Mein Bruder und meine Eltern werden mich zum Flughafen bringen; die anderen drücken mir zum Abschied noch jede Menge Kleinigkeiten für Dunja und Shirin in die Hand. Voll beladen verlassen wir vier endlich die Wohnung.

Als ich noch schnell einen Blick in den Briefkasten werfe, finde ich dort ein Schreiben von Dunja! Ausgerechnet am Tag, als ich zu ihr starte, erhalte ich noch ein Lebenszeichen. Die Mädchen wissen nichts von meiner Reise, und so sehe ich den Brief als ein günstiges Vorzeichen für meine Pläne an.

Der Brief selbst ist eindeutig unter dem Einfluss von Teta geschrieben: Wenn ich mal wieder nach Syrien kommen sollte, möge ich doch bitte Tetas Jacke mitbringen, die sie damals in Holland vergessen hat. Eine Jacke, wohl gemerkt! Ich bin schon fast ein Jahr von meinen Kindern getrennt, und Teta vergießt Krokodilstränen um eine Jacke! Mich interessiert das nicht mehr – in ein paar Stunden bin ich in ihrem Land und werde ihr meine Meinung sagen. Der Brief endet mit vielen Küsschen von Dunja, und das gibt mir wieder Kraft und Wärme.

Auf dem Weg nach Schiphol versucht meine Mutter mir noch beizubringen, wie man korrekt den *chador*, den Gesichtsschleier, umlegt. Doch ich verheddere mich mit dem Schleier, da ich in der anderen Hand die Videokamera trage.

Auf dem Amsterdamer Flughafen herrscht großes Chaos. Einchecken, Abschied nehmen, Umarmungen... Ich winke noch einmal meinen Eltern, und dann gehe ich zusammen mit Rick, dem TV-Reporter von *Vermisst*, durch den Zoll.

Meine Nerven sind total angespannt, und doch fühle ich mich sehr glücklich. Ich weiß zwar nicht, was mich erwartet, aber ich bin fest entschlossen, Dunja und Shirin zu finden. Und wenn ich sie erst einmal gefunden habe, werde ich keine Ruhe geben, bis ich zusammen mit ihnen in die Niederlande zurückfliegen kann. Ich bin gerüstet für die Auseinandersetzung mit den syrischen Gerichten und bereit, Hamid gegenüberzutreten.

9

Kindergeburtstag in einem fernen Land

Der Flug von Amsterdam nach Damaskus dauert fünf Stunden, doch die Zeit vergeht rasend schnell. Ich habe Rick sehr viel zu berichten, und wir sprechen – ohne auch nur eine Pause einzulegen – während des ganzen Fluges. Als wir in Damaskus landen, habe ich mein Leben vor ihm ausgebreitet und ihm alles, was ich über das Leben der Kinder in Syrien weiß, erzählt.

An Bord des Flugzeuges treffe ich ein sehr nettes Paar, Yann und Sheila. Sie fallen mir wegen ihrer totalen Verliebtheit auf. Ich komme mit ihnen ins Gespräch, und sie sagen mir, dass sie Yanns Familie besuchen. Ich erzähle ihnen kurz, weshalb ich nach Syrien fliege, und sie geben mir ihre Telefonnummer. Falls ich Hilfe brauche, kann ich sie jederzeit anrufen.

Im Flughafengebäude wartet Laura bereits auf uns. Ich umarme sie wie eine alte Freundin und stelle sie Rick vor. Wir müssen zunächst noch ein Visum für ihn besorgen. Das geht in Damaskus sehr einfach: Man zahlt eine hübsche Summe Geld, leistet eine Unterschrift – und alles ist erledigt. Wenn ich bedenke, dass ich deswegen drei Mal zur syrischen Botschaft nach Brüssel, die für alle Benelux-Bürger zuständig ist, gefahren bin…

Im Hotel angekommen, verzieht sich Rick auf sein Zimmer, während ich mich noch lange mit Laura unterhalte. Ich zeige ihr alle Dokumente, die ich mitgebracht habe, und verrate ihr meine Pläne für Aleppo. Wenn ich erst einmal Dunja und Shirin gefunden habe, will ich mit ihnen einen Arzt und einen Zahnarzt aufsuchen. Ich will sicher sein, dass sie wirklich gesund sind. Außerdem will ich erneut mit den syrischen Behörden Kontakt aufnehmen, um herauszufinden, wie ich in diesem Land zu meinem Recht komme.

Laura verspricht mir zu helfen, sobald sie aus Jordanien zurück ist. Diese erste Woche müssen wir allerdings ohne sie auskommen. Aber, so sagt sie, der Kontakt zu Faysal, dem Konsul in Aleppo, sei hergestellt. Er würde uns am Sonntag zur Verfügung stehen und uns zu Tetas Haus bringen.

Am nächsten Tag, einem Samstag, reisen Rick und ich schon sehr früh nach Aleppo ab. Wir haben ein Auto gemietet und beginnen unsere Fahrt durch die Wüste. Anders als bei unserem Flug haben wir uns diesmal nur wenig zu sagen. Was zu besprechen war, ist besprochen worden. Ich schaue aus dem Autofenster und spüre die wachsende Spannung in meinem Bauch. Alle möglichen Ängste vernebeln meine Gedanken: Was ist, wenn wir mitten in der Wüste liegen bleiben? Oder in eine Schlucht stürzen? Oder ...

Aber wir sind auf dem Weg zu Dunja und Shirin. Ich beschließe, nur daran zu denken, und filme unterwegs die Landschaft.

Am späten Vormittag erreichen wir Aleppo. Es scheint mir noch bedrängender, lauter und staubiger zu sein, als ich mich von meinem letzten Besuch her erinnere. Wir machen uns sofort auf die Suche nach dem »Hotel Baron«, das mein Vater mir empfohlen hat. Dort angekommen, fühle ich mich gleich zu Hause. Es ist ein sehr altes Haus mit einer reichen Geschichte. Lawrence von

Arabien war hier Stammgast, und das ganze Hotel verbreitet die Atmosphäre vergangener Größe. Es muss einmal ein todschickes Haus gewesen sein. Die Lobby hängt voller Fotos der berühmten Gäste, die sich hier verwöhnen ließen. Das Zimmer, das man mir zuweist, hat offensichtlich in regelmäßigen Abständen Agatha Christie beherbergt. Einen Großteil ihrer Bücher hat sie hier geschrieben.

Ich rufe im Konsulat an, aber da meldet sich keiner. Ohne deren Hilfe können wir nicht viel tun. Plötzlich merke ich, dass ich Hunger habe. Also wollen wir erst einmal essen gehen, aber ich will nicht lange nach einem Restaurant suchen müssen. Ich frage deshalb an der Rezeption, ob wir auch im Hotel etwas bestellen können. Ich reiche ihnen meine Wunschliste, und nach einer halben Stunde bringt ein Mann Platten voll mit leckeren Häppchen und Getränken.

Der Mann ist groß und kräftig, hat einen enormen Schnauzbart und grinst über das ganze Gesicht. Er heißt Mustafa und scheint der Manager des Hotels zu sein. Ihm geht es vor allem darum, die Gäste zufriedenzustellen. Während er das Essen vor uns ausbreitet, fragt er mich, woher ich komme und was ich hier mache. Ich antworte ihm, ich arbeite für die niederländische Botschaft. Ich kenne diesen Mann nicht, und es scheint mir nicht ratsam, jedem die wahre Absicht meines Besuches unter die Nase zu reiben. Er findet das wunderbar und lädt uns ein, irgendwann mal ein Picknick mit ihm zu machen. Er arbeitet nämlich noch nebenbei als Fremdenführer, organisiert Stadtführungen und Ausflüge in die Umgebung. Als er uns später sein Auto zeigt, kann ich mir vorstellen, dass ein Picknick mit ihm ein kleines Fest sein muss. Der Wagen ist ein alter, glänzend schwarzer Studebaker, und im Heck des Autos sind Vorräte deponiert, die für einen ganzen Monat reichen.

Diesen Abend gehen Rick und ich zeitig schlafen, damit wir uns am Sonntag früh auf die Suche nach Dunja und Shirin machen können.

Als ich dann – es ist Dunjas zehnte Geburtstag – unten in der Lobby auf Rick warte, kommt Mustafa angerannt. Er hat die knallgelben Flugblätter gesehen, die wir in den Niederlanden für die Touristikmesse gemacht hatten und die ich auch hier verteilen will.

»Das also, Mustafa«, erkläre ich ihm, »ist es, weshalb ich wirklich gekommen bin. Ich will versuchen, heute noch diese Mädchen zu finden.« Er sieht sich die Flugblätter mit den niederländischen und englischen Texten an, liest die Namen, und plötzlich geht ihm ein Licht auf. »Ah, *hadj* Kaddour!«, ruft er. Er ist meinen Eltern, als sie hier in Aleppo waren, begegnet und kennt die Geschichte meiner entführten Töchter. Er berichtet mir auch, dass er damals Dunja und Shirin gesehen hat und dass es ganz liebe Mädchen seien und er alles schrecklich finde...

»Also, *Sie* sind die Mutter, Sie sind es!«, ruft er laut und erzählt allen Hotelmitarbeitern, wer ich bin, und fordert sie auf, jede erdenkliche Rücksicht auf mich zu nehmen. Mustafa ist im Hotel derart beliebt, dass sie seinen Wunsch gerne respektieren. Seitdem werde ich dort wie eine Königin bedient.

Mustafa bietet mir an, uns den Weg zum Konsulat zu zeigen. Rick und ich steigen in unseren Mietwagen und folgen dem Studebaker des Hotelmanagers. Im Konsulat ist weit und breit nichts von Faysal zu sehen. Wir treffen nur eine Mitarbeiterin an, die aber von nichts weiß. Sie war schon da, als ich vor einigen Monaten hier mit

Diny und Laura auf Hamid wartete. Jetzt aber ist sie völlig ahnungslos. Sie kann uns auch nicht sagen, wo Faysal ist oder wann er zurückkommt. Bevor ich vor Wut explodiere, führen Rick und Mustafa mich nach draußen. Mustafa meint, dass er uns gerne ins Stadtviertel »Telefon Hawaii« bringen kann, wo sich nach unseren Informationen das Haus von Teta befinden muss.

Wir fahren erneut hinter ihm her. Ich versuche während der Fahrt verzweifelt, irgendetwas wiederzuerkennen. Nichts – jedenfalls kommt mir nichts in dieser Stadt bekannt vor. Als wir im angegebenen Viertel ankommen, steigen wir drei aus den Autos.

Ich weiß, dass Nouras und Tetas Haus ganz dicht beieinander liegen, denn in Nouras Haus bin ich schon gewesen. Die Umgebung dort sollte mir also vertraut sein. Ich sehe mich um und stelle fest: »Ja, also es kann schon sein... Da waren solche Häuser... Aber ich kann nichts mit Sicherheit erkennen.« Mustafa sagt, dass wir ganz bestimmt im richtigen Viertel sind, aber der Straßenname, den wir suchen, dort wo Noura und Teta wohnen sollen, sagt ihm nichts. Er würde uns gerne helfen bei unserer Suche, aber er hat eine Absprache für ein Picknick getroffen, die er nicht absagen kann. Er fährt weg, und Rick und ich laufen herum und hoffen, dass ich etwas wiedererkenne.

Ich bin wütend auf mich, dass ich den Weg nicht kenne. Warum habe ich das letzte Mal nicht besser aufgepasst, grummele ich vor mich hin. Wir fragen alle möglichen Leute, wo die von uns gesuchte Gasse ist, aber keiner kann uns weiterhelfen. Ich habe in den vergangenen Monaten unter Anleitung meines Vaters hart an meinen Arabischkenntnissen gearbeitet und spreche die Sprache jetzt schon ganz ordentlich. Aber das nützt uns auch nichts –

niemand scheint jemals von der Straße gehört zu haben. Später klärt mich Laura auf, dass dieses Verhalten typisch für die einheimische Bevölkerung ist. Besser man tut so, als wüsste man nichts, denn wenn man etwas weiß, hat man vielleicht etwas vor dem Staat zu verbergen – und dafür kann man festgenommen und inhaftiert werden. Also: Wenn ein Fremder fragt, stellt man sich ahnungslos. *Mabaref* bekomme ich an die hundert Mal zu hören. *Mabaref* – ich werde das Wort nie mehr vergessen.

Nach einer Weile haben wir die glorreiche Idee, ein Taxi zu nehmen. Taxifahrer müssen den Weg doch kennen! Der erste Taxifahrer, bei dem wir einsteigen, schaut uns nur mit glasigen Augen an, als wir den Straßennamen nennen. Er scheint nichts zu verstehen, starrt mich nur an und macht keinerlei Anstalten loszufahren. Wir steigen wieder aus und versuchen es beim nächsten Wagen. Der Chauffeur sagt sofort, ja, er wüsste, wo das ist, und startet. Er fährt kreuz und quer durch die Straßen und Gässchen, biegt mal nach links, dann wieder nach rechts ab und scheint sehr willkürlich seine Runden zu drehen. Ein paar Mal frage ich ihn, ob er weiß, wohin wir wollen, und jedes Mal kriege ich zu hören: »*Yes, yes – no problem!*« Nach einer Stunde bin ich mir sicher, dass er mich nur beruhigen will, und bitte ihn anzuhalten. Ich bezahle ihn – wahrscheinlich hat er mit dieser Fahrt seinen ganzen Tageslohn eingenommen –, und wir steigen aus. Wieder beginnt die Lauferei und die Befragung der Passanten.

Während der ganzen Sucherei filmt Rick für *Vermisst*, während ich das Viertel für *Geld für dein Leben* aufnehme. Wir laufen beide, voll bepackt mit unseren Kameras und den ganzen Sachen für Dunja und Shirin, herum. Es wird immer beschwerlicher, denn bei jedem Schritt muss ich aufpassen, nicht in eine Regenpfütze oder ein Loch in der Straße zu treten.

Wir sind stundenlang unterwegs, und ich verliere allmählich den Mut. Ich gehe mitten zwischen Bettlern und spielenden Kindern durch die Gassen, laufe an hohen Häusern entlang und rufe unvermittelt: »Dunja! Shirin! Wo seid ihr? Ich will zu meinen Kindern. Dunja! Shirin!« Ich muss auf alle, die mir begegnen einen sehr verzweifelten Eindruck machen, doch das interessiert mich nicht. Ich bin so nah am Ziel, irgendwo hier müssen sie doch sein? Warum kann ich sie nicht finden, warum kann mir keiner helfen?

Nach der tausendsten Runde beschließen Rick und ich, uns einen Augenblick ins Auto zu setzen, um uns aufzuwärmen, denn es ist kalt, ich bin völlig durchgefroren und meine Finger sind fast schon gefühllos geworden. Auf diese Art und Weise werde ich meine Mädchen niemals finden!

Ich sage Rick, dass wir die Botschaft in Damaskus einschalten müssen. Sie sollen irgendjemand anderen an Stelle von Laura schicken. Dies ist ein Notfall, und ich habe einen Anspruch auf Hilfe! Rick antwortet, dass er noch eine Runde drehen will, dass wir es noch einmal versuchen sollten – und dann können wir immer noch die Botschaft anrufen.

Ich mache eben noch einen Bericht für meine TV-Sendung. Rick hält die Kamera, und ich erzähle, wie der Stand der Dinge momentan ist. Ich sage, dass wir voller Zweifel steckten, ob wir unsere Suche selbst wieder aufnehmen sollten oder Hilfe von außen holen. Während des Berichts blicke ich aus dem Auto und überlege, was wir nun machen sollen. Keine zehn Meter entfernt sehe ich eine Frau mit zwei Mädchen die Straße überqueren…

»*Oooooh, Dunja!*«, schreie ich, »*Dunja! Shirin!*« Ich fliege aus dem Auto, als mir klar wird, dass da, direkt vor meiner Nase, Teta mit meinen zwei Töchtern über die Straße läuft. Ich renne auf meine Mädchen zu, halte sie ganz fest umarmt und fange schrecklich an zu weinen. Dunja und Shirin lassen das alles etwas verblüfft, aber doch glücklich über sich ergehen. Rick hat rasend schnell seine eigene Kamera gegriffen und ist offensichtlich total froh, dass er diese »goldenen Bilder« schießen kann. Teta steht daneben, beobachtet die Szene und fühlt sich sichtlich unwohl dabei.

»Dunja, Shirin, ich hab euch gefunden! Ich habe euch gesucht, und nun finde ich euch mitten auf der Straße! An deinem Geburtstag, Dunja, an diesem Tag bin ich zu euch gekommen!« Langsam beginnen die Mädchen zu begreifen, dass es wahr ist, dass wir drei wieder zusammen sind. Dunja sagt: »Ich wusste es genau, Mama, ich wusste, dass du kommen würdest. Ich wurde heute früh wach, und ich spürte, dass du zu meinem Geburtstag kommst.«

Shirin, die ich auf den Arm genommen habe und nicht mehr loslasse, weint Rotz und Wasser. »*Bahebek, habibtie,* ich liebe dich doch, mein Schatz«, flüstere ich ihr ins Ohr. »Mama, Mama«, ist das Einzige, was sie herausbringt.

Aus dem Augenwinkel sehe ich, wie Teta versucht, Dunja wegzuziehen. Dann merkt sie plötzlich, dass Rick noch immer filmt, und gibt mir einen Kuss auf die Stirn. Ein Judaskuss, schießt es mir durch den Kopf.

Dunja erzählt, dass Teta und Shirin sie aus der Schule abgeholt haben und sie jetzt auf dem Weg zu Tetas Wohnung seien. Ich sage ihr, dass ich ihren Geburtstag im Hotel feiern möchte, doch Teta sagt, ich bekomme die Kinder nicht. Als sie merkt, dass ich ihr mitten auf der

Straße eine Szene machen will, wiegelt sie ab: »Gehen wir erst zu mir nach Hause, danach können die Kinder mit ins Hotel.«

Auf dem Weg zu Tetas Haus erzählt Dunja, wie sehr sie gebetet hat, dass ich zu ihrem Geburtstag komme. Am vergangenen Freitag, dem Tag meines Abflugs aus Amsterdam, stand sie am Fensterrahmen, sah einen Vogel und sagte zu ihm: »Vögelchen, flieg für mich nach Holland und bitte meine Mama, hierher zu kommen. Ich möchte, dass meine Mutter an meinem Geburtstag bei mir ist!« Teta hatte das gehört und geknurrt: »Vergiss es! Deine Mutter kommt nicht hierher. Und dein Geburtstag wird auch nicht gefeiert; das tun wir hier in Syrien nicht. Also rechne nicht mit Luftballons, Girlanden und so was. Nichts.«

Als wir am Haus ankommen, sehe ich an der Ecke denselben Bettler sitzen, den ich schon vor zwei Stunden gefilmt habe. Wir sind hier bereits etwa sechs Mal langgelaufen – doch ich hatte keine Ahnung, dass dies die Straße war, die wir suchten, und auch das Haus, in dem meine Kinder nun schon zehn Monate leben.

Teta holte mich immer mit Shirin von der Schule ab. Wir gingen dann zunächst zu Tetas Kirche, wo wir Kerzen anzündeten. Danach gingen wir nach Hause, wo ich meine Schulaufgaben erledigen musste. Ich spielte kaum mit Freundinnen. Das war in Syrien auch nicht so wie in Holland, wo man einfach jemanden aus der Klasse zum Spielen einlädt. Niemand tut das, also habe ich das auch nicht gemacht.

An meinem Geburtstag holte Teta mich wie immer aus der Schule ab. Ich hatte all die Tage davor gehofft, dass irgendetwas Schönes passieren würde. Aber Teta sagte nur, dass wir nicht feiern würden. Als ich sie dann fragte, ob Mama vielleicht zu meinem Geburtstag kommen würde, sagte sie, dass meine Mutter mich schon lange vergessen hat. Ich war sehr niedergeschlagen, aber ich konnte es nicht richtig glauben.

Als wir an meinem Geburtstag beinahe schon bei Tetas Haus waren, hörte ich auf einmal ein lautes Geschrei. Als ich mich umdrehte, sah ich, wie Mama auf uns zulief. Ich begriff überhaupt nichts; hatte Teta nicht gesagt, Mama würde nicht kommen? Aber ich war gleich unheimlich froh! Ich hatte mir gewünscht, dass sie kommen sollte – und da war sie! Ein Mann, der all das filmte, war auch dabei. Ich kannte ihn aber nicht.

Mama küsste uns wieder und wieder, aber sie musste auch ganz schrecklich weinen. Mit Shirin redete sie arabisch und mit mir holländisch. Sie sagte, dass sie uns in ihr Hotel mitnehmen wollte, um dort meinen Geburtstag zu feiern. Ich war unheimlich froh, dass es doch noch ein Fest geben sollte und dass Mama da war.

Wir fünf gehen ins Treppenhaus. Es ist dunkel, die Beleuchtung ist kaputt. Wir laufen vier Stockwerke hoch, sehr vorsichtig, denn manchmal fehlt ein Stück von den Stufen. Endlich stehen wir vor Tetas Wohnungstür. Sie öffnet sie, und wir gehen hinein. Mich trifft fast der Schlag!

Die ganze Wohnung besteht aus zwei Kammern – das ist alles. Im vorderen Zimmer steht ein Bett, eine Anrichte mit einem Fernseher darauf, ein Stuhl und eine Sitzbank. Dies ist der Raum, in dem sich tagsüber das Leben abspielt. Nachts schläft Dunja in dem Bett dort. Im hinteren Zimmer steht ein etwas größeres Bett, ein Kleiderschrank und noch eine Anrichte. Hier schlafen Teta und Shirin und hier wird auch alles aufbewahrt. Auf dem Fußboden stehen jede Menge Plastiktüten mit Kleidung, Schuhen, Spielsachen von den Kindern, Strickarbeiten von Teta, kurzum alles, was normalerweise in einem Schrank aufbewahrt wird. Mitten in dem Durcheinander steht ein großer Topf mit Tomatensuppe.

Dunja zeigt mir stolz, dass sie ihre eigenen Sachen ordentlich in der Anrichte im Hinterzimmer aufbewahrt hat. Shirin weist auf die Aufkleber, die sie – um die Wand über ihrem Bett zu verzieren – auf die Mauer geklebt hat. Sonst hängt wenig an den Wänden, nur eine Girlande mit der Aufschrift »*Happy 2000*« und – genau wie bei Noura – ein paar Fotos von Präsident Assad.

Im Vorderzimmer befindet sich noch ein Küchenblock. Ein Badezimmer kann ich nicht entdecken. Auf dem Gang vor der Wohnung ist eine Toilette mit einem kleinen Wasserhahn an einer Seite. Später erfahre ich, dass das kalte Wasser aus diesem Hahn in eine Schale gefüllt und dann auf dem Herd warm gemacht wird. Das ist die einzige Möglichkeit für meine Töchter, sich zu waschen.

Während Shirin den Fernseher anschaltet, zieht Dunja ihre Jacke aus. Ich sehe, dass sie eine hässliche Schuluniform anhat.

»Komm, Dunja«, sage ich, »zieh dich um und dann gehen wir drei ins Hotel und feiern dort deinen Geburtstag.«

Zu Shirin, von der ich noch kein einziges holländisches Wort gehört habe, wiederhole ich alles auf Arabisch. Teta, die gerade an der Anrichte beschäftigt ist, hört es und dreht sich mit einem Ruck um. Ihre Augen sind voller Hass.

»Das kannst du vergessen. Du kriegst die Kinder nicht mit. Hamid erlaubt das nicht.«

»Und wo ist Hamid?«, frage ich sie.

»In der Kaserne, natürlich.«

»In der Kaserne? Heute? Und wer soll dann Dunjas Geburtstag feiern?«

»Das mach ich«, erwidert sie. Dann nimmt sie einen völlig vertrockneten Kuchen aus dem Regal. »Siehst du? Der ist extra für Dunjas Geburtstag.«

Ich mache ihr klar, dass dies nicht die Geburtstagstorte ist, an die ich gedacht habe, dass ich im Hotel Baron alles für ein Fest geregelt habe und dass ich jetzt die Kinder dorthin mitnehme – egal, was Hamid dazu sagt. Wir kriegen wieder Streit, aber ich bin nicht bereit, klein beizugeben. Ich habe Dunja und Shirin gefunden, und nun will ich meine Pläne auch in die Tat umsetzen.

Teta schreit und protestiert, sieht jedoch schließlich ein, dass ich keinen Millimeter nachgeben will und stimmt grummelnd zu. Aber wir sollen nicht unseren Leihwagen nehmen, sondern ein Taxi. Und Teta will mit. Ich finde das so in Ordnung, und nachdem ich Dunja und Shirin in neue Kleider gesteckt habe, die ich extra aus den Niederlanden für sie mitgebracht habe, gehen wir alle wieder nach unten. Rick folgt uns schweigend mit der Kamera.

Als wir auf der Straße auf ein Taxi warten, sagt Teta plötzlich: »Nein, dies ist doch keine gute Idee. Ich möchte, dass Noura und Amahl und ihre Tochter Eileen auch mitkommen.«

Wiederum stimme ich zu – wenn ich nur endlich mit den Kindern ins Hotel komme. Also laufen wir zu Nouras Wohnung, zwei Straßen weiter. Wir stehen unter ihrem Balkon, und ich rufe, genau so, wie ich es schon vor ein paar Monaten getan habe, nach oben. Jeder hier schreit in diesen Gassen, also kann ich das auch. Noura kommt auf den Balkon und wird kreidebleich, als sie mich sieht. Dann ruft sie: »Was tust du hier?«

»Was glaubst du? Schließlich hat meine Tochter heute Geburtstag!«

Mir ist klar, dass ich sehr theatralisch reagiere. Aber ich merke auch, dass genau das eine starke Wirkung auf Teta und Noura hat, weil sie Angst haben, ich könne jeden Moment hysterisch reagieren. Wenn ich nur kräftig auf den Putz haue, müssen sie klein beigeben, denn sie fürchten eine Szene vor der ganzen Nachbarschaft.

Wir müssen alle noch nach oben gehen, denn Noura muss sich erst noch aufdonnern, bevor sie mitkommen kann. Auch Amahl und Eileen wechseln noch ihre Bekleidung, das Mädchen muss gekämmt werden, eine andere Jacke anziehen…

Nachdem sich endlich alle herausgeputzt und die besten Schuhe angezogen haben, fahren wir mit der ganzen Meute in zwei Taxis zum Hotel Baron.

Dort im Hotel flippen Dunja und Shirin völlig aus, als sie entdecken, dass im Restaurant eine festliche Tafel mit allerhand leckeren Häppchen gedeckt ist. Shirin meint darauf auf Arabisch zu mir: »Ich hab doch auch schon beinahe Geburtstag, nicht, Mama?« Ich bestätige das und verspreche ihr, auch diesen Geburtstag ganz groß zu feiern.

Bevor wir uns hinsetzen, wollen die Mädchen mein Hotelzimmer sehen. Ich laufe mit ihnen die Treppen hoch; Teta folgt uns im Abstand von einem Meter. »Wo willst du hin?«, frage ich sie. »Ich gehe mit«, antwortet sie. »Kommt nicht in Frage, das Zimmer ist zu klein für uns alle«, lüge ich sie an. Ich will einen Augenblick allein mit meinen Töchtern sein. Warum muss sie uns als eine

Art Gefängnisaufseher pausenlos bewachen? Ich bringe die Mädchen nach oben und und stelle mich direkt vor sie hin. »Lass uns nun endlich einen Augenblick allein«, sage ich fest entschlossen. Sie setzt ein falsches Grinsen auf, und ich muss mich schwer beherrschen, ihr nicht ins Gesicht zu schlagen.

In diesem Augenblick kommt glücklicherweise Mustafa, der in der Lobby gesessen hatte, dazwischen. Er beruhigt uns beide und sagt Teta, sie soll warten und dass ich wieder nach unten komme. Sie setzt sich daraufhin auf einen Stuhl direkt an der Treppe und ich ziehe Dunja und Shirin in mein Zimmer.

Shirin sieht, dass da Taschen voller Geschenke mit ihrem Namen darauf in der Ecke stehen. Ich frage sie, ob sie schon eines davon haben will. »Nein«, sagt sie und schüttelt den Kopf, »erst, wenn ich wirklich Geburtstag habe!«

Wir gehen wieder nach unten, wo Noura ankündigt, dass sie jetzt gehen muss. »Aber ihr wolltet doch unbedingt mit!«, rufe ich. Nein – sie haben was Besseres vor, sagt sie und verschwindet mit Amahl. Wir fünf – Teta, Eileen, Dunja, Shirin und ich – setzen uns an die gedeckte Tafel. Ich füttere meine Töchter mit den leckeren Häppchen und probiere auch selbst von allem. Zum ersten Mal seit etwa zehn Monaten sitze ich zusammen mit meinen Mädchen beim Essen, zum ersten Mal schmeckt es mir wieder! Eine wohlige Wärme steigt in mir auf. Dieses Zusammensein von Mutter und Töchtern musste ich viel zu lange schmerzlich vermissen.

Nach dem Essen ist es Zeit für die Geschenke und die Geburtstagstorte. Während ich damit beschäftigt bin, alles vorzubereiten, kommt plötzlich Amu Fareed, der jüngere Bruder Hamids, herein. Ich erkenne ihn von Fotos.

Offensichtlich hat Noura ihn angerufen und ins Hotel geschickt. Er fragt mich, was ich hier mache und ob Hamid weiß, dass ich hier bin. Ich antworte, das wäre mir egal, wir würden hier einen Geburtstag feiern und er möge doch ein Stück Torte mitessen. Er ist die Freundlichkeit selbst und sagt, er bleibe gern hier. Dann singen alle ein Geburtstagsständchen für Dunja. Mustafa bringt mit dem für ihn typischen breiten Grinsen die Torte mit zehn Kerzen herein, die er auf meine Bitte hin am Mittag gekauft hat.

Dann packt Dunja ihre Geschenke aus. Das erste, das ich ihr gebe, ist ein silbernes Kettchen mit einem Medaillon. Auch Shirin habe ich genau so ein Medaillon mitgebracht. Da können sie mein Foto hineintun, erkläre ich, und dann wäre ich immer bei ihnen. Dunja sagt, dass sie auch Papa fragen will, ob er beim Militär ein Foto von sich machen lassen kann. »Da ist doch Platz für zwei Fotos – eines von dir und eines von Papa.«

Sie liest alle Briefe und Karten, die ihre Freundinnen und Familienangehörigen geschrieben haben. Zu dritt betrachten wir dann eine Menge Fotos von den Niederlanden. Ich habe ganze Alben mit Bildern von unserem Haus, der Katze, ihrer Schule und allem, was ihr sonst noch bekannt sein dürfte, mitgebracht. Ich will, dass sie sich mit ihrer holländischen Heimat verbunden fühlen.

Der Nachmittag vergeht im Flug. Plötzlich fragt Rick, der natürlich die ganze Zeit dabei ist: »Ist das Hamid?« Ohne aufzusehen, antworte ich: »Nein, das kann nicht sein. Er sitzt in der Kaserne.« Doch ich drehe mich um und sehe ihn tatsächlich in der Türöffnung stehen. Wie schon früher so oft, ist er wieder einmal aus dem Nichts aufgetaucht und heimlich in den Saal geschlüpft.

Auge in Auge stehe ich dem Mann gegenüber, den ich

das letzte Mal an jenem Samstag im Oktober gesehen habe, als er mich aufforderte, mich zwischen meinen beiden Töchtern zu entscheiden. Dunja und Shirin, die ihn drei Wochen nicht gesehen haben, fliegen zu ihm hin. Während sie ihn küssen, starrt er mich an.

»Was tust du hier, Malika?«

»Was meinst du, was ich hier tue. Ich habe schließlich zwei Töchter.«

»Ha – du hast zwei Kinder? Und warum glaubst du, ein Recht auf die Kinder zu haben?«

»Hamid, ich habe heute vor genau zehn Jahren eine Tochter zur Welt gebracht. Und fünf Jahre später noch eine. Aber das kannst du natürlich nicht wissen, denn du warst ja nicht dabei. Du musstest ja schlafen.«

»Malika, was tust du hier? Ich traue dir nicht.«

»Ich bin hier, um die Geburtstage meiner Töchter zu feiern, und danach nehme ich sie wieder mit zurück in die Niederlande. Sie sind dort nicht ausgebürgert; hier sind sie illegal, hier gehören sie nicht hin. Ich nehme Dunja und Shirin mit nach Holland.«

Mein Blut beginnt wieder zu kochen. Ich fange zu weinen und zu schreien an, und auch Dunja und Shirin, die uns wieder einmal streiten sehen, beginnen zu weinen. Rick filmt die ganze Szene, was Hamid zur Weißglut treibt. Er fordert Rick auf, damit aufzuhören. Rick tut so, als ob er die Kamera ausschaltet, stellt sie auf einen Tisch und geht nach draußen. Später sehe ich auf den Videobändern von *Vermisst*, dass er die Kamera ohne meine Zustimmung weiterlaufen lässt. Ganz Holland konnte so an dem Streit, der jetzt erst richtig los ging, teilhaben.

Aus meinen Augenwinkeln sehe ich, dass Noura mit ihrer Familie zurückgekommen ist. Teta ist inzwischen aufgestanden. Alle schreien durcheinander, und das Chaos ist perfekt. Glücklicherweise kann Mustafa die Gemüter ein wenig beruhigen. Er nimmt Hamid und mich in ein anderes Zimmer, wo wir uns ohne Einmischung der anderen aussprechen können. Dann tröstet er die Kinder und bietet den Erwachsenen Kaffee an.

Als ich mich endlich wieder ein bisschen beruhigt habe, frage ich Hamid, was er überhaupt mit den Mädchen in diesem Land vorhat, in welche Schule sie gehen sollen und welche Chancen ihnen hier die Zukunft bietet? Ich frage ihn, ob er ihnen ein Studium finanzieren kann oder ob er vielleicht möchte, dass seine Töchter für ein paar Cent in irgendeinem syrischen Hotel die Treppen putzen?

Er zieht nur seine Schultern hoch und sagt wieder und wieder, dass ich es nicht begreifen könne: »Die Niederlande sind nicht gut für sie, Malika, hier ist es viel besser für die Mädchen. Hier haben sie eine Familie. Hier ist nicht jeder so verdorben wie in Holland.«

Hamid war schon immer der Meinung gewesen, in den Niederlanden hätten die Frauen viel zu viel Macht. Sie gehen dort ihren eigenen Weg und unterstützen sich gegenseitig. Dadurch würde man als ausländischer Mann in die Ecke gedrängt. Hier in Syrien aber ist er wichtig – allein schon durch die Tatsache, dass er ein Mann ist. Und er weiß, dass er in diesem von Männern dominierten Land endlich wieder das Sagen hat. Ich weiß, er ist im Recht, und ich versuche, darauf einzugehen.

»Was willst du eigentlich, Hamid? Möchtest du, dass die Kinder deinen Namen tragen? Prima, dann kriegen sie deinen Namen. Dann nehme ich sie jetzt mit, du leistest deinen Wehrdienst ab und kommst danach in die Niederlande. Wir sorgen auch wieder dafür, dass alles für dich gut geht. Aber nicht hier, Hamid. Dunja und Shirin haben hier keine Zukunft.«

»Liebst du mich noch, Malika?«, fragt er mich.

Worte meines Vaters schießen mir durch den Kopf: Behandle selbst deinen ärgsten Feind wie einen Freund – du weißt nie, wann du ihn noch brauchst.

»Ja, natürlich liebe ich dich noch, aber anders«, antworte ich ihm. »Lass mich die Mädchen mitnehmen. Ich schicke dir Geld, so lange du noch bei der Armee bist, und wenn du entlassen wirst, kommst du einfach nach Holland. Alles wartet da auf dich.«

»Ja – auch der schmierige holländische Hund, dieser *Fucker,* der doch sicher auch?«

Danny also wieder! Ich gebe es auf. »Lass gut sein, Hamid«, sage ich, »wir kommen nicht weiter. Lass uns jetzt erst was essen.«

Während des Essens fragt Hamid mich erneut, was ich nun will. Ich erzähle ihm, dass ich auf jeden Fall bis zu Shirins Geburtstag bleibe und danach die Mädchen nach Holland mitnehme. »Und dann tue ich alles, was du willst, Hamid. Sag mir nur, was, und ich tue es.«

Seine Augen leuchten, und ich weiß, dass da wieder ein Funken Hoffnung glüht, mich in sein Spinnennetz einzufangen. Ich kenne seine Gedanken: Ich soll ein Papier unterzeichnen, dass wir rechtsgültig getraut sind und dass Dunja, Shirin und ich seinen Familiennamen annehmen. Wenn wir das machen, hat er uns da, wo er uns haben will – als Gefangene in seinem Land. Dann sind wir nichts als sein Eigentum, über das er beliebig verfügen kann. Ich lasse ihn vorläufig in diesem Glauben, dass ich auch das für ihn tun würde.

Dunja, die wieder isst, stößt plötzlich einen Schrei aus. Sie hält die Hand vor den Mund und – als ich sie frage, was los ist – spuckt sie etwas hinein. Sie öffnet die Hand und zeigt es mir: ein Milchzahn. Ich muss lachen und finde das großartig: »Komm, Dunja, wir gehen nach oben auf mein Zimmer, du spülst dir den Mund und ich suche nach einem Döschen für den Zahn.«

Natürlich werden wir mit Argusaugen beobachtet, als wir aufstehen. Aber da Shirin sitzen bleibt, lassen Teta und Hamid uns gehen. Oben im Badezimmer erzählt Dunja mir, dass sie schon zwei Milchzähne verloren hat, seit sie hier in Aleppo ist, aber Teta hätte die Zähne einfach aus dem Fenster geworfen. Bei uns in den Niederlanden bewahren wir die Milchzähne immer in einem besonderen Döschen auf.

Während wir da oben beschäftigt sind, frage ich Dunja, ob sie wieder mit mir zurück in die Niederlande fahren will. Sie zuckt die Schultern, macht mit der rechten Hand eine drehende Bewegung und sagt: »*Inshallah.*« Diese typisch arabische Antwort und Gebärde erschreckt mich. Doch ich versuche, ihr keine allzu große Bedeutung beizumessen.

Am Abend lasse ich die Kinder wieder mit Teta und Hamid mitgehen. Ich denke mir: Wenn ich mich jetzt ruhig verhalte und er glaubt, er kann sich auf meine Versprechen verlassen, dann setze ich vielleicht meinen Willen durch. Ich nehme sehr intensiv Abschied von Dunja und Shirin und verspreche ihnen, sie am nächsten Tag wieder abzuholen.

Doch am folgenden Tag geht Noura nicht ans Telefon. Teta hat keinen Anschluss, also setze ich mich wieder mit Rick in ein Taxi und fahre zu ihnen hin. Glücklicherweise haben wir gestern so gut aufgepasst, dass wir wissen, wohin wir müssen. Sowohl bei Noura als auch bei Teta ist niemand zu Hause.

Wir fahren weiter zum Konsulat, wo der Konsul noch immer durch Abwesenheit glänzt. Aber seine Mitarbeiterin berichtet mir, dass am nächsten Tag eine Botschaftsangestellte, Monique, zusammen mit Aziz, dem Assistenten meines Anwalts Samir, nach Aleppo kommen werden.

Den Rest dieses Tages höre ich nichts von Hamid und seiner Familie. Mir bleibt nichts anderes übrig, als abzuwarten ...

Am Dienstag suche ich wieder das Konsulat auf, wo schon Monique, Aziz und selbst Faysal, der Konsul, auf mich warten. Wir besprechen, wie es bei den bevorstehenden Gerichtsverhandlungen weitergehen soll. Höchste Priorität muss nun darauf gelegt werden, dass ich beweise, nicht mit Hamid verheiratet zu sein. Davon hängt alles ab! Wenn wir das belegen können, können wir ihn auch zwingen, mir die Kinder zurückzugeben. Doch plötzlich sagt Aziz: »Ja, aber ich weiß nicht, ob die Mädchen überhaupt zu Ihnen zurück wollen. Eigentlich sind sie besser beim Vater aufgehoben.«

Ich traue meinen Ohren kaum. Aziz arbeitet für *mich*, er muss doch *meine* Seite vertreten! Er und Samir haben nicht ein einziges Mal – wie ursprünglich versprochen – meine Töchter in Aleppo besucht. Wie kann Aziz wissen, was sie wollen und was gut für sie ist? Monique kann mich zwar einigermaßen beruhigen, aber mein Entschluss steht fest: Ich brauche einen anderen Rechtsbeistand, denn auf den jetzigen gebe ich keinen Pfifferling mehr.

Am Ende dieses Tages fahren Monique und Aziz wieder nach Damaskus. Rick reist mit ihnen. Er fliegt am nächsten Tag zurück in die Niederlande. Nun bin ich wirklich ganz allein auf mich angewiesen in diesem fremden, fremden Land.

10

Das Tauziehen um meine Töchter

Am nächsten Tag führe ich ein langes Gespräch mit Mustafa. Ich habe ihn in den letzten Tagen ein wenig besser kennen gelernt und habe immer mehr das Gefühl, er könne ein Bundesgenosse im Streit mit Hamids Familie sein. Er ist ein warmherziger und lieber Mensch, den ich noch nie niedergeschlagen oder müde erlebt habe, und jedem schenkt er ein breites Lächeln. Mustafa ist ein perfekter »Gentleman«, der zweimal am Tag nach Hause geht, um seine Kleidung zu wechseln. Als guter Muslim hält er sich pflichtbewusst an die vorgeschriebenen vier Gebete pro Tag. Sein Englisch ist fehlerhaft, aber irgendwie sehr witzig. Er hat die Sprache durch den Umgang mit Touristen gelernt. Auf die Art und Weise hat er sich auch einige Wörter aus anderen Sprachen beigebracht, selbst etwas Niederländisch. Wenn er mich sieht, begrüßt er mich immer mit einem fröhlichen »*Chchchutenmorchchchen!*«

Alles in allem habe ich bei diesem Mann ein gutes Gefühl und beschließe deshalb, ihn ins Vertrauen zu ziehen. Ich frage ihn, ob er mir irgendwie helfen kann, meine Töchter zurückzukriegen. Ich frage ihn auch, ob er eventuell bereit ist, mir beizustehen, wenn ich das am Gesetz vorbei versuche. Und ich frage ihn schließlich, ob er mich mit Leuten bekannt machen kann, die Kinder zurück entführen.

Alle drei Fragen beantwortet er mit einem überzeugten »Ja«. Schließlich bin ich für ihn die Tochter von *hadj*

Kaddour – und für die wäre er zu allem bereit. Er warnt mich allerdings auch vor den Gefahren, sollte ich den illegalen Weg einschlagen. Aber auch dann würde er mir helfen, verspricht er.

»Mach dir keine Sorgen, Malika. Dein Vater ist jetzt nicht hier, aber ich werde ihn vertreten. Ich bin dein zweiter Vater. Zusammen holen wir deine Mädchen hier raus. *Gallas* – klar doch, so einfach ist das.«

Aus den Niederlanden habe ich inzwischen gehört, dass die ersten Filme, die ich gemacht habe, ausgestrahlt wurden. Sie hatten eine gute Resonanz, und Doris bittet mich, weiter fleißig zu filmen. Weil jede Sendeminute bares Geld für mich bedeutet, wird die Kamera zu meiner verlängerten Hand. Hamid und seine Familie halten zwar nichts davon, dass ich alles aufnehme, aber ich sage ihnen, dass ich diese bewegten Bilder von meinen Töchtern brauche, wenn ich abends allein in meinem Hotelzimmer sitze. Dass sie beinahe täglich im niederländischen Fernsehen ausgestrahlt werden, sage ich ihnen natürlich nicht. Die Videobänder schicke ich an die Botschaft in Damaskus. Von dort gehen sie mit der Diplomatenpost nach Holland. Auf diesem Weg bekomme ich auch mein neues Filmmaterial aus der Heimat.

Wie immer, habe ich auch heute, am Donnerstagnachmittag, die Kamera bei mir, als ich wieder einmal meine Kinder besuche. Da Nouras Haus auf dem Weg zu Tetas liegt, schaue ich zuerst dort rein. Es kann nämlich durchaus sein, dass ich die ganze Familie dort antreffe, einfach weil die Wohnung größer ist. Als Noura öffnet, sehe ich, dass es drinnen stockdunkel ist. Noura selbst steht mit einer Kerze in der Hand in der Türöffnung. Shirin und Dunja hören meine Stimme und kommen angerannt. Shirin tanzt vor meiner Kamera herum, und Dunja sagt, der Strom wäre ausgefallen. Während ich mit ihnen hineingehe, schalte ich die Lampe auf der Kamera ein. »Nur gut, dass ich eine Lampe mitgenommen habe, was?«, scherze ich. Ich sehe, dass Teta in einer Ecke auf der Bank sitzt. Im dunklen Zimmer liegen keine Spielsachen auf dem Boden, das Radio und der Fernseher gehen nicht mehr – es gibt also keinen Grund, warum wir hier bleiben sollten.

»Kommt, Mädchen, zieht euch eine Jacke an und lasst uns eine Pizza essen gehen.« Dunja und Shirin sind begeistert, doch Noura giftet mich an: »Nein – Hamid hat das verboten!«

»Und wieso will Hamid das nicht? Schließlich bin ich ihre Mutter. Ich bin nur ein paar Wochen hier, lasst mir doch das Vergnügen mit meinen Töchtern.«

»Nein. Hamid hat gesagt, dass du die Kinder nirgendwohin mitnehmen sollst. Du musst hier bleiben.«

Ich will diesen Moment fest halten. Ich stelle die Kamera auf einen Tisch, richte sie auf die Sitzbank und setze mich mit Dunja und Shirin hin. Während die Kamera läuft, sage ich: »Seht nur, wie wir hier sitzen, im Dunkeln eingeschlossen, und wir dürfen nicht weg von der Hexe.«

Ich sehe, wie Noura einen wütenden Blick auf die Kamera wirft. Plötzlich holt sie aus und will sie auf den Boden werfen. Ich springe auf, packe ihre Hand, in der sie die Kamera hält, und gerate mit ihr in einen Kampf. Ich brülle sie an, sie solle gefälligst meine Sachen in Ruhe lassen. Während ich mit ihr um die Kamera kämpfe, sehe ich, wie Amahl hereinkommt. Als ich die Kamera endlich wieder in meinen Händen halte, ruft Teta, sie gehe jetzt die Polizei anrufen.

»Tu das nur!«, sage ich. »Denen habe ich auch noch

das eine und das andere zu berichten. Ihr wollt mich hier wohl gefangen halten. Genau wie meine Töchter.« Mit einem Mal habe ich schreckliche Angst, dass sie mir etwas antun wollen. Ich muss hier raus, doch Amahl versperrt mir die Türöffnung. Mit einer Art Hechtsprung tauche ich unter seinem Arm durch und renne nach unten.

Auf der Straße angekommen, stopfe ich die Kamera erst einmal unter meine Jacke und fange ganz schrecklich an zu weinen. Es regnet, es ist kalt – und ich weiß mir keinen Rat mehr. Aus der Türöffnung eines Geschäftes werde ich angesprochen. Der Ladenbesitzer fragt mich, was los ist und ob ich nicht hereinkommen will. Dankbar gehe ich hinein und bekomme zunächst mal einen Becher warmen Kaffee. Mein Kopf platzt mir fast nach all dem, was geschehen ist, und ich beginne rasend schnell zu erzählen. Ich sage, dass meine Töchter gefangen seien und dass ich Hilfe brauche. Ich muss die Polizei anrufen und auch die Botschaft in Damaskus.

»Oh, sind *Sie* das?«, fragt der Ladenbesitzer. »Sind Sie die Mutter?«

Hamid scheint in der Nachbarschaft ein Volksheld zu sein: der Mann, der seine Töchter gerettet hat und sie zurückbrachte in das Land, wo sie zu Hause sind. Ich erzähle dem Mann jetzt meine Version der Geschichte, und glücklicherweise begreift er sie. Ich bitte ihn, telefonieren zu dürfen. Doch in der Botschaft in Damaskus wird nicht abgenommen. Es ist später Nachmittag, die Mitarbeiter sind schon nach Hause gegangen.

Ich habe mich inzwischen etwas beruhigt und gehe zurück ins Hotel. Als ich dort ankomme und Mustafa sehe, fange ich sofort wieder zu heulen an. Es ist ein derart heftiger Weinkrampf, dass ich am ganzen Körper zu zittern beginne. Ich kann mich kaum aufrecht halten, doch Mustafa hält mich fest und bringt mich auf mein Zimmer. Ich reagiere inzwischen völlig hysterisch, kann meine Tränenflut nicht stoppen und schreie pausenlos nach Dunja und Shirin.

Nach einigen Minuten gehe ich wieder nach unten. In der Lobby sitzt Amu Fareed, der mir sagt, er wäre gekommen, um zu sehen, ob alles in Ordnung sei. Ich bin völlig fassungslos, stehe an der Rezeption und schreie, dass man die Polizei anrufen soll. Ich will meine Kinder sehen! Mustafa versucht, mich zu trösten, und sagt, dass wir jetzt nicht die Polizei rufen sollten. In diesem Land muss man nämlich dafür bezahlen, dass die Polizei kommt. Das ist meist eine sehr teure Angelegenheit, und darum versucht jeder, erst eine andere Lösung seiner Probleme zu finden. Mustafa schlägt vor, dass Amu Fareed die Kinder herbringt, damit ich mit ihnen hier im Hotel essen kann. Langsam beruhige ich mich wieder, und Amu Fareed geht, um die Mädchen zu holen.

Als sie nach etwa einer halben Stunde eintreffen, sehe ich, dass Teta und Noura – natürlich! – auch mitgekommen sind. Sie versuchen, die ganze Sache mit ein paar Scherzen zu bagatellisieren, sagen, ich würde mich anstellen, und eigentlich sei doch überhaupt nichts los. »*Ma'alisch*, Malika, das gibt's doch nicht.« Wir gehen alle essen, und am Ende des Abends habe ich mich so weit beruhigt, dass ich meine Töchter wieder mit Teta in ihre Wohnung zurückkehren lasse.

Hamids Familie war durch meinen Ausbruch offensichtlich geschockt, und am nächsten Tag darf ich mit Shirin und Dunja nach draußen. Natürlich unter »Begleitschutz«, die ganze Sippe läuft mit, aber diesmal haben sie sich in Schale geworfen. Schließlich sind sie mit Malika unterwegs, mit Malika, die alles bezahlt... Noura und Teta schlagen vor, dass wir Schuhe kaufen gehen. Stundenlang halten wir uns in verschiedenen Schuhgeschäften auf: Mal passt der Schuh nicht, dann ist wieder etwas anderes nicht in Ordnung... Als sie endlich ihre Wahl getroffen haben, erwarten sie, dass ich bezahle. Ich lege Geld für die Schuhe von Dunja und Shirin hin und verlasse dann mit meinen Töchtern das Geschäft.

Kurz danach kommen Noura und Teta auch nach draußen. Sie sind sehr aufgebracht und sie sind – ohne neue Schuhe.

Abends sitzen wir alle in der Lobby meines Hotels. Die Familie hat mal wieder kostenlos gegessen.

Ich will Dunja und Shirin über Nacht im Hotel behalten, will so fürchterlich gern eine ganze Nacht zusammen mit meinen Töchtern sein. Natürlich widerspricht mir Hamids Familie auf das Heftigste, und wir fangen wieder an zu streiten. Ich frage sie, ob ich wenigstens meine Mädchen in meinem Zimmer baden kann. Auch das wird mir nicht gestattet. Wir diskutieren heftig darüber, als ich plötzlich sehe, dass Shirin in ihren Rock gemacht hat.

»Jetzt muss ich sie doch eben nach oben nehmen«, sage ich, »Dunja, komm auch mit.« Mustafa versucht Teta zu erklären, dass ich wirklich nichts Schlimmes tun würde, und grummelnd lassen sie mich mit meinen Mädchen nach oben gehen.

In meinem Hotelzimmer lasse ich die Badewanne voll laufen und ziehe meine Töchter aus. Ihre Kleider stecke ich in eine Seifenlauge im Waschbecken. Nun können sie die Mädchen nicht mehr mitnehmen, denn auch ihre Kleider sind nass.

Als Dunja und Shirin in der Badewanne sitzen, wird an die Tür geklopft. Es ist Noura. Ich sage ihr, dass die Mädchen im Bad sind und dass wir nicht klammheimlich durch das Toilettenfenster getürmt sind. Sie geht wieder nach unten, und ich spiele mit den Kindern. Wir setzen beinahe das ganze Badezimmer unter Wasser und haben unheimlich viel Spaß miteinander. Nach einer Weile hole ich sie aus der Wanne, trockne sie ab und ziehe ihnen ihre Pyjamas an, die ich extra aus den Niederlanden mitgebracht habe.

Ich bin endlich wieder mit meinen Töchtern beschäftigt, so wie eine Mutter es sein sollte und wie ich es auch bis vor zehn Monaten noch war. Ich schaue mir ihre Fußnägel an und stelle fest, dass sie schon lange nicht mehr geschnitten worden sind. Also schneide ich sie, reinige ihre Ohren und putze ihre Zähne. Ich merke, dass Dunja und Shirin diese Prozeduren genau so genießen wie ich selbst.

Nach einer Stunde wird wieder an die Tür geklopft. Ich habe die Tür inzwischen nicht nur abgeschlossen, sondern zusätzlich durch einen Stuhl verbarrikadiert. Wenn man nicht im Guten miteinander auskommen kann, dann müssen eben härtere Seiten aufgezogen werden. Dunja und Shirin bleiben heute Nacht bei mir – egal, was die da draußen davon halten und wie die Konsequenzen auch sein mögen! Ich will eine einzige Nacht zusammen mit meinen Töchtern verbringen.

Teta ruft hinter der Tür, dass sie herein will und dass Shirin und Dunja jetzt nach Hause müssen.

»Zu spät, Teta«, rufe ich zurück, »sie haben schon ihre Pyjamas an. Außerdem schläft Shirin bereits. Heute Nacht bleiben sie hier.«

Shirin schläft natürlich noch nicht. Meine Mädchen

sitzen zusammen auf meinem Bett und kichern leise. Sie halten das alles, was um sie herum geschieht, für ein großes spannendes Spiel. Das alte Zusammengehörigkeitsgefühl, das uns drei in Amsterdam so sehr verband, ist wieder da.

Ich höre, wie Teta auf Arabisch laut ruft, wahrscheinlich verflucht sie mich gerade. Nach einer Weile geht sie weg. Aber die Ruhe hält nicht lange an, dann wird wieder geklopft. Das Spielchen dauert etwa eine Stunde: Jemand steht vor der Tür, dann wird wieder über das Haustelefon angerufen. Es ist offensichtlich, dass die Familie ratlos ist. Auch der Besitzer des Hotels, Monsieur Salem, steht mehrfach vor meiner Tür. Er ist ein freundlicher Mensch, von guter Herkunft, und legt daher Wert auf die Anrede »Monsieur«. Ihm ist meine Situation bekannt, und auch er steht auf meiner Seite. Aber er möchte natürlich auch, dass endlich wieder Ruhe im Hotel einkehrt. Doch ich schicke jeden – also auch ihn – weg.

Die Mädchen liegen inzwischen in meinem großen Bett, und ich lege mich zu ihnen. Es ist kalt, und wir kriechen nahe zusammen, um uns gegenseitig zu wärmen. Trotz des ständigen Klopfens und der Anrufe genießen wir es, zusammen zu sein. Dunja fragt mehrmals: »Wir können hier doch heute Nacht bleiben, nicht, Mama?«

Gegen Mitternacht höre ich plötzlich Hamids Stimme auf dem Gang. Offenbar hat die Familie ihn in ihrer Verzweiflung angerufen, und er ist Hals über Kopf aus der Kaserne hierher gekommen. Obwohl er kaum Urlaub kriegt, gelingt es ihm doch – nach der Abgabe von Schmiergeldern – ab und an wegzukommen. So viel habe ich inzwischen begriffen. Er schlägt an die Tür und droht, die Polizei zu holen, um die Tür aufbrechen zu lassen.

Ich schreie: »Wenn die Tür aufgeht, spring ich vom Balkon, Hamid! Ich schwöre dir, ich springe nach unten – vor den Augen meiner Kinder! Willst du das vielleicht?«

»Warte nur ab, Malika!«, brüllt Hamid zurück. Dann höre ich, wie er weggeht. Eine Weile bleibt es still, und Dunja und Shirin schlafen ein. Ich mach das Licht aus und lausche dem ruhigen Atmen der Mädchen. Auch vor meinem Zimmer ist es jetzt still. Vielleicht haben sie aufgegeben, hoffe ich.

Auf einmal höre ich ein knackendes Geräusch. Ich greife zur Kamera, mache sie betriebsbereit und schalte das Licht ein. Ich sehe zur Tür und bemerke, dass sich der Türknopf bewegt. Jemand versucht, das Schloss von außen zu öffnen. »Wer ist da?«, rufe ich. Keine Antwort! Wenig später wird erneut am Türknopf gedreht, und abermals frage ich, wer da ist. Ich höre Schritte, die sich entfernen.

Zehn Minuten später werde ich angerufen; es ist Mustafa: »Malika, so geht es nicht weiter. Die ganze Familie sitzt hier noch immer in der Lobby und will nicht gehen. *Hadj* Kaddour hatte mir für den Notfall seine Telefonnummer gegeben – und dies ist ein Notfall! Ich habe ihn angerufen und ihm erzählt, was hier passiert. Er hat inzwischen in den Niederlanden mit anderen Menschen gesprochen und nun zurückgerufen. Bitte, Malika, sprich mit ihm!« Er stellt mich zu meinem Vater durch. Der fragt, was hier los ist, und ich erzähle ihm die ganze Geschichte. »Malika, mach es dir jetzt nicht so schwer«, sagt er. »Auf die Art und Weise werden sie nur auf stur schalten. Lass die Mädchen jetzt einfach nach Hause gehen und sprech morgen mit deinem Anwalt.« Ich bin über so viel Unverständnis zornig und schreie in den Hörer: »Nein! Ich gebe sie nicht zurück! Dunja und Shirin bleiben hier!«

Ich hänge auf und ziehe den Stecker des Zimmertelefons aus der Wand.

Wie ich später erst hörte, hatte mein Vater nach dem Anruf von Mustafa mit Sandra vom Außenministerium telefoniert, die von Anfang an mit meiner Geschichte befasst war. Sie hat ihrerseits wieder mit unserem Botschafter in Syrien gesprochen. Er ist erst vor kurzem in dieses Land gekommen, und ich bin ihm daher noch nicht begegnet. Er war aber durchaus über meinen Fall informiert, und als Sandra ihn aus den Niederlanden anrief, wurde ihm klar, wie sehr der Vorgang eskalierte, und er beschloss direkt einzugreifen. Mitten in der Nacht setzt er sich in sein Auto und fährt quer durch die Wüste nach Aleppo. Es ist stockdunkel, und draußen tobt ein Schneesturm. Schon tagsüber ist diese Fahrt kein reines Vergnügen, doch unter diesen Umständen ist sie ein schreckliches Unterfangen.

Um sieben Uhr morgens erreicht er endlich Aleppo und fährt direkt vor mein Hotel.

Irgendwie bin ich doch noch eingeschlafen und werde am Morgen durch ein Klopfen an der Tür geweckt. Eine fremde Stimme spricht mich auf Niederländisch an: »Frau Kaddour, bitte öffnen Sie die Tür.« Van Buuren, der neue Botschafter, erklärt, wer er ist, und ich mache die Tür auf.

Endlich wird alles geregelt, denke ich. Ich bitte ihn, unten in der Lobby zu warten, und verspreche, dass wir drei gleich hinunter kommen werden. Schnell wecke ich die Mädchen, und wir ziehen uns an. Ich gehe davon aus, dass der Botschafter gekommen ist, um uns nach Damaskus mitzunehmen, damit diese ganze schreckliche Affäre endlich ein Ende findet.

Als wir nach unten kommen, sitzt immer noch die ganze Familie da, natürlich auch Hamid. Sie haben die Nacht in der Lobby verbracht. Alle beginnen gleichzeitig auf mich einzureden und zerren an Dunja und Shirin.

Van Buuren versucht, die Situation zu beruhigen, und kündigt an, dass wir alle in das hiesige Büro von Interpol fahren müssen. Dort lägen die Unterlagen über unsere Sache und dort könnten wir uns weiter unterhalten.

Als wir nach draußen gehen, traue ich meinen Augen nicht! Da stehen drei Militärfahrzeuge und Polizeibeamte laufen durcheinander. Van Buuren hat eine halbe Armee versammelt! Passanten stehen auf der Straße, um zu sehen, was passiert.

Hamid beginnt laut zu rufen, dass die Menschen weggehen sollen, Amu Fareed schreit ebenfalls, Dunja und Shirin beginnen vor Schreck zu weinen, und alle rufen durcheinander und zerren an den anderen herum. Teta klammert sich an einen Soldaten, redet beschwörend auf ihn ein, lässt ihren Tränenstrom ungehemmt fließen und küsst ihm immer wieder seine Hände. Van Buuren zieht mich und meine Kinder in den Botschaftswagen, Hamid folgt uns in einem Militärjeep, und der Rest der Familie wird nach Hause gebracht.

Bei Interpol wartet bereits Omar, Hamids Anwalt, auf uns. Samir, meinen eigenen Rechtsbeistand, habe ich tagelang nicht erreichen können und kann ihn auch jetzt, nach verschiedenen Telefonaten, nicht auftreiben. Omar versucht, auf mich einzureden, aber ich will nur mit Hamid sprechen. Doch von »sprechen« kann keine Rede mehr sein; bei jedem von uns liegen die Nerven blank und wir schreien uns nur an und streiten miteinander. Ich will meine Töchter zurückhaben, Hamid will sie mir nicht geben. Unsere Auffassungen schließen sich gegenseitig aus, aber so lange der Rechtsstreit, ob wir legal getraut sind – und damit auch die Frage der Vormundschaft –, noch läuft, können die Leute bei Interpol nichts machen.

Van Buuren merkt, dass unser Gespräch zu nichts führt, und schlägt vor, woanders hinzugehen. Er will nicht zurück ins Hotel Baron, weil sich nach seiner Meinung dort jeder einmischt. Außerdem wären die Wände so dünn, dass von einer vertraulichen Unterhaltung keine Rede sein könne. Also nimmt er uns mit in ein Luxushotel, wo er eine Suite mietet und erst einmal ein opulentes Frühstück bestellt. Während van Buuren, Hamid, Omar und ich versuchen, ernsthaft miteinander zu reden, toben die Mädchen durch das Zimmer und die Gänge des Flurs. So viel Luxus haben sie in ihrem ganzen Leben noch nicht gesehen und sie finden das hier vergnüglicher als jeden Freizeitpark der Welt. Vor allem das Badezimmer beeindruckt sie, und sie schalten zwanzig Minuten lang den Föhn an und aus. Als das Frühstück serviert wird, kriegen sie wiederum große Augen. Vor allem die kleinen Portionspackungen mit Konfitüre und Honig haben es ihnen angetan. Shirin steckt sich alle Honigportionen in ihre Jackentasche und meint: »Die heb ich mir für später auf. Denn bei Teta kriegen wir keinen Honig.«

Nach dem Frühstück führt van Buuren verschiedene Telefonate. Nach einer Weile kommt er zurück und sagt, dass – solange der Rechtsstreit noch läuft – die Kinder tatsächlich bei Hamid oder seiner Familie bleiben müssen. Ich höre nun zum ersten Mal, dass Dunja und Shirin eine Erklärung unterzeichnet haben, dass sie bei Teta bleiben und nicht zurück zu ihrer Mutter wollen.

Zwei kleine Mädchen, die monatelang hin und her geschoben wurden, die sich Lügen über ihre Mutter haben anhören müssen, die von einem auf den anderen Tag aus ihrer vertrauten Umgebung gerissen wurden, die praktisch Gefangene in einem fremden Land sind, haben das formuliert und unterzeichnet? Und das soll auch noch rechtsgültig sein? Die Welt wird immer unbegreiflicher für mich. Aber so steht es Schwarz auf Weiß geschrieben, die Dinge sind im Moment nun einmal so – und ich habe mich zu fügen.

Immerhin gelingt es van Buuren, Hamid so weit zu kriegen, dass ich die Kinder regelmäßig besuchen und auch mit ihnen herumlaufen kann. Auf den Ratschlag van Buurens rufe ich dann zusammen mit Hamid meinen Vater an und sage ihm, dass der Streit vorläufig beigelegt und die Ruhe wieder hergestellt sei. Er soll sich keine Sorgen mehr machen.

Dunja und Shirin haben alle Ereignisse dieses Morgens klaglos über sich ergehen lassen. Shirin, die noch keine fünf Jahre alt ist, ist noch zu klein, um genau zu begreifen, was sich eigentlich abspielt. Doch Dunja spürt die Spannungen genau. Sie ist nervös und versucht, abwechselnd mit Hamid und mir zu schmusen. Es ist für sie ganz furchtbar, sich zwischen zwei Feuern hindurchzulavieren.

Wir verabschieden uns von dem Botschafter, der versuchen will, den Schlaf der letzten Nacht nachzuholen. Er wird bis morgen in Aleppo bleiben, und wenn irgendetwas ist, kann ich ihn jederzeit anrufen.

Omar versucht wieder einmal, auf mich einzureden: Wenn ich jetzt mit Hamid und ihm zum Gericht gehe, kann ich dort eine Reihe von Formalitäten erledigen, die alles regeln. Wenn ich unterschreibe, dass der Familienname der Mädchen Nasri ist, würde alles sehr viel einfacher sein. Dann darf ich ungehindert mit ihnen verreisen und habe alle mir als Mutter zustehenden Rechte. Ich finde es zwar sehr bedenklich, dies ohne Einschaltung meines eigenen Anwalts zu tun, doch Omar bedrängt mich: Es wäre zu meinem Vorteil, ich könne ihm doch vertrauen, schließlich sei er ja auch Rechtsanwalt!

Endlich hat er mich so weit, dass wir alle ein Taxi besteigen und zum Gericht fahren. Als wir dort ankommen, steigen Dunja und Shirin sofort aus. Doch meine Zweifel sind wieder da – ich will nichts ohne meinen Anwalt machen. Hamid versucht, mich umzustimmen, aber ich weigere mich, auszusteigen. Schließlich gibt Hamid auf, und nachdem Dunja und Shirin wieder in das Taxi eingestiegen sind, fahren wir direkt zu Noura nach Hause. Da müssen wir ein paar Sachen abholen, sagt Hamid, und danach darf ich die Mädchen ins Hotel mitnehmen.

In Nouras Haus ist die Stimmung unheilvoll. Die ganze Sippschaft, die nachts in der Hotellobby gesessen hat, ist anwesend. Ich bitte darum, meinen Anwalt anrufen zu können, aber das wird mir nicht gestattet.

Dann sagt Hamid plötzlich: »Und deine Kinder bekommst du auch nicht mit. Du kannst ja hier bleiben, wenn du willst. Du kannst hier sogar schlafen – aber sie gehen nicht mit dir mit!« Noch nicht einmal vor zwei Stunden hat er mir in Gegenwart von Botschafter Van Buuren zugesagt, dass ich die Kinder mitnehmen kann. Und nun bricht er bereits wieder sein Versprechen.

Dunja und Shirin, die sich schon auf einen schönen Nachmittag mit ihrer Mutter gefreut hatten, schauen mich erschrocken an. Ich sehe mich um und registriere, dass Omar, Amu Fareed und Amahl aufstehen und die Wohnungstür versperren. Hamid steht in einer Ecke des Raums und hält Dunja und Shirin fest. Alle Erwachsenen sehen mich mit einer Mischung aus Hass und Triumph in ihren Augen an. Ich bin auf ihrem Terrain, hier haben sie die Macht, und das genießen sie sichtlich.

Teta sagt: »Dies sind nicht deine Kinder, Malika. Dies sind unsere Kinder.« Sie läuft zu mir, packt meine Hände und beginnt sie zu küssen. »*Ma'alisch*, Malika, sträube dich doch nicht. Mach einfach das, was Hamid dir sagt.«

Ich schiebe die Hände dieser Frau, die heute Morgen noch den Soldaten die Hände küsste, von mir weg und wende mich Hamid zu: »Wie kannst du nur, Hamid? Wir hatten doch eine Abmachung, wieso kann ich die Kinder nicht mitnehmen?«

Und wieder die gleiche Antwort: »Ich traue dir nicht, Malika. Dir gebe ich die Kinder nicht mit.« Hätte ich doch nur im vergangenen Jahr das Gleiche zu ihm gesagt, als er mich bat, sie ein Wochenende haben zu dürfen, denke ich bei mir.

Ich werde hier noch verrückt in dieser überfüllten Wohnung. Ich muss hier raus.

»Ich gehe jetzt, Hamid, und ich nehme Dunja und Shirin mit. Morgen früh kann Teta sie im Hotel abholen. Aber jetzt gehen wir.«

»Auf keinen Fall, Malika!«, antwortet Hamid. Ich werde so wütend, dass ich ihm einen Stoß gebe, der ihn gegen die Wand taumeln lässt. In dieser Sekunde springt Amu Fareed auf mich zu, dreht mir den Arm auf den Rücken und brüllt: »Das hältst du im Kopf nicht aus! Schäm dich! Ich bin bereit, dir zu helfen, Malika, aber das geht zu weit. Du musst tun, was Hamid sagt.«

Auch Noura ist zu mir gesprungen und schreit: »Das sind unsere Kinder, Malika! Lass dir doch einfach ein paar neue machen!« Jeder schreit mich an und stößt und zieht an mir herum. Ich weiß, dass ich gleich wieder hysterisch werde und doch nichts erreiche. Sie lachen mich alle aus und sagen, ich müsse erst einmal meinen eigenen Rechtsanwalt ausfindig machen, wenn ich was will. Ich realisiere, dass ich wirklich Unterstützung brauche – und ich muss hier weg!

Ich darf hier auch nicht schlafen, denn weiß ich wirklich, was in den Köpfen dieser Menschen vorgeht? Vielleicht wollen sie mich ja außer Gefecht setzen, indem sie mir etwas ins Essen tun oder mich im Schlaf überwältigen. Ich traue dieser Familie alles zu, deshalb kann ich nur gehen und Mustafa und die anderen Freunde einschalten.

Mit Tränen in den Augen packe ich meine Tasche und kann nur noch denken: *Ich muss hier weg, ich muss hier weg, ich muss hier weg.* Als Dunja sieht, dass ich in Richtung Wohnungstür gehe, stellt sie sich vor mich hin und schreit und weint: »Nicht weggehen, Mama! Wenn du weggehst, werde ich nie mehr essen und nie mehr trinken! Lass uns nicht allein, Mama!«

Es bricht mir das Herz, meine Tochter so zu sehen, aber ich weiß, dass die Situation, so wie sie sich jetzt entwickelt hat, völlig außer Kontrolle ist und dass ich im Augenblick nichts mehr tun kann. Ich bin erschöpft, mein Körper schmerzt, und ich bin nicht mehr in der Lage, normal zu denken. Allein kann ich nichts tun.

»Ich muss weg, Dunja, aber ich komme euch holen. Zusammen mit der Polizei komme ich wieder, um euch zu holen. Das verspreche ich.«

Mit diesen Worten verlasse ich die Wohnung. Und ich frage mich, wie ich um Himmels willen einen Weg aus der Situation finden soll.

Ich fand es unwahrscheinlich schön, zusammen mit Shirin eine Nacht bei Mama schlafen zu können. Erst war auch alles ganz lustig, als sie uns in die Badewanne steckte und danach wie früher mit Babyöl einrieb. Wir zogen auch neue Pyjamas an, die sie uns in Holland gekauft hatte. Es wurde immer wieder an die Tür geklopft, Mama rief dann, dass alle weggehen sollten, weil Shirin und ich schon schliefen. Aber am Anfang war das gar nicht so, wir haben erst noch mit Karten gespielt. Aber dann mussten wir doch schlafen, obwohl immer noch an die Tür geklopft und angerufen wurde. Wir haben, glaube ich wenigstens, gar nicht so viel geschlafen in der Nacht.

Am nächsten Morgen gingen wir nach unten, und da waren sehr viele Menschen. Als wir nach draußen kamen, standen überall Polizeiautos. Wir mussten einsteigen und fuhren in ein Büro, wo Mama und Papa mit allen möglichen Leuten sprachen.

Dann gingen wir alle in ein großes Hotel. Papa und Mama sprachen wieder miteinander, und Shirin und ich liefen herum. Wir riefen unten an und bestellten belegte Brote und Tee. Niemand passte auf uns auf, und deshalb konnten wir auch tun, wozu wir Lust hatten. Ich fand es unheimlich lustig. Im Badezimmer drehten wir alle Hähne auf, stellten den Föhn an und spielten mit den kleinen Shampooflaschen und Seifenstücken, die da herumlagen.

Aber als wir gefrühstückt hatten, mussten wir uns ruhig verhalten, sagte Mama. Ich setzte mich hin und hörte zu, was die Großen miteinander besprachen. Mama und Papa fingen wieder an zu streiten. Ich fand das immer sehr schlimm. Ich wollte ihnen immer wieder sagen, sie sollen damit aufhören. Ich begriff auch nie, warum sie sich stritten. Wir hatten eine Nacht bei Mama geschlafen, aber sie hatte uns doch gerade zurückgebracht?

Nach einer Weile fuhren wir in Nouras Wohnung. Ich

dachte, dass Mama da bleiben wollte, aber nach einer Weile ging sie doch wieder weg. Ich hatte große Angst, weil ich dachte, dass ich sie vielleicht nie mehr wieder sehen würde. Ich habe versucht, sie festzuhalten, und dachte: Wenn ich jetzt etwas ganz Schreckliches rufe, bleibt sie vielleicht doch. Darum rief ich, dass ich nie mehr essen und trinken würde, wenn sie wegginge. Ich dachte, dann bleibt sie – aber sie ging doch weg. Ich begriff das alles nicht und war sehr böse auf Mama. Aber vor allem war ich voller Kummer und Angst.

11

Begegnungen in Damaskus

Drei Tage später sitze ich wieder im Bus von Aleppo nach Damaskus. Ich habe Dunja und Shirin nicht mehr gesehen, seit ich Nouras Haus Hals über Kopf verlassen habe. Als ich an jenem Abend ins Hotel zurückkam, erlitt ich zum zweiten Mal in meinem Leben einen Anfall von Angina pectoris. Ich hatte das schon einmal in den Niederlanden durchgemacht, damals, als Hamid mich terrorisierte. Man hat Schmerzen im Bereich des Herzens, die so beklemmend sind, dass man kaum noch atmen kann. Wenn ich völlig niedergeschlagen bin, kann dies bei mir zu entsetzlichen Kopfschmerzen führen, genau so wie es bei anderen zu Magenschmerzen oder Migräne führt. Dann bleibt einem nichts anderes übrig, als absolut ruhig zu liegen und zu warten, bis der Anfall vorbei ist. Während dessen fühlt man sich, als erleide man gerade einen Herzinfarkt. Als ich im Hotel war und wieder so einen Anfall bekam, bat ich Mustafa, mich in ein Krankenhaus zu bringen.

Dort wurde ich dann eingehend untersucht, um festzustellen, ob es sich nicht doch um Herzrhythmusstörungen handelt. Schließlich konnte ich wieder gehen, musste aber versprechen, Ruhe einzuhalten. Im Hotel brachte Mustafa mich auf mein Zimmer, schaltete die Heizung an und sorgte dafür, dass ich ins Bett ging. Ich bin drei Tage dagelegen und habe schrecklich viel geschlafen. Zwischendurch habe ich ab und zu telefoniert, um meine Bundesgenossen, die ich nötig zu haben glaubte, auf dem Laufenden zu halten. Unter anderem auch mit Botschafter Van Buuren, der sich immer noch in Aleppo aufhielt. Wir sprachen lange über meine Situation, nachdem ich ihn über die weiteren Ereignisse jenes Tages informiert hatte. Er war zufrieden, dass ich die Dokumente nicht unterzeichnet habe, und versprach, die Angelegenheit weiterhin intensiv zu verfolgen, sobald er nach Damaskus zurückgekehrt war.

Auch meinen Vater rief ich an, um ihn zu bitten, nach Syrien zu kommen. Allein komme ich nicht weiter; ich habe auch Angst, dass ich nach dem Angina-Anfall den Streit nicht überlebe. Mein Vater versprach, so schnell wie möglich hierher zu kommen.

In den vergangenen Tagen habe ich auch immer wieder Noura angerufen. Ja, zwischen meinen Schlafperioden habe ich mich sogar zu den Wohnungen von Noura und Teta fahren lassen – doch Dunja und Shirin waren verschwunden. Noura sagte, sie hätte absolut keine Ahnung, wo die Kinder sein könnten, und bei Teta war keiner zu Hause. Ich habe dann immer wieder bei Noura angerufen, bis sie einfach nicht mehr abhob.

Gestern habe ich endlich wieder Laura gesprochen. Sie ist aus Jordanien zurückgekehrt und hat mich eingeladen, für ein paar Tage in die Hauptstadt zu kommen. Ich soll völlig abschalten und einfach nur Kraft tanken. Bei der Gelegenheit kann ich auch meinen Vater abholen, wenn es ihm gelingt, einen Flug nach Damaskus zu buchen.

Gestern Abend klopfte Mustafa plötzlich wieder an meine Zimmertür. Er machte sich Sorgen und wollte wissen, ob es mir inzwischen besser ginge. Er überredete mich, endlich mal wieder vernünftig zu essen. Mustafa war fest entschlossen, mich einen Abend lang abzulenken. Er hatte lauter kleine Leckereien für mich zubereitet und führte mich nach dem Essen in einen der überdachten *souks*, wo bis spät in die Nacht noch gearbeitet wird. Viele Händler waren damit beschäftigt, ihre Waren auszustellen, von allen Seiten erklang Musik, und alle schienen einfach nur fröhlich zu sein. Ich bekam Apfelsinensaft in die Hand gedrückt, und Mustafa überreichte mir ein Blümchen, das er irgendwo in einer Bude gekauft hatte. Er erzählte mir lustige Geschichten und schenkte mir neuen Mut. Der Abend hat mich enorm aufgebaut und mir die Kraft gegeben, weiterzumachen. Und heute sitze ich tatsächlich im Bus nach Damaskus.

Diese Fahrt habe ich bisher nur per Auto gemacht und bin deshalb sehr gespannt darauf, was mich erwartet.

Als allein reisende Frau setze ich mich immer gern vorn in den Bus. Als der Bus anrollt, steht ein Junge auf, der neben dem Fahrer sitzt. Er scheint eine Art Reisebegleiter zu sein, und seine erste Aufgabe ist es, mit einer Spraydose durch das Fahrzeug zu laufen, um »frische Luft« zu versprühen. Weil der Bus bis auf den letzten Platz besetzt ist und die Mitreisenden hauteng nebeneinander sitzen, riecht es in der Tat nicht sehr angenehm. Aber ob diese chemische Keule, Marke Kiefernduft, wirklich eine Verbesserung darstellt? Nachdem er seine Runde beendet hat, verteilt er Süßigkeiten und Wasser. Ich komme mir vor wie früher auf einer Klassenfahrt.

Nach zwei Stunden machen wir den ersten Zwischenstopp in Homs. Die ausgestiegenen Leute werden durch eine ganze Reihe neuer Passagiere ersetzt. Auf den Platz neben mir setzt sich eine unwahrscheinlich dicke Frau, die mich fast am Fenster zerquetscht. Wieder macht der

Busbegleiter seine Runde mit der Spraydose. Ich fühle mich zunehmend eingeengt und sehe mich um, ob irgendwo anders ein freier Platz ist, auf dem ich mehr Bewegungsfreiheit habe. Aber der Bus ist voll, also muss ich auf meinem Platz sitzen bleiben und kann nur hoffen, dass die Fahrt so schnell wie möglich zu Ende geht.

Es beginnt jetzt auch noch zu schneien, und ich beobachte den Fahrer noch schärfer als vorhin. Ich bin sowieso keine große Anhängerin des öffentlichen Verkehrswesens, und in einem Land wie diesem kommen mir schnell Visionen von Bussen, die in Schluchten stürzen. Doch der Fahrer steuert den Bus einwandfrei, während er sich eine Zigarette nach der nächsten ansteckt.

Ich lehne mich nach vorne und frage ihn, wann wir wieder anhalten, denn ich muss zum WC und will was essen. Er gestikuliert mit den Händen, ich müsse noch ein bisschen warten. Da ich ihn schon einmal angesprochen habe, denkt er, ich sei an ihm interessiert und starrt mich in seinem Rückspiegel an. Nach einer Weile dreht er seinen zweiten Spiegel so, dass er mich voll und ganz unter Beobachtung hat. Ich denke nur, lass ihn, die Fahrt hat ohnehin bald ein Ende. Als wir schließlich anhalten, laufe ich aus dem Bus und suche das WC. Als ich es gefunden habe, beschließe ich, noch ein paar Stunden zu warten – dieses hier ist wirklich zu dreckig.

Ich klettere also wieder in den Bus, und als ich beim Fahrer vorbeikomme, packt er mich am Handgelenk und fragt, ob ich sein Essen mit ihm teilen wolle. Laura hatte mich früher schon gewarnt: Iss nichts unterwegs, außer eingeschweißte Lebensmittel, denn du weißt nie, was es ist. Und man fängt sich leicht eine Krankheit ein. Ich bedanke mich freundlich und nehme nur eine Tasse Tee von ihm an.

Wir setzen unsere Reise fort und kommen nach zwei Stunden in Damaskus an. Als ich mit meinem Koffer aus dem Bus steige, drückt mir der Fahrer einen Zettel mit seiner Telefonnummer in die Hand. Ich lache herzlich und begebe mich auf die Suche nach einem Taxi.

Noch auf dem Busbahnhof werde ich von Taxifahrern umringt, die mich fragen, wohin ich will. Ich wähle den ruhigsten von allen aus, um mich zur Botschaft bringen zu lassen.

Inzwischen ist es halb fünf, und die niederländische Vertretung ist schon geschlossen. Vor dem Eingang steht ein Wachposten und sagt mir, alle seien bereits gegangen. Ich sage ihm, ich habe eine Verabredung mit Laura, also sei die vermutlich noch da. Er ruft verschiedene Telefonnummern in der Botschaft an, aber keiner hebt ab. Schließlich gehe ich in einen Laden direkt um die Ecke und rufe von da Lauras Handynummer an. Sie meldet sich sofort, sagt, dass sie noch in der Botschaft sei, aber die Anrufe nicht gehört habe. Sie holt mich am Eingang ab.

Nach der Begrüßung erzählt sie mir, dass sie ein gutes Hotel für mich gebucht hat. Ich bin froh, sie wieder zu sehen, und glücklich, wieder Niederländisch sprechen zu können. Laura hält es für eine ausgezeichnete Idee, dass mein Vater kommen will. Ich frage sie, ob ich ihn von der Botschaft aus anrufen kann. Sie führt mich in einen anderen Raum und sagt, ich solle anrufen, wen ich wolle.

Ich rufe meinen Vater an, der ein Flugticket für den nächsten Tag gekauft hat. Ich bin unheimlich froh: Morgen ist mein Vater hier! Er soll abends ankommen und wohnt im gleichen Hotel wie ich. Laura sagt mir, dass sie nach dem Wochenende zusammen mit uns nach Aleppo fahren würde, um zu sehen, wie wir die Sache vorantreiben können.

Laura bringt mich ins Hotel und zeigt mir dann ein wenig von seiner Umgebung. Sie sagt mir, wo die wirklich guten Restaurants sind und wo ich schöne Geschäfte finde. Als sie geht, ruft sie mir noch zu: »Gönn dir einfach mal was Gutes, Malika, genieße deinen Aufenthalt. Vergiss alles andere. Im Augenblick kannst du sowieso nichts tun. Morgen reden wir weiter.«

Als sie weg ist, gehe ich auf mein Zimmer und denke: Genießen? Kann ich mir jetzt was Gutes gönnen? Ich fühle mich plötzlich unwahrscheinlich klein und hilflos und beschließe, meine Tasche auszupacken und dann eine warme Dusche zu nehmen. Danach gehe ich nach draußen.

Ich laufe durch die Straßen und bleibe vor einem Libanesischen Restaurant stehen. Was immer man über Teta sagen konnte – ihre Kochkünste habe ich in guter Erinnerung. Ich mache mir klar, dass ich in den letzten Tagen so gut wie gar nicht gegessen habe, und gehe hinein. Ich werde mir vielleicht einen leckeren libanesischen Vorspeisenteller gönnen.

Ich starre auf die Menükarte an der Wand, während ein Ober telefoniert. Als er das Gespräch beendet hat, kommt er zu mir und fragt mich, ob er mir helfen kann. Ich sage ihm, dass ich Hunger habe und auf der Speisekarte lauter köstliche Sachen sehe, die ich seit Jahren nicht mehr gegessen habe. Er führt mich zu einem Tisch und holt was zu trinken. Als er wiederkommt, fragt er mich, ob ich vielleicht Libanesin bin, weil ich die Speisen so gut kenne. Ich lege ihm dar, woher ich komme, und sage ihm – wahrheitsgemäß –, dass ich eine libanesische Schwiegermutter hatte. Er erzählt mir, er sei aus dem Libanon und heiße Rachid. Nachdem auch ich meinen Namen genannt habe, fragt er, was mich nach Damaskus bringt. Wenn mich einer, dem ich bisher noch nicht begegnet bin, so fragt, antworte ich üblicherweise, dass ich für die niederländische Botschaft arbeite. Jetzt jedoch – ich weiß nicht, warum – platzt es aus mir heraus: »Meine Kinder wurden entführt!«

Er fährt zusammen und sagt: »Mein Gott, wie schrecklich! Wie lange sind sie schon weg? Und wer hat das getan?«

»Schon zehn Monate. Es war ihr Vater.«

»Oh, glücklicherweise der Vater«, sagt Rachid, als ob das die Sache weniger schlimm macht. Ich finde seine Reaktion völlig unangemessen und sage: »Warum erzähle ich das eigentlich? Ich kam nur hierher, um was zu essen.«

Ich bestelle einen großen Teller und falle über all die herrlichen Sachen her. Ich genieße das opulente Essen und plaudere mit Rachid und den anderen Mitarbeitern des Restaurants. Während der Mahlzeit blicke ich zufällig in Richtung der Eingangstür und sehe, wie zwei Leute hereinkommen. Ich traue meinen Augen kaum: Es sind Sheila und Yann, das nette Paar aus dem Flugzeug. Als sie mich sehen, kommen sie sofort auf mich zu. Wir begrüßen uns und fangen sofort eine Unterhaltung an. Sie fragen mich, in welchem Hotel ich untergekommen bin, und geben mir noch einmal ihre Telefonnummer, denn die, welche sie mir bei unserer ersten Begegnung aufgeschrieben hatten, habe ich dummerweise inzwischen verloren.

Ich bin sehr glücklich, dass ich heute Abend hier in Damaskus drei wundervolle Menschen getroffen habe. Das lindert mein Gefühl der Einsamkeit doch ganz gewaltig. Nach dem Essen bitte ich Rachid um die Rechnung und unterhalte mich noch eine Weile mit ihm. Er bittet mich ganz inständig, doch auch morgen wieder in sein Lokal zu kommen.

Ich kehre in mein Hotel zurück und rauche auf meinem Zimmer eine Zigarette. Nach ein paar Minuten wird mir plötzlich übel. Ich hatte in den letzten Tagen so gut wie nichts gegessen, und nun habe ich mich wie eine Verrückte voll gestopft. Mein Magen protestiert heftig, und ich renne ins Badezimmer. Den Rest der Nacht bin ich sterbenskrank und schlafe erst gegen Morgen ein.

Ich werde am späten Vormittag wach und fühle mich noch immer schwach und übel. Ich rufe Laura an, um ihr zu sagen, dass ich nicht heute, dafür aber morgen zusammen mit meinem Vater in die Botschaft komme. Weil mir klar ist, dass ich was essen muss, bestelle ich beim Zimmerservice Suppe und Brot. Glücklicherweise kann ich das bei mir behalten. Ich setze mich auf das Bett und warte auf meinen Vater. Dabei blättere ich holländische Zeitschriften durch, die Laura mir gegeben hat. Um sechs Uhr ruft mein Vater aus Amsterdam an und erzählt mir, sein Flugzeug starte erst später, und deshalb komme er auch erst am nächsten Morgen an. Natürlich bin ich schwer enttäuscht – noch eine ganze Nacht warten. Ich fühle mich ihm gegenüber aber auch schuldig. Er hatte gehofft, in ein paar Stunden hier zu sein, und nun muss er die halbe Nacht lang auf dem Flughafen die Zeit tot schlagen. Ich hoffe nur, dass das schlechte Wetter, das für die Verspätung verantwortlich ist, sich schnell so weit bessert, dass er bald starten kann.

Nachdem ich den Hörer aufgelegt habe, überlege ich mir, was ich machen soll. Nach der Magenverstimmung der letzten Nacht habe ich Bedenken, wieder ins Restaurant von Rachid zu gehen. Mir ist auch jeglicher Appetit vergangen. Ich denke an die letzten Worte, die Dunja mir zugerufen hat: »Ich werde nie mehr essen, nie mehr trinken!« Wie mag es ihr gehen? Wo sind die Kinder jetzt? Halten sie den Druck weiterhin aus? Ich mache mir vor allem um Dunja Sorgen. Ich fürchte, sie nähert sich allmählich einem Nervenzusammenbruch, wie ich ihn auch schon mal durchgemacht habe.

Ich blättere in meinem Kalender und stoße auf eine Telefonnummer. Derjenige, der sie mir gegeben hat, bat mich dringend darum, seinen Namen niemals preis zu geben. Er hat sehr gute Gründe dafür, und die will ich auch respektieren. Es ist die Telefonnummer von John, einem englischen Arzt, der seit zwanzig Jahren in Syrien wohnt, genau genommen ein Stück außerhalb der Küstenstadt Latakia. Er kennt das Land, seine Bevölkerung und seine Gesetze wie kein anderer, zumal er auch mit einer syrischen Frau verheiratet ist. Mehr als ein Mal hat er Ausländern, die hier in Schwierigkeiten gerieten, zur Flucht aus dem Land verholfen. Ich rufe ihn an, um mit einem anderen die Sorgen um meine Töchter zu teilen.

Als das Telefon klingelt, nimmt er sofort ab. Seine Stimme klingt freundlich, und ich erzähle ihm, wer ich bin, und frage ihn, ob er mir helfen kann. Ich möchte so gerne, dass jemand mit Dunja spricht, sie untersucht und nachschaut, ob sie das alles noch durchsteht. Er antwortet mir, dass er gerne helfen will, vorläufig aber nicht in die Gegend von Aleppo kommt. Wenn ich die Mädchen mal bei mir habe, bin ich herzlich eingeladen, ihn zu besuchen. Er wohne in einem größeren Gebäudekomplex, der früher mal als Unfallkrankenhaus gedient hat. Jeder, der will, könne dort gerne wohnen. Es gäbe genug Platz, und eigentlich seien immer ein paar Leute da, die auf der Durchreise bei ihm zur Ruhe kommen wollten. Außerdem könne ich ihn zu jeder Zeit anrufen, und er selbst würde auch darüber nachdenken, wie er meinen Töchtern helfen könne.

Mein Gespräch mit ihm dauert sehr lange. Ich bin froh, meine Geschichte wieder einmal losgeworden zu sein. Er hört geduldig zu und lässt mich reden. Ich verspreche ihm, ihn über die aktuellen Entwicklungen auf dem Laufenden zu halten, und nehme mir selbst vor, das nächste Mal, wenn ich aus Aleppo raus muss, statt ins bedrückende Damaskus zu John zu fahren. Latakia ist schließlich nur zwei Busstunden von Aleppo entfernt, das schafft man leicht. Die Unterhaltung mit John war so vertrauensvoll und wunderschön, dass ich mir sicher bin, einen neuen Freund dazugewonnen zu haben.

Als das Telefon klingelt, denke ich, es ist mein Vater. Doch es ist Sheila, die mich fragt, ob ich Lust hätte, mit ihr, Yann und ein paar Freunden von ihnen durch die Stadt zu ziehen. Ich lehne zunächst einmal ab, denn ich fühle mich noch nicht fit genug. Aber sie ist hartnäckig, und auch Yann kommt ans Telefon, um mich zu überzeugen. Ich denke: Warum eigentlich nicht? Was soll ich schließlich hier im Hotel anfangen? Schlafen kann ich doch nicht, und vielleicht ist das ja eine gute Ablenkung. Wir verabreden, dass sie mich in einer Stunde im Hotel abholen.

Ich ziehe mich um und will noch schnell bei Rachid vorbeischauen. Er begrüßt mich mit einem herzlichen Lächeln, und ich erzähle ihm von meinem Unwohlsein in der letzten Nacht. Er fühlt sich entsetzlich schuldig und glaubt, es hätte etwas mit dem Essen zu tun gehabt. Doch ich kann ihn beruhigen: Es war nicht das Essen. Ich verspreche ihm, dass ich morgen wiederkomme.

Ich gehe zurück ins Hotel, und kurz darauf kommen Sheila, Yann und ein Bruder von Yann. Sheila ist viel jünger als ich, doch sie macht einen sehr reifen Eindruck auf mich.

Wir nehmen uns ein Taxi und fahren in einen Nachtclub in einem Nobelhotel. Als wir den Club betreten, denke ich: Das war ein Schuss in den Ofen! Ich fühle mich vom ersten Augenblick an entsetzlich fehl am Platz. Sheila läuft sofort zur Bar und bestellt eine Reihe Drinks. Sie macht eindeutig den Eindruck, dass sie sich heute viel vorgenommen hat. Im Laufe des Abends kippt sie einen Tequila nach dem anderen in sich hinein und ist pausenlos auf der Tanzfläche. Ich selbst sitze auf einem Stuhl am Rande des Geschehens und beobachte die Menschen, die sich hier herumtreiben.

Auf der Tanzfläche sind nur arabische Frauen, aber nicht diejenigen, die man tagsüber in den Straßen sieht. Diese Frauen hier sind unheimlich aufgedonnert und tragen wundervolle Kleider, viel Glitzerschmuck, Halsketten, Armbänder, Ohrglöckchen und zentnerweise Make-up. Ohne Ausnahme tragen sie ihr Haar offen, das ihnen oft genug bis zum Gesäß reicht. Ich bin mir sicher, dass die Hälfte dieser Frauen als Prostituierte arbeiten. Am Rande der Tanzfläche schauen Männer verzückt den tanzenden Frauen zu.

Ich fühle mich von Minute zu Minute unwohler. Ich will hier raus, doch ich will auch kein Spielverderber sein. Endlich, nach ihrem x-ten Tequila, habe ich Sheila so weit, dass wir gehen. Wir gehen nach draußen, und Sheila ruft immer wieder: »Ich bin nicht betrunken! Ich bin nicht betrunken!« Gleichzeitig läuft sie frontal gegen eine Straßenlaterne. Wir setzen sie in ein Taxi und fahren zu meinem Hotel, wo ich aussteige. Ich war noch nie so froh, wieder ins Bett gehen zu können.

Das Ganze war eine Aktion, die völlig danebenging.

Von Ablenkung keine Spur! Sheila und Yann genießen hier ihren Urlaub, aber ich bin aus ganz anderen Gründen hier. Wie hatte ich glauben können, dass dieser Abend mir gut tun würde? Aber immerhin habe ich auch diese Seite des Landes kennen gelernt. Hamid soll nicht noch einmal klagen, dass der Westen so unendlich verdorben ist und alle Frauen Huren sind.

Am nächsten Morgen weckt mich das Klingeln des Telefons. Mein Vater ruft mich an – er ist noch immer in den Niederlanden. In Amsterdam herrscht ein derartiges Unwetter, dass der Flug gestrichen wurde. Er sitzt ohne sein Gepäck – das wurde schon eingecheckt – in einem Hotel bei Schiphol und muss abwarten, wann wieder ein Flugzeug in dieses Land fliegt.

Es dauert schließlich drei Tage, bis mein Vater in Damaskus landet. Er wurde von Beirut aus nach Mailand zurückgeschickt, bekam dann dort einen Flug hierher, musste aber erneut eine Verspätung in Kauf nehmen. Ich glaube inzwischen fast, dass irgendeine höhere Macht verhindern will, dass er mir hilft. Die ganze Welt ist gegen mich, denke ich, Rückschläge sind mein täglich Brot. Meine Angst wächst, dass bei den vielen Flügen, zu denen mein Vater jetzt gezwungen ist, irgend etwas passieren könnte. Wenn er vielleicht abstürzt... Ich werde immer ängstlicher und kann nur noch beten, dass er mit heiler Haut Damaskus erreicht.

Zwischen dem Warten und den Phasen meiner beklemmenden Angst gehe ich ab und zu mit Laura was essen. Verschiedene Male kehren wir bei Rachid ein, meist nur, um die Zeit tot zu schlagen. Zusammen mit ihr besuche ich auch Samir, meinen Rechtsanwalt. Er lehnt jedoch jedes Gespräch mit mir ab, solange nicht mein Vater dabei ist. Er hat inzwischen gemerkt, dass er seine Honorare bezahlt und nicht ich.

Dann, am Sonntagabend, kommt mein Vater endlich in Syrien an. Er bucht sofort ein Hotel und geht ins Bett. Am Montagmorgen sehen wir uns endlich. Sein Gepäck ist wegen der vielen Umbuchungen noch nicht angekommen, und so sind wir erst einmal damit beschäftigt, seinen Koffern nachzuspüren.

Als wir das geschafft haben, gehen wir zu Rachid essen. Er hat in den letzten Tagen viel von meinem Vater gehört und freut sich, ihn nun endlich kennen zu lernen. Zu dritt sprechen wir lange über meine Situation und was wir tun können, um Dunja und Shirin zurückzuholen. Rachid ist in den vergangenen Tagen mein Vertrauter geworden, der sich sehr betroffen gezeigt hat und mir mehr als einmal sagte, er würde mir helfen. Er erzählt meinem Vater, er könne die Mädchen aus dem Land schmuggeln. Er habe entsprechende Kontakte und wäre persönlich bereit, das Risiko einzugehen. Mein Vater hält nichts von dieser Idee, will Rachid aber auch nicht vor den Kopf stoßen. Er sagt, wir müssten erst alle legalen Möglichkeiten ausschöpfen, um Dunja und Shirin wieder in die Niederlande zu bringen.

Am nächsten Tag gehen mein Vater und ich zu Samir. Die ganze Nacht bin ich wieder wach gewesen und habe nur an die Worte von Rachid denken können: »Ich kriege die Kinder aus diesem Land heraus, *piece of cake.*« Es würde nur ein paar tausend Gulden kosten.

Ich werde den Gedanken nicht mehr los. Im Taxi, auf dem Weg zu Samirs Büro, spreche ich meinen Vater erneut darauf an. Er will nichts mehr davon hören, vertraut

Rachid nicht, denkt, er wolle uns nur Geld abknöpfen. Doch ich behalte diese Möglichkeit durchaus im Hinterkopf. Außerdem gibt es ja auch noch John, der mir gesagt hat, er wolle mir helfen. Ich beschließe, dass ich – sobald sich eine günstige Gelegenheit bietet – nach Latakia fahren werde, um mit ihm über das Ende der Gefangenschaft meiner Töchter in diesem Land zu reden.

Von Samir hören wir erneut, was wir schon seit Monaten hören: Es kann sich noch zwei Jahre hinziehen, ich sollte eine Wohnung in Syrien suchen, mich an die Gesetze des Landes halten und sehr viel Geduld haben. Ich halte es nicht mehr aus. Ich habe genug von diesem Mann. Als er meinem Vater sagt, er benötige nochmals zweitausend Dollar, frage ich ihn, wofür. Schließlich hat er bis jetzt nichts für uns erreichen können, was macht er mit dem Geld? Er sagt, er brauche es für beglaubigte Kopien von Dokumenten, für seine Telefonkosten und diverse Portoauslagen.

Mein Vater zieht einen Scheck hervor, doch ich halte ihn zurück: »Samir, Sie kriegen noch fünfhundert Dollar von uns, für alle Auslagen, die Sie angeblich gehabt haben. Aber dann sind wir quitt. Ich will nichts mehr mit Ihnen zu tun haben; ich nehme mir jetzt einen anderen Anwalt.«

Samir fragt mich, ob Laura das weiß und ob sie das richtig findet. Ich erwidere ihm, dass ich es ihr gleich sagen werde und dass ihre Meinung hier nicht zählt. Ich werde mir einen anderen Anwalt suchen, und damit Schluss! Ich verlasse mit meinem Vater die Kanzlei.

Eine Stunde später bin ich mit meinem Vater, Laura und einem Chauffeur in einem Wagen der Botschaft auf dem Weg nach Aleppo. Mein Vater und Laura sind sich zum ersten Mal begegnet. Ich habe ihr berichtet, dass ich nichts mehr mit Samir zu tun haben will, und sie hat kaum darauf reagiert. Ich fand das in Ordnung. Von nun an werde ich das machen, was mir richtig erscheint. Sie unterhält sich während der Fahrt hauptsächlich mit meinem Vater, während ich eine holländische Zeitung lese, die in dem Auto lag.

Auf einmal sehe ich dort ein Foto von dem niederländischen Staranwalt Bram Moszkowicz. Halb im Spaß sage ich zu meinem Vater: »Den hätten wir einschalten sollen, dann wären Dunja und Shirin schon lange wieder zurück!« Laura, die vorne sitzt, dreht sich um und reagiert gereizt: »Das ist eine sehr blöde Bemerkung, Malika. Du weißt, dass Samir sehr hart arbeitet, aber die Dinge laufen in diesem Land nun einmal nicht so ab, wie du es gewöhnt bist.« Ich wiederhole, dass Samir offensichtlich nicht bereit ist, mir wirklich zu helfen, dass er immer noch nichts erreicht hat, aber ständig die Hand aufhält. Zum ersten Mal sind Laura und ich nicht einer Meinung.

Sie sagt, dass ich mir selbst in Aleppo einen Anwalt suchen muss. Ich antworte: »Das scheint mir wirklich eine gute Idee zu sein. Denn wo war Samir in der Nacht, als Dunja und Shirin bei mir geschlafen haben? Wo, als ich beinahe festgenommen worden wäre? Wo, als ich in Nouras Wohnung festgehalten wurde? Hamids Anwalt war dabei. Ich suche jetzt jemanden, der bereit ist, Tag und Nacht an meiner Seite zu kämpfen.«

Laura und ich sind beide sehr irritiert, denn bis jetzt hatten wir uns noch nicht gestritten. Den Rest der Fahrt verbringen wir schweigend.

Bei der Ankunft in Aleppo haben wir uns wieder beruhigt. Stillschweigend sind wir übereingekommen, dieses Problem vorläufig nicht mehr anzusprechen. Laura setzt uns am Hotel Baron ab. Sie selbst steigt in einem anderen, von der Botschaft bezahlten Hotel ab. Zum Abschied sagt sie: »Ruh dich erst einmal aus, Malika. Dein Vater ist da und morgen gehen wir alle zu Dunja und Shirin.« Dann umarmt sie mich und fährt weg.

Mein Vater und ich gehen über die Treppe vor dem Haupteingang ins Hotel.

12

Bashir und die Männer in Grün

Im Hotel Baron werden mein Vater und ich herzlich begrüßt. Jeder dort ist glücklich, *hadj* Kaddour wieder zu sehen. Mustafa stürzt sofort auf uns zu, heißt meinen Vater respektvoll willkommen und umarmt mich. Er ist mir inzwischen zu einem zweiten Vater geworden. Man serviert uns Kaffee, und wir unterhalten uns ein bisschen. Mein Vater möchte, dass ich erst einmal ausschlafe, damit ich am nächsten Tag, wenn wir zu Dunja und Shirin gehen, ausgeruht bin. Doch ich will nicht schlafen, ich will sofort zu den Kindern. Glücklicherweise gelingt es mir, Mustafa und meinen Vater zu überreden, und zu dritt fahren wir zu Nouras Haus.

Während Mustafa im Auto sitzen bleibt, gehe ich mit meinem Vater nach oben. Weil mein Vater dabei ist, lässt Noura uns sofort in die Wohnung. Sie begrüßt ihn und versucht, mir einen Kuss zu geben.

»Bitte, Noura, rühr mich nicht an«, ist meine Reaktion darauf. Mein Vater versucht, die Situation zu entspannen, und sagt, ich soll ruhig bleiben.

»Wieso das?«, frage ich. »Vor einer Woche wurde ich hier fest gehalten. Ich durfte nicht weg, und sie versuchte, mich zu schlagen. Und jetzt soll ich ruhig bleiben? Sie soll uns erst einmal sagen, wo meine Töchter sind.«

Mein Vater unterhält sich mit Noura, die alles, was vorige Woche geschehen ist, mit einem Lachen herunterspielen will und auf seine Fragen nur ausweichende Antworten gibt. Ich gehe in das andere Zimmer, wo die kleine Eileen zwischen den Stofftieren meiner Kinder auf einer Bank sitzt und fernsieht.

»Wo sind Dunja und Shirin?«, frage ich sie.

Sie guckt mich an, als wenn sie mich nicht versteht. »*Mabaref* – ich weiß nicht.«

»Wo sind Dunja und Shirin?«, wiederhole ich. »Sind sie bei Teta?« Eileen schüttelt den Kopf.

»Sind sie bei Amu Fareed?«, bohre ich weiter nach.

»Ja«, antwortet Eileen und nickt.

»Sie sind bei Amu Fareed«, rufe ich meinem Vater zu. »Frag die Hexe, wo er wohnt. Frag nach der Telefonnummer.«

Noura tut so, als wüsste sie von nichts. Sie behauptet, ihre kleine Tochter plappere nur so daher. Auf dem Tisch liegt Nouras Adressbuch. Wenn ich das an mich bringen kann, wird Mustafa schnell die Adresse von Amu Fareed für mich herausfinden. Aber ich habe keine Begabung zum Diebstahl, und Noura bemerkt, dass ich nach dem Buch sehe. Sie steckt es schnell in eine Schublade und fängt wieder an, den Friedensengel zu spielen: »Versöhne dich mit Hamid. Er liebt dich doch.«

»Sprich den Namen nicht mehr aus, Noura. Mir wird schlecht, wenn ich diesen Namen höre. Mein Vater und ich gehen nun. Wir wissen, wo meine Töchter sind, und werden als Nächstes die Adresse und Telefonnummer von Amu Fareed herausfinden.«

Mustafa setzt uns wieder beim Hotel ab und fährt dann nach Hause. Mein Vater ist müde und geht auf sein Zimmer, um zu schlafen. Ich setze mich in die Lobby und überlege, wie wir an die Adresse von Amu Fareed kommen können. Und plötzlich fährt mir ein Gedanke durch den Kopf: *Ali!* Der weiß bestimmt, wo Amu wohnt, und er hat schon mehr als einmal bewiesen, dass er für Geld alles tut. Doch Ali spricht kein Englisch, und seinen arabischen Dialekt verstehe ich wiederum nicht. Also muss ich jemanden bitten, ihn anzurufen, damit er hierher kommt.

In diesem Moment kommt Monsieur Salem, der Hotelbesitzer, in die Lobby. Er setzt sich zu mir und fragt, wie es mir geht. Ich schildere ihm meine Situation und frage ihn, ob er Ali für mich anrufen will. Das tut er auch, doch Ali weigert sich, ins Hotel zu kommen. Er hat eindeutig Angst, dass ich das Geld, das er von meinem Vater erschwindelt hat, zurück haben will. Obwohl ich ihm durch Monsieur Salem versichern lasse, dass es mir nicht um das Geld geht, bleibt er zurückhaltend. Er weiß nichts, und er will auch nichts wissen, sagt er. Ich frage mich, was da gespielt wird, muss aber schließlich resignierend klein beigeben.

Inzwischen ist es halb zwölf geworden, und ich gehe auf mein Zimmer. Dort blättere ich in meinen Notizen und sehe mir die Telefonnummern an, die ich mir in letzter Zeit aufgeschrieben habe. So stoße ich auch auf die Adressen, die mir Karina in Amsterdam gegeben hat. Von den Niederlanden aus hatte ich bereits Kontakt mit diesen Männern aufgenommen. Sie erzählten mir damals, dass sie für geheim operierende Organisationen arbeiteten und dass ich sie jederzeit anrufen könne, wenn ich nach Syrien komme. Dann würden sie sofort Kontakt zu mir aufnehmen und mir helfen. Bisher habe ich davon noch keinen Gebrauch gemacht, weil mir die ganze Geschichte zu zwielichtig schien, doch mittlerweile hat sich meine Haltung dazu verändert. Ich habe mir vorgenommen, von allen mir zur Verfügung stehenden Möglichkeiten Gebrauch zu machen. Deshalb werde ich diese Leute jetzt auch anrufen.

Ich wähle die Nummer und kriege Ramesh an den Apparat. Mit ihm habe ich früher schon einmal gesprochen. Ich sage ihm, dass ich in Aleppo bin und seine Hilfe brauche. Da er auch hier wohnt, bietet er mir an, sofort ins Hotel zu kommen, um mit mir über die Situation zu sprechen.

Keine halbe Stunde später sitze ich mit Ramesh in der Lobby. Es macht ihm offensichtlich nichts aus, dass es mitten in der Nacht ist. Er verspricht mir, dass er alles für mich regeln will. Er wird einen neuen Anwalt für mich suchen und sagt mir zu, dass ich Dunja und Shirin so schnell zurückbekommen werde, dass ich Shirins fünften Geburtstag am fünften Februar bereits zusammen mit den Kindern feiern kann. Er will natürlich dafür kassieren. Da ich in diesem Land an nichts anderes gewöhnt bin, versichere ich ihm, dass es kein Problem mit dem Geld geben wird. Er verspricht mir, mit einem guten Anwalt zurückzukehren.

In dieser Nacht schlafe ich endlich mal wieder gut. Um sieben Uhr morgens werde ich durch das vertraute *Allah akhbar*, den Gebetsaufruf aus der Moschee, geweckt, der hier fünf Mal am Tag über die Straße schallt. Ich dusche, ziehe mich an und setze mich hin und lese, um die Zeit, bis mein Vater auch wach ist, zu überbrücken. Viertel vor acht klingelt das Telefon. Der Anruf kommt von meinem Vater, der bereits in der Lobby ist: »Komm nach unten, Malika, du ahnst nicht, wer hier sitzt!«

Ich gehe nach unten und sehe meinen Vater mit einem kleinen, mickerigen Männchen mit verschlagenem Blick zusammensitzen. Mein Vater stellt ihn mir vor: Es ist Ali. Das also ist er, denke ich, der Neffe Hamids, der für ein paar Cent alles und jeden verrät. Offensichtlich hat er es sich wieder überlegt und braucht Geld. Meinen Vater als Dolmetscher einsetzend, frage ich ihn, ob er uns die Adresse von Amu Fareed geben kann. Er windet sich zunächst, doch als ich fünfhundert syrische Lire zücke, knickt er ein. Er wird uns das gesuchte Haus zeigen, aber wir müssen ihm versprechen, nicht zu sagen, woher wir diese Information haben. Wir gehen darauf ein und rufen Mustafa an, damit er uns dorthin bringt.

Im Auto Mustafas blickt sich Ali immer wieder nervös um. Er sagt Mustafa, wo er fahren soll, während ich nach draußen schaue. Dies ist wieder ein Viertel der Stadt, in dem ich noch nicht gewesen bin. Statt ständig in neue Gassen einzubiegen, fahren wir einen Hügel hoch und den nächsten runter. Nach einer halben Stunde sagt Ali, Mustafa solle anhalten. Er zeigt auf ein Gebäude auf der anderen Straßenseite, auf der Kuppe des Hügels. »Da ist es«, sagt er, »da wohnt Amu Fareed.«

Das Haus ist grau und verwahrlost. Aus allen Fenstern hängen Wäschestücke, doch sonst ist kein Lebenszeichen zu entdecken. Ich frage Ali, ob dies hier wirklich die richtige Adresse ist, und er bestätigt es mir. Auf der zweiten Etage wohnt Amu Fareed mit seiner Familie. Ali bittet uns, ihn ein paar Straßen zurückzubringen, damit keiner aus der Verwandtschaft ihn in unserer Begleitung sieht. Wir erfüllen seinen Wunsch, ich gebe ihm sein Geld, und wir fahren zurück zum Haus auf dem Hügel.

Wir klopfen an die Tür der Wohnung, die Amu Fareeds sein muss. Sein kleiner Sohn öffnet. Ich frage ihn, wo seine Mutter ist, und er antwortet, bei der Nachbarin, Kaffee trinken. Während er nach oben läuft, um sie zu holen, schlüpfe ich in die Wohnung. Ich sehe mich schnell um und entdecke, dass die Tür zum Schlafzimmer offen steht. Ein Baby liegt da und schläft. Schnell schaue ich unter das Bett und in den Schrank, um zu sehen, ob Dunja und Shirin irgendwo versteckt sind.

Inzwischen ist Roua, die Frau von Amu Fareed, nach unten gekommen. Mit einer Zigarette in der Hand steht sie im Wohnzimmer und tut so, als wäre sie völlig überrascht, mich zu sehen. Sie beginnt, uns ausführlich zu begrüßen.

»Wo sind Dunja und Shirin?«, unterbreche ich sie.

»Dunja und Shirin? Das weiß ich nicht. Ich schwöre dir, dass ich die beiden schon seit Wochen nicht mehr gesehen habe«, entgegnet Roua. Ich stehe in der Zweizimmerwohnung und versuche, mir die Situation vorzustellen: Amu Fareed, Roua, ihre vier Kinder, Dunja, Shirin und Teta – zu neunt haben sie hier in dem kleinen Loch gesessen.

»Ach nein«, sage ich zu ihr, »du weißt sehr gut, wo sie sind. Sie waren hier. Sag schon, wo sind meine Töchter jetzt?« Roua wiederholt, dass sie es nicht wisse, dass sie nicht hier gewesen sind, dass sie sowieso immer Streit mit Teta habe und sie gar nicht erst in ihre Wohnung lassen würde. Ich schaue mich noch mal in der Wohnung um und entdecke nicht eine Spur von meinen Töchtern. Hier sind sie nicht – und doch kann ich ihre Anwesenheit fast körperlich spüren! Wahrscheinlich hat Noura die Fareeds gewarnt, dass wir unterwegs sind, und sie haben meine Mädchen schnell woanders hingebracht. Ich frage die kleine Tochter Amu Fareeds, die in der Türöffnung steht, ob Dunja und Shirin hier gewesen sind. Sie blickt zu ihrer Mutter und bleibt stumm. Hier kommen wir nicht weiter, sage ich mir. Wir gehen wieder nach unten und fahren zurück ins Hotel. Aber ich habe das Gefühl, dass wir auf der richtigen Fährte sind.

Als wir das Hotel betreten, wartet bereits Ramesh mit zwei seiner Freunde auf uns. Er stellt sie meinem Vater und mir vor und sagt, sie drei hätten eine Weile in Deutschland gelebt und seien nun nach Syrien zurückgekommen, um für den Geheimdienst zu arbeiten. Sie fragen uns noch mal, ob wir es ernst mit ihrem Hilfsangebot meinen. Der Bericht über ihre geheimdienstlichen Aktivitäten beeindruckt sowohl meinen Vater als auch mich, und wir bestätigen unser Interesse an ihrer Hilfe. Siehe da, denke ich, heute läuft ja alles wie geschmiert. Ramesh fragt, ob wir immer noch einen neuen Anwalt haben wollen. Übermorgen soll wieder eine Sitzung des hiesigen Vormundschaftsgerichts stattfinden, und ich habe Samir den Fall entzogen. Ein neuer Anwalt ist also kein übermäßiger Luxus. Einer von Nadirs Freunden ruft seinen Schwager Bashir an, der ein ungewöhnlich guter Rechtsanwalt sein soll.

Als Bashir eine Viertelstunde später in die Lobby kommt, muss ich fast laut lachen: Er könnte vom Aussehen ein jüngerer Bruder des niederländischen Staranwalts Bram Moszkowicz sein! Der Tag ist gerettet. Er spricht nur gebrochen englisch, und deshalb unterhalte ich mich – ähnlich fehlerhaft – auf Arabisch mit ihm, wobei mein Vater und Ramesh manchmal mit Wörtern nachhelfen müssen. Ich erzähle die ganze Geschichte, und er sagt, dass er meinen Rechtsanspruch vertreten will. Er wird am Donnerstag meinen Fall vor dem Gericht vertreten und meint, ich brauche nicht mitzugehen, denn »eine so schöne Frau hat in einem solch hässlichen Gebäude wie dem Gericht nichts zu suchen«. Nach der Verhandlung würde er sofort ins Hotel kommen und mir Bericht erstatten.

Ich erzähle Bashir auch, wie wichtig es für mich ist,

am Samstag, den 5. Februar, Shirins Geburtstag feiern zu können. Schließlich weiß ich, dass sie vor ein paar Wochen schon alle Päckchen mit den Geschenken registriert hat, die ich aus den Niederlanden mitgebracht habe. Ich erinnere mich noch genau, wie sie damals zu mir sagte, sie wolle jetzt nichts davon haben, sondern bis zu ihrem Geburtstag warten. Shirin muss wissen, dass ich noch im Land bin und ihr die Geschenke geben will! Bashir begreift mich und verspricht, dass ich am Samstag wieder mit meinen Töchtern zusammen sein werde.

Am nächsten Tag, einem Mittwoch, besucht mich Bashir erneut im Hotel – dieses Mal in Begleitung von zwei Richtern und zwei Gerichtsdienern. Bashir erklärt mir, er habe die Richter ausdrücklich wegen meiner Forderung hierher gebracht, damit ich ihnen mein Anliegen schildern kann. Dadurch würde mir am nächsten Tag ein Weg zum Gericht erspart. Ich muss jede Menge Formalitäten erledigen und Dokumente unterschreiben, in denen ich bestätige, dass er mein Rechtsvertreter ist und meinen Fall übernimmt.

Am Tag der eigentlichen Verhandlung zeigt sich, dass meine persönliche Anwesenheit doch notwendig ist. Zusammen mit Bashir und meinem Vater gehe ich zum Gericht. Ich bin verschleiert und fühle mich deshalb schrecklich unwohl. Ich habe noch nie ein Kopftuch getragen, und meistens laufe ich auch in Syrien ohne Kopfbedeckung herum. Doch mein Vater hält es für wichtig, dass ich mich den Landessitten anpasse, wenn ich hier mit ihm durch die Straßen gehe. Außerdem wollen wir zu einem offiziellen Gebäude, und da habe ich mich nun mal den syrischen Normen anzupassen. Doch auch, wenn es nur ein Kopftuch ist, das ich tragen muss, fühle ich mich furchtbar unterdrückt. Es ist ein Kleidungsstück, das ich einfach nicht tragen will. Ich weiß zudem, dass ich mit meinem Schleier und in Begleitung von zwei Männern keinen anderen Mann ansehen darf, selbst wenn er mich direkt anspricht. Aber gut – das Einzige, was zählt, ist, dass ich meine Kinder zurück erhalte! Und wenn das bedeutet, dass ich einen Schleier tragen muss, dann trage ich eben einen Schleier.

Im Gerichtsgebäude versucht man zunächst, uns auf den nächsten Tag zu vertrösten. Doch Bashir setzt durch, dass wir gleich vorgelassen werden. Dann teilt man uns allerdings mit, erst müssen wir noch einige Papiere besorgen, zum Beispiel eines vom Jugendamt. Ich hatte geglaubt, dass es eine derartige Institution in Syrien gar nicht gibt, doch Bashir klärt mich auf, dass dies durchaus der Fall ist. Er war davon ausgegangen, wir hätten sie schon längst eingeschaltet. Also verlassen wir zunächst unverrichteter Dinge das Gerichtsgebäude und begeben uns zum Jugendamt.

Dort hilft man uns sofort. Man verfasst ein Dokument, in dem steht, ich habe als Mutter das Recht, meine Kinder zu sehen, und es sei für Dunja und Shirin wichtig, den Kontakt mit mir aufrechtzuerhalten. Darüber hinaus dürfe ich selbstverständlich am Geburtstag meiner Jüngsten die Mädchen besuchen. Das Schriftstück wird mit jeder Menge Stempeln und Unterschriften versehen und von mir in Empfang genommen. Bashir verspricht mir, am Samstag wieder das Gericht aufzusuchen, um offiziell das Besuchsrecht für mich durchzusetzen. Er gibt mir seine Telefonnummer und fährt nach Hause.

Freitag passiert in Syrien nichts. Der Tag ist für alle Moslems heilig, und jeder ist damit beschäftigt, in der Moschee zu beten oder sich einfach nur von der vergangenen Arbeitswoche zu erholen. Aber ich kann nicht einen ganzen Tag verstreichen lassen, ohne etwas zu unternehmen. Während mein Vater noch beim Morgengebet ist, fange ich schon an, alle Wohnungen von Hamids Familie abzuklappern: Nouras, Tetas und die von Amu Fareed. Dunja und Shirin sind noch immer spurlos verschwunden, doch Amu behauptet, dass die ganze Familie einen Strandausflug nach Latakia gemacht hat. Inzwischen weiß ich nicht mehr, was ich glauben soll. Vielleicht haben sie ja bereits wieder das Land verlassen, vielleicht hat Hamid in seiner Verrücktheit sie wieder in die Niederlande gebracht.

Ich rufe Bashir an und frage ihn, was wir tun können, wenn die Kinder tatsächlich in Latakia sind. »Dann holen wir sie da raus«, antwortet er schlicht. »Geh die Sache ruhig an, Malika. Genieß den freien Tag, morgen machen wir weiter.« Aber ich will keine Ruhe geben, ich will Hamids Familie mit Anrufen und Besuchen bombardieren. Solange ich hier bin, sollen sie das auch zu spüren kriegen, auch wenn ich nichts anderes machen kann, als diesen Leuten so dicht auf den Pelz zu rücken, dass sie vielleicht die Nerven verlieren und endlich nachgeben.

Nachdem ich meine Runde zu den Wohnungen gemacht habe, greift Mustafa ein. Er ist trotz des freien Tages in das Hotel gekommen und hat von meinem Vater gehört, dass ich pausenlos meine Runden mache. Also schlägt er mir vor: »Komm, Malika, wir gehen jetzt zur Zitadelle. Heute ist ein Feiertag, und wir besichtigen sie. Wir können da auch beten, und du siehst ein paar schöne Seiten der Stadt.«

Zu dritt gehen wir demnach zur alten Zitadelle, und ich muss zugeben, dass sie wunderschön ist. Diese ehemalige Festungsanlage von Aleppo steht auf einem hohen

Berg, und man hat von dort eine herrliche Aussicht über die Stadt. Früher diente eine derartige Anlage auch als Sitz der lokalen Regierung. Inzwischen ist das Bauwerk jedoch weitgehend verfallen, aber es ist immer noch ein heiliger Ort. Vor allem an den Freitagen kommen hier viele Menschen her, um zu beten.

Wir klettern über Felsbrocken nach oben und blicken von da auf die Stadt hinab. In diesem Moment wird mir ganz schwindlig, denn ich sehe all die Häuser und denke: Stell dir nur einmal vor, wir finden Dunja und Shirin nicht mehr – wo soll man in diesem Häusermeer anfangen zu suchen?

Mustafa und mein Vater stehen im Gebet versunken da. Ich beschließe, etwas abseits von ihnen, auf meine eigene Art und Weise, um die glückliche Heimkehr meiner Töchter zu bitten. Als ich damit fertig bin, gehe ich ein Stück nach unten. Auf dem Boden glitzert etwas, und ich bücke mich und hebe ein ganz kleines silbernes Fischchen auf. Es ist eindeutig kein verlorener Anhänger einer Kette, sondern ein wesentlich älteres Schmuckstück. Auch Mustafa und mein Vater, denen ich es zeige, sagen übereinstimmend, dass es nichts ist, was hier jemand verloren hat. Es ist ziemlich alt und muss schon lange an diesem Ort gelegen haben. Und das, obwohl hier jeden Tag unzählige Menschen herum laufen. Dass ich völlig unerwartet etwas so Schönes finde, kann kein Zufall sein. Dies ist ein Zeichen von oben, dass meine Gebete erhört worden sind!

Am Abend führt Mustafa meinen Vater und mich in ein Restaurant, das »Shirin« heißt. Das scheint ihm der passende Ort für unser Abendessen zu sein. Ich habe einen Mordshunger, und gierig bestellen wir die halbe Speisekarte. Doch als die Schüsseln serviert werden, ist mein Appetit vergangen. Hier sitze ich nun, am Vorabend des Geburtstages meiner jüngsten Tochter. Ich habe die Mädchen jetzt fast zwei Wochen nicht mehr gesehen – sie scheinen wie vom Erdboden verschluckt zu sein.

Ich erkläre meinem Vater und Mustafa, dass ich hier nicht länger einfach rumsitzen möchte. Ich will wieder alle Wohnungen abklappern. Ich bin zu ungeduldig, um einfach abzuwarten. Es muss sich doch irgendwann mal jemand aus der Familie verplappern? Die beiden Männer sehen ein, dass ich nicht auf andere Gedanken zu bringen bin, und begleiten mich, nachdem wir gegessen haben.

Wir gehen zunächst zur Wohnung von Teta. Es ist dunkel, und keine Seele ist zu Hause. Ich habe wieder einen Stapel meiner gelben Flugblätter mit den Fotos meiner Töchter eingesteckt und schiebe sie unter den Wohnungstüren hindurch und hänge sie überall auf. Im Treppenhaus sehe ich, wie die Hausbewohner ihre Köpfe zur Tür raus strecken, aber sobald ich mich nähere, verschwinden sie sofort. Jeder hat Angst – aber wovor nur? Einer westlichen Frau zu helfen, sich mit ihren zwei unschuldigen Mädchen zu solidarisieren? Alles um mich herum beginnt sich zu drehen und als ich mich wieder einmal bücke, flattern mir die Zettel aus der Hand auf den Boden. Vielleicht sieht ja auf diese Art eine der verschleierten Frauen, die hier den ganzen Tag mit niedergeschlagenen Augen rumlaufen, die Fotos meiner Kinder.

Endlich ist es Samstag, und wir können wieder zum Gericht gehen. Bashir, mein Vater und ich sitzen dicht gedrängt in einer großen Menschenmenge in dem beengenden, übel riechenden Justizgebäude und warten darauf, dass die Richter unseren Fall aufrufen. Mit jeder Minute, die vergeht, werde ich bedrückter. Heute ist Shirins Geburtstag und ich will endlich zu meinen Töchtern! Warum sitze ich hier in diesem heruntergekommenen Gebäude, während ich doch eigentlich Torte essen und Girlanden aufhängen müsste? Warum müssen wir so lange warten? Ich sitze auf einer Holzbank, mit einem synthetischen, schwarzen Schleier vor dem Gesicht, und betrachte all die Männer um mich herum, die gelassen dasitzen, rauchen und die Kippen auf den Boden werfen. Als Frau darf ich in einem öffentlichen Gebäude nicht rauchen, und obwohl ich es gern täte, wird mir von dem Zigarettenqualm um mich herum schlecht. Zudem werde ich ständig angestarrt. Trotz meiner arabischen Herkunft ist es offensichtlich, dass ich eine Ausländerin bin. Meine Kleidung ist fremdartig, die Farbe meines Passes, den ich in den Händen halte, ist anders, und auch mein arabischer Akzent ist hier ungewohnt. Obwohl Männer eigentlich die Frauen nicht direkt anstarren dürfen, macht es hier scheinbar nichts aus – denn ich bin ja nur eine Ausländerin!

Nach einer Stunde habe ich alles satt und stehe auf, um mir die Beine zu vertreten. Mein Vater zieht mich sofort wieder zurück auf die Bank und löst bei mir damit nur einen Wutanfall aus. »Ich darf doch wohl noch aufstehen und die Beine ausstrecken. Ich werde hier noch verrückt, wenn ich weiter still sitzen soll wie ein Schaf und darauf warten muss, dass die Herren Richter sich endlich bequemen, mir die Zustimmung zu geben, am Geburtstag meiner Tochter dabei zu sein!« Mein Vater schüttelt nur den Kopf. Armer Mann, durchfährt es mich, er tut doch nur sein Bestes für mich! Aber weil er nun einmal derjenige ist, der mir am nächsten steht, ist er auch derjenige, an dem ich meine aufgestaute Frustration am besten abreagieren kann.

Bashir läuft inzwischen wie ein Derwisch hin und her, füllt hier ein Formular aus, führt da ein Telefonat und jagt irgendwelchen Stempeln auf irgendwelchen Dokumenten hinterher. Bei Samir musste ich mich um viele Dinge selbst kümmern, denke ich, aber dieser Mann ist ein wahres Gottesgeschenk für uns. Ich beruhige mich wieder ein wenig. Bashir kommt auf mich zu und sagt, ich müsse eines der Dokumente »abstempeln«. Ich begreife ihn nicht, bis er mich zu einem Gerichtsdiener mitnimmt, der ein Stempelkissen vor sich hat. Ich muss meinen Daumen einfärben und unter einer Reihe von Formularen meinen Abdruck hinterlassen. Ich komme mir wie ein Verbrecher vor, doch Bashir versichert mir, dies sei hier ganz normal. Mein Vater steht, seine Hände auf dem Rücken, daneben.

»Mach es nur, Malika, es wird schon richtig sein«, sagt er. Als ich alle Papiere »gestempelt« habe, suche ich in meiner Tasche nach einem Papiertaschentuch, um meinen Daumen zu reinigen. Dabei sehe ich auf der Wand jede Menge schwarze Flecken. Wenn einer kein Taschentuch bei sich hat, scheint er seine Finger einfach dort abzuwischen.

Nach dreistündigem Warten, Ausfüllen von Formularen, hin und her Laufen und erneutem Warten werden wir endlich in ein Büro geführt, in dem zwei Richter hinter einem großen Tisch sitzen. In einer Ecke beten zwei Männer auf einer ausgebreiteten Decke. Sie halten sich an die vorgeschriebenen Gebetsrituale, gleichgültig, was um sie herum geschieht.

Ich setze mich auf einen Stuhl an der Wand, und Bashir beginnt auf Arabisch mit den Richtern zu sprechen. Dann bitten sie mich aufzustehen. Ich stehe vor der Richterbank, und der Größere der beiden beginnt in rasend schnellem Tempo auf mich einzureden. Auf Englisch sage ich, dass ich ihn nicht verstehe. Bashir bittet den Richter, langsamer zu sprechen. Der Richter geht darauf ein und erklärt mir, dass ich heute drei Stunden lang mit meinen Töchtern zusammen sein kann. Er händigt uns eine entsprechende richterliche Anordnung aus: Noch heute Mittag soll uns eine Militärstreife zu Hamids Familie begleiten, die uns dann – bei Androhung einer Gefängnisstrafe – den Aufenthaltsort von Dunja und Shirin preisgeben müssen. Ich bin unheimlich froh über diese Entscheidung und kann es kaum noch ertragen, dass wir erst noch drei Etagen im Gerichtsgebäude hoch und wieder runter laufen müssen, um ein neues Formular abzuholen, das dann erst ausgefüllt, gestempelt und gesiegelt werden muss.

Um drei Uhr nachmittags haben wir alles geschafft und gehen ins Hotel, wo uns die Militärstreife abholen soll. Bashir geht noch einmal nach Hause, um seine Gebete zu verrichten.

Vom Hotel aus rufe ich Laura an, um ihr zu erzählen, dass wir alles organisiert haben. Sie fragt mich, wie wir das geschafft haben, und ich berichte ihr von Bashirs Aktivitäten und von der richterlichen Anordnung, die er durchgesetzt hat. Laura hört mir zu und gratuliert mir ziemlich zurückhaltend. Sie ist noch nicht darüber hinweggekommen, dass wir Samir, den offiziellen Anwalt der Botschaft, haben fallen lassen und uns einen eigenen Rechtsvertreter genommen haben. Aber natürlich ist sie auch froh, dass ich endlich meine Töchter wieder sehen werde. Ich verspreche ihr, sie anzurufen, sobald ich Dunja und Shirin gefunden habe.

Schließlich gehen wir mit einem Soldaten, der uns abgeholt hat, in das Polizeigebäude. Mustafa kommt mit, weil er dabei sein will, wenn ich die Kinder suche. Auf der Wache wartet Bashir schon auf uns, und wir besprechen, wohin wir als Erstes gehen sollen. Wir entscheiden uns für Nouras Haus. Im Auto, auf dem Weg dahin, werde ich immer fröhlicher. Hier kommen wir also: mit einem Anwalt, militärischem Begleitschutz – den »Männern in Grün«, wie ich sie nenne – und einer richterlichen Anordnung. Zum ersten Mal habe ich das Gefühl, dass ich in diesem Land etwas erreichen konnte. Und zum ersten Mal weiß ich die Justiz auf meiner Seite – und das als Ausländerin! Ich fühle mich verdammt stark und weiß, dass ich heute jede Gelegenheit nutzen werde, um Dunja und Shirin aufzuspüren. Es wird mir gelingen; schließlich habe ich so viel Verstärkung mitgebracht.

Bei Noura verberge ich mich in einer Ecke des Treppenabsatzes, während Bashir mit den Männern in Grün an seiner Seite sie zur Rede stellt. Sie öffnet die Tür nicht, sondern spricht durch eine kleine Luke mit ihnen. Sie ist auf einmal sehr höflich und spricht mit sanfter, gepflegter Stimme, wie ich es noch nie von ihr gehört habe. Als Bashir sie fragt, wo Shirin und Dunja sind, tut sie so, als wüsste sie von nichts.

»Ich habe mit der ganzen Sache nichts zu tun«, sagt sie, »die Kinder sind bei ihrem Vater. Ich weiß von nichts.« Bashir kündigt an, dass er jetzt zu Tetas Wohnung gehen würde. Aber er werde zurückkommen, wenn sie dort nicht sind, versichert er ihr. Also gehen wir jetzt alle dahin – doch wie es zu erwarten war, ist dort alles dunkel, und niemand öffnet.

Also zurück zu Noura. Dieses Mal schlägt Bashir eine härtere Gangart ein: »Sie sagen mir jetzt, wo die Kinder sind. Anderenfalls nehmen wir Sie mit ins Polizeibüro.« In diesem Augenblick kommt Amahl die Treppen hoch.

Er hört, was gesagt wird, und ruft, dass seine Frau da nicht hingehen kann. »Dann kommen Sie eben mit!«, erwidern die Männer in Grün. Sie greifen sich Amahl und setzen ihn in das Armeefahrzeug.

Mein Vater, Mustafa und ich fahren hinter ihnen her, auch Bashir sitzt bei uns im Auto. Es ist inzwischen dunkel geworden und regnet. Der Geburtstag von Shirin ist zum größten Teil schon vorbei, aber ich genieße die Situation dennoch. Endlich, endlich habe ich Hamids Familie spüren lassen, dass mit mir nicht zu spaßen ist! Amahl ist nun offiziell durch das Militär festgenommen worden, und Noura sitzt zu Hause und flattert vor Angst.

Amahl wird in die Polizeiwache geführt. Ich will nicht mit hinein und warte mit Mustafa und meinem Vater auf der Straße. Nach einigen Minuten sehe ich, wie auf der ersten Etage ein Licht angeht und Amahl in einen Raum geführt wird. Obwohl ich von meinem Platz auf der Straße nicht mitbekomme, was gesagt wird, sehe ich doch, dass er hart angepackt wird. Er lässt seinen Kopf hängen, deutet des Öfteren ein »Nein« an und verbirgt seinen Kopf in seinen Armen. Zu dritt stehen die Polizisten um ihn herum, und ich bin fest davon überzeugt, dass er früher oder später das Versteck meiner Töchter preisgibt.

Nach einer Weile kommen die Männer wieder mit Amahl nach draußen. Amu Fareed weiß, wo meine Kinder sind, sagen sie, also müssen wir jetzt alle zu ihm fahren. Der ist nicht zu Hause, sagt seine Frau, er arbeitet noch. Mit der ganzen Kolonne gehen wir in die Straße, wo er in einem Bekleidungsgeschäft tätig ist. Die Läden sind hier bis tief in die Nacht geöffnet, und auf den Straßen herrscht noch reges Leben. Als wir in die angegebene Gasse einbiegen, erregen wir Aufmerksamkeit. Zwar sind

Militärpolizisten hier Teil des üblichen Straßenbildes, aber wir alle bilden einen auffallenden Zug. Die Männer in Grün gehen in jeden Laden, um zu fragen, ob Amu Fareed dort arbeitet. Ich will jedes Mal mitgehen, doch mein Vater und Mustafa halten mich zurück. Ich würde zu viel Aufsehen erregen, befürchten sie.

Schließlich haben wir ihn gefunden. In einem klitzekleinen Laden sitzt er hinter einer Nähmaschine. Er wird sofort verhört, spielt aber ebenfalls den Ahnungslosen. Deshalb beschließen die Uniformträger, Amahl, von dem sie sicher sind, dass er mehr weiß, wieder zurück ins Polizeigebäude zu bringen.

Diesmal geht mein Vater mit hinein, während Mustafa und ich im Auto warten. Der Regen wird inzwischen immer heftiger. Eigentlich regnet es in Syrien höchst selten, aber natürlich dann, wenn ich da bin. Mustafa erzählt mir, ein syrisches Sprichwort sage, jeder Regentropfen komme von einem Engel. Dann habe ich heute also jede Menge Engel um mich herum, denke ich. Mustafa sucht Musik im Radio, wir plaudern und lachen und vertrauen auf einen guten Ausgang des ganzen Unternehmens.

Nach einer Stunde frage ich mich aber doch, was da drinnen wohl geschieht. Ich gehe hinein und sehe alle Männer dort zusammensitzen. Amahl sitzt leichenblass auf einem Stuhl, ihm gegenüber Bashir mit verschränkten Armen. Mein Vater hat sich gegen eine Wand gelehnt. Vier Militärpersonen befinden sich auch noch im Raum. Als sie mich kommen sehen, gibt Bashir mir mit seinen Augen ein Zeichen: Frag du ihn was! Also stelle ich mich vor Amahl und frage ihn: »Wo ist Shirin? Wo ist das Geburtstagskind? Du behauptest doch immer, dass du sehr viel von meinen Töchtern hältst – und jetzt kannst du nicht einmal sagen, wo sie sind?«

Er schüttelt seinen Kopf, seine Augen blicken voller Hass, und dann antwortet er sarkastisch: »Ich mag Shirin lieber als du.«

Und wieder geschieht etwas Unerwartetes. In diesem Land, von dem ich annahm, dass kein Mann Verständnis für die Gefühle einer Mutter aufbringen konnte, schienen doch einige zu sein, die mein Leid spürten. In diesem Raum voller Männer wurde mir klar, dass sie alle hinter mir standen und sich gegen Amahl wandten. Nach dieser zynischen Bemerkung versetzte ihm einer der Soldaten hinter ihm einen harten Stoß in die Seite.

Aber ich kann nicht mit ansehen, wie jemand geschlagen wird. Also lief ich wieder nach draußen und erzählte Mustafa, was da drin geschehen war. Doch er grinste breit: »Na, prima! Das hat er auch verdient. Dann wird er ja wohl bald mit der Wahrheit rausrücken.«

Eine halbe Stunde später – inzwischen ist es abends halb zehn – kommen alle Männer plötzlich nach draußen. Sie haben beschlossen, doch noch einmal zu Nouras Wohnung zu fahren, weil Amahl weiterhin schweigt. Mit Amahl und Bashir im Polizeiauto geht es wieder zur Straße, in der Noura wohnt.

Wir warten unten vor dem Haus in Mustafas Wagen. Mein Vater sitzt auf dem Rücksitz, ich vorne neben Mustafa. Er stellt Musik an und weist auf ein kleines Amulett, das an seinem Rückspiegel hängt: »Das ist die Hand von Fatima, der Tochter des Propheten. Die bringt Glück.« Er fährt mit seiner Hand über das blaue Amulett, an dem Glasperlen hängen. Als er das tut, gibt es ein sanft klingelndes Geräusch. Er wiederholt die Bewegung mehrmals, als wolle er etwas beschwören. Dann lässt er sich nach hinten in seinen Fahrersitz fallen und schließt die Augen. Kurz darauf ist er eingeschlafen.

Ich sitze angespannt auf meinem Sitz und starre nach oben, ob sich irgendetwas in Nouras Haus tut. Es ist halb elf; der Geburtstag von Shirin ist wirklich gleich vorbei. Was nützt mir meine richterliche Anordnung, wenn alle ihren Mund halten? Mein Vater geht ab und an nach oben, um herauszufinden, wie die Dinge stehen. Stets kehrt er zurück und berichtet von großem Geschrei und Lärm in Nouras Wohnung – aber mehr passiert nicht. Mustafa ist inzwischen wieder wach geworden. Wir warten und warten und warten.

Dann, um zehn Minuten vor halb zwölf, sehe ich, wie drei Personen aus dem Treppenhaus kommen. Die Tür zum Rücksitz von unserem Auto wird geöffnet und Hamid, Dunja und Shirin steigen ein. So einfach, als wären sie aus dem Nichts gekommen, sitzen sie plötzlich im Wagen! Tränen strömen über mein Gesicht, während ich Dunja und Shirin an mich drücke und abküsse: »Du hast Geburtstag heute, Shirin, und der wird jetzt gefeiert!« Shirin strahlt über das ganze Gesicht und zeigt mir die Geschenke, die sie von der Familie bekommen hat: eine Tüte Salzstangen und ein lächerlich kleines Spielzeugtelefon aus Plastik. Dunja erzählt mir, damit hätte Shirin mich den ganzen Tag »angerufen«, um mich zu fragen, wann ich ihren Geburtstag feiern komme.

Wir fahren ins Hotel, um dort die letzte Stunde von Shirins Geburtstag zu feiern. Natürlich begleiten Bashir und die Männer in Grün uns. Ich frage Hamid, wo die Mädchen in den letzten Wochen gewesen sind, aber noch bevor ich es weiß, haben wir wieder Streit miteinander und werfen uns laut schreiend die alten Anschuldigungen vor. Plötzlich steigt Mustafa voll in die Bremsen. »Jetzt ist allmählich Schluss!«, ruft er. »Ihr sitzt mit zwei Kindern im

Auto, wir wollen gleich einen Geburtstag feiern, und ihr beiden benehmt euch endlich entsprechend!« So habe ich den sanftmütigen Mustafa noch nie erlebt, aber ich sehe ein, dass er Recht hat. Gleich im Hotel soll Bashir die Angelegenheit mit Hamid regeln, sage ich mir.

Als wir das Hotel Baron erreichen, mache ich mir Sorgen wegen einer anderen Sache: Ich habe zwar die Geschenke für Shirin, aber ich habe keine Torte, keine Girlanden, rein gar nichts! Ich sage zu meinem Vater, dass wir unser kleines Fest vielleicht verschieben sollten, immerhin ist es schon beinahe Mitternacht. Doch er sagt: »Malika, du schläfst doch heute Nacht sowieso nicht. Und die Kinder auch nicht. Aber du hast sie gerade noch am Geburtstag gefunden – also lass uns auch mitten in der Nacht feiern.«

Als wir den Speisesaal des Hotels betreten, sehe ich jede Menge Girlanden von der Decke hängen und dazu einen geschmückten Stuhl. Mustafa läuft schnell weg und kommt kurz darauf mit einer riesigen Torte mit fünf brennenden Kerzen zurück. Er hat das alles bereits am Morgen in die Wege geleitet. Glücklich wie ein kleines Kind gehe ich nach oben in mein Zimmer und hole die Geschenke für Shirin. Im Spiegel, der dort hängt, sehe ich mich glücklich strahlen. »Wow!«, sage ich zu meinem Spiegelbild. »Das hast du doch prima hingekriegt! Und jetzt geh nach unten, altes Mädchen, und amüsiere dich mit deinen Töchtern.«

Als ich nach unten komme, sehe ich Hamid und meinen Vater in einer Ecke sitzend im Gespräch vertieft. Morgen müssen mein Vater und ich zurück nach Damaskus, weil unser Flugzeug einen Tag später startet. Unsere Tickets sind nicht umzubuchen. Und ich muss erst noch ein Visum, das einige Monate gilt, beantragen und außerdem – so hat Bashir mich instruiert – eine ganze Reihe von Papieren in der syrischen Botschaft in Brüssel beglaubigen lassen. Jetzt, wo wir also gerade Dunja und Shirin wieder gefunden haben, bleibt uns nichts anderes übrig, als in die Niederlande zurückzukehren. Ich verstehe, dass mein Vater noch einen Versuch bei Hamid unternimmt, damit wir die Kinder mit uns nehmen können.

Hamids Anwalt, Omar, ist inzwischen auch eingetroffen und sitzt zusammen mit Amahl, Bashir und den Männern in Grün in der Lobby. Ich gehe in den Speisesaal, schneide die Torte für Shirin an und gebe ihr die Geschenke. Dann spiele ich mit voller Lautstärke ihre Lieblingsmusik und tanze dazu mit ihr. Ich tue alles, um ihr ein wenig das Gefühl einer Geburtstagsfete zu vermitteln. Die Männer sitzen herum und starren mich an. Die Tortenstücke, die ich austeile, nehmen sie allerdings gerne an. Selbst Hamid genießt den Kuchen, als wenn nichts passiert wäre. Shirin und Dunja finden alles ganz herrlich, doch ich merke, dass sie allmählich todmüde sind. Um halb drei schlage ich deshalb vor, dass sie jetzt nach Hause fahren sollten, um auszuschlafen. Bashir meint: »Du hast noch eine halbe Stunde, Malika. Laut Gerichtsbeschluss kannst du die Kinder bis drei bei dir behalten.« »Ich weiß«, antworte ich ihm, »aber ich bin kein Unmensch. Die Mädchen müssen endlich schlafen, und ich seh sie ja noch morgen früh, bevor wir nach Damaskus fahren.«

Nachdem Mama weggegangen ist und nachdem ich gesagt hatte, dass ich nichts mehr essen und trinken würde, blieben wir noch eine Nacht in Nouras Wohnung. Danach wurden Shirin und ich in ein Haus gebracht, das Freunden von Papa gehörte. Das war sehr groß. Musste es aber auch sein, weil die, glaube ich, acht Kinder hatten. Auch schon ziemlich große. Wir haben da ein paar Tage gelebt und sind dann mit Papa mehrere Tage an den Strand von Latakia gefahren. Das war ganz wunderbar. Danach sind wir in die Wohnung von Amu Fareed gezogen. Aber nach fünf Tagen mussten wir da auch wieder weg und lebten wieder bei Noura. Ich verstand nicht, warum wir eigentlich dauernd umziehen mussten, doch Papa und Teta sagten, dass wäre für unsere Sicherheit. Ich kapierte es trotzdem nicht. Wie konnte Mama uns besuchen, wenn sie nicht wusste, wo wir gerade waren?

Als Shirin Geburtstag hatte, lebten wir noch bei Noura. Ich fand es schlimm für meine Schwester, dass wir ihren Geburtstag nicht so prächtig feiern konnten wie meinen vor drei Wochen. Sie bekam von Teta ein kleines Plastiktelefon geschenkt, aber eine Geburtstagsfeier gab es nicht. Ich hoffte, dass Mama uns noch besuchen würde.

Am Abend wurde an die Wohnungstür geklopft. Noura befahl uns, ganz still zu sein. Das mussten wir aber auch sein, wenn wir bei Teta waren. Wenn jemand an die Tür klopfte, mussten wir so tun, als wenn keiner zu Hause wäre. Das Klopfen wurde stärker, und Noura öffnete eine Luke in der Tür. Ich hörte sie sprechen, und ich verstand, dass es um Shirin und mich ging. Aber Papa sagte uns, wir sollten mucksmäuschenstill sein. Dann gingen die Menschen vor der Tür wieder weg. Noura sagte, sie hätten Amahl mitgenommen.

Später am Abend wurde schon wieder an die Tür geklopft. Noura schickte uns unter den Tisch. Ich fragte, warum wir das tun sollten, und sie sagte, sie und Papa hätten was mit den Menschen da draußen zu besprechen und es wäre besser, wenn die uns nicht sehen würden. Doch nach einer Weile kamen sie doch ins Zimmer und redeten sehr energisch auf Noura und Papa ein. Sie liefen durch den Raum und entdeckten Shirin und mich unter dem Tisch. Sie packten uns, und dann mussten wir mit Papa und ihnen nach draußen.

Dort stand ein Auto, in das wir einsteigen sollten. In dem Auto sah ich Mama zusammen mit meinem Großvater sitzen. Sie hatten uns schließlich doch gefunden! Mama war überglücklich, uns zu sehen, und sagte, dass wir nun Shirins Geburtstag feiern würden. Ich fand das aufregend, denn immerhin war es ja schon mitten in der Nacht. Aber dass wir Mama endlich wieder sahen, fand ich unheimlich schön.

Im Auto stritten Mama und Papa sich wieder, aber Mustafa, den ich schon einmal gesehen hatte, befahl ihnen, mit dem Streit aufzuhören. Ich fand Mustafa ganz prima, er war immer nett zu uns.

Im Hotel haben wir dann Torte gegessen, und Shirin bekam ihre Geschenke. Es war ein seltsames Fest, denn überall saßen Soldaten herum. Sie machten nichts, saßen nur da und aßen von der Torte. Ich begriff nicht, warum sie da waren, irgendwie sahen sie aus wie Schaufensterpuppen. Die Feier war sehr schön. Mama tanzte ausgelassen mit uns herum. Nach einer Weile wurden wir aber müde und fuhren zu Tetas Wohnung zurück, um da zu schlafen. Mama versprach, uns am nächsten Tag wieder zu besuchen.

13

Ständig auf Achse

Am Sonntag, den 6. Februar, verlasse ich zusammen mit Mustafa und meinem Vater morgens kurz vor sieben das Hotel Baron. Ich versuche noch, Laura anzurufen, aber die ist nicht in der Botschaft zu erreichen. Also werde ich sie heute Mittag nach unserer Ankunft in Damaskus anrufen.

Als wir am Haus von Teta ankommen, stehen Hamid und die Mädchen davor. Sie haben bereits Jacken angezogen; demnach wollten sie sich gerade aus dem Staub machen. Wie gut, dass ich noch rechtzeitig angekommen bin! Wir gehen alle in die Wohnung, und ich setze mich mit meinen Mädchen auf eine Bank. Mein Vater läuft nervös hin und her; er mahnt mich, nicht die Zeit zu vertrödeln. Die ganze Atmosphäre in dem Haus ist ihm zuwider.

Ich hole Croissants und Mangosaft, das Lieblingsgetränk meiner Töchter aus meiner Tasche, für jede ein frisches Croissant und zehn Tüten mit Mangosaft. »Das ist für jeden Tag eine Tüte Saft. Und wenn der alle ist, bringe ich euch neuen, denn dann bin ich wieder hier«, verspreche ich ihnen.

Nach einer Viertelstunde müssen wir alle gehen. Als wir im dunklen Treppenhaus hinuntergehen, sagt Dunja mir, dass sie sich fürchtet, weil die Flurbeleuchtung wieder einmal ausgefallen ist. Sie beginnt zu weinen, und auch ich kämpfe mit den Tränen. Doch ich muss fröhlich erscheinen; meine Mädchen brauchen nicht zu sehen, wie niedergeschlagen ich wirklich bin.

Auf der Straße drücke ich sie noch einmal ganz fest und steige dann schnell ins Auto. Ich muss den Abschied rasch hinter mich bringen, sonst heule ich noch in Gegenwart meiner Töchter los. Wir fahren weg, und sie stehen am Straßenrand und winken uns hinterher. Selbst Hamid winkt, als ob überhaupt nichts los wäre.

Mustafa bringt uns bis Damaskus. Ich bin froh, dieses Mal nicht im Bus, sondern mit ihm und meinem Vater in dem schönen und zuverlässigen Auto sitzen zu können. Unterwegs sagt Mustafa mir mehrmals, er sei unheimlich stolz auf mich, ich sei eine wahre Prinzessin und habe alles ganz prima hingekriegt.

»Nein, Mustafa«, antworte ich ihm, »noch hab ich nichts hingekriegt! Dies ist erst der Anfang. Wenn ich zurückkomme, beginnt die eigentliche Arbeit. Sie wissen nun, wie ich sein kann und dass ich meine Töchter niemals aufgeben werde. Warte nur ab, in zehn Tagen geht der Kampf von vorne los.«

In Damaskus will ich sofort in Rachids Restaurant. Ich hatte ihm versprochen, noch einmal vorbeizukommen, bevor ich in die Niederlande zurückfliege. Aber er ist nicht da. Sein Kollege weiß auch nicht, wo er ist, und so schreibe ich ihm ein paar Zeilen.

In Begleitung meines Vater besuche ich dann Laura in der Botschaft. Ich berichte ihr in aller Ausführlichkeit über den letzten Stand der Dinge und sage ihr, dass Bashir Unterlagen braucht, die noch im Besitz von Samir sind. Außerdem soll sie ihn offiziell von dem Fall entbinden. Sie verspricht mir, alles in die Wege zu leiten.

Dann fahren wir zum Flugplatz. Mustafa hilft uns

beim Einchecken unseres Gepäcks. Als ich mich von ihm verabschiede, drückt er mir etwas in die Hand. Ich sehe, dass es die »Hand von Fatima« ist, die sonst in seinem Auto hängt. Er sagt: »Damit kann dir nichts passieren. Die Hand von Fatima soll dich beschützen und dafür sorgen, dass du wieder sicher nach Syrien zurückkommst.« Ich bin sehr gerührt und bedanke mich ganz herzlich. Dann nimmt er Abschied von meinem Vater und verlässt uns.

Im Flugzeug schläft mein Vater sofort ein, während ich aus dem Fenster starre. Verdammt noch mal – jetzt kehre ich schon wieder ohne meine Töchter in die Niederlande zurück. Ich bin zwar sehr schlecht drauf, andererseits habe ich aber das Gefühl, dass jetzt alles gut wird. Ich habe schließlich Bashir gefunden, der am Ball bleiben will und mir zudem versprochen hat, die Mädchen regelmäßig zu besuchen. Sie wissen inzwischen, dass ich nicht aufgebe, und sie wissen auch, dass ich in zehn Tagen wieder im Land bin. Ich habe noch eine Menge in den Niederlanden zu erledigen und versuche mir einzureden, dass diese zehn Tage schnell vorübergehen werden.

Der Erste, der mich zu Hause anruft, ist Danny. Er berichtet mir, er habe einen riesigen Schreck gekriegt, als er die Bilder von mir in *Geld für dein Leben* gesehen hat. Es wäre furchtbar gewesen, und ich solle besser mit den Aufnahmen für diese TV-Sendung aufhören. Als ich andere Freunde anrufe, bestätigen sie mir Dannys Eindruck.

Ich will natürlich wissen, worüber sie eigentlich sprechen, und rufe deshalb Doris an. »Ja«, bestätigt sie mir, »das war wirklich unheimlich aufwühlend. Aber wir haben das bewusst so gemacht, weil wir deine Situation so einfangen wollten, wie sie tatsächlich ist: niederdrückend. Schau dir doch erst einmal die Filme an, und lass uns danach darüber reden.« Ich rufe Danny an und frage ihn, ob er eine Videoaufzeichnung der Sendung hat. Er bringt sie mir, und als ich mir die Filme der Sendung ansehe, weiß ich, was er meint – aber auch, was Doris meint. Ich sehe wirklich schrecklich aus, und alles um mich herum wirkt sehr trübselig. Zudem sind die Bilder mit einer sehr traurigen Musik unterlegt.

Doch ich finde, genau dieser Eindruck gibt die Wirklichkeit realistisch wieder: Schließlich befinde ich mich in einer abscheulichen Situation. Und außerdem haben mir die Aufnahmen bisher fünfzehntausend Gulden eingebracht, also beschließe ich, mit der Filmerei vorerst weiterzumachen.

Zwei Tage später suche ich die syrische Botschaft in Brüssel auf. Ich habe inzwischen wieder ein Flugticket für den 17. Februar gebucht und auch meinen Arbeitgeber schon entsprechend informiert. Diesmal habe ich nur den Hinflug gebucht, denn ich weiß jetzt ganz sicher, dass ich so lange in Syrien bleibe, bis ich meine Töchter wiederhabe. Glücklicherweise versteht mein Chef mich und legt mir keine Steine in den Weg. Er schlägt sogar vor, mich zur Botschaft zu begleiten.

Ich muss dort die Geburtsdokumente für die syrischen Behörden beglaubigen lassen. Diese Unterlagen sind entscheidend für meinen Rechtsstreit. Denn nach syrischem Gesetz sind Dunja und Shirin die Kinder des Syrers Faruk Nasri und somit automatisch Staatsbürger dieses Landes. Darum kann die niederländische Botschaft auch momentan wenig für sie tun. Doch wenn ich zweifelsfrei belegen kann, dass meine Mädchen ihr Leben lang Niederländerinnen waren, kann ich auch in Syrien die Vormundschaft beantragen. Zudem kann die niederländische Botschaft in Damaskus dann den Schutz der beiden als holländische Staatsbürger übernehmen.

Also fahre ich am Mittwoch zusammen mit meinem Chef nach Brüssel und warte, dass der syrische Botschafter mich empfängt. Nach einer Weile kommt eine Mitarbeiterin der Botschaft auf mich zu, drückt mir ein Schriftstück in die Hand und fordert mich auf, es zu unterzeichnen. Da es in Arabisch ausgestellt ist, frage ich sie, was darin steht. Sie gibt mir nur eine vage Antwort und sagt, dass ich es nicht verstehe. Ich traue ihr nicht und bitte zwei libanesische Männer, die auch auf einen Termin warten, mir das Dokument zu übersetzen. Sie lesen es und erklären mir, dass ich mit meiner Unterschrift bestätigen würde, mit Faruk Nasri verheiratet zu sein und dass ich und meine Kinder seinen Familiennamen annehmen würden.

Ich kann es nicht glauben! Selbst hier, auf der syrischen Botschaft in Brüssel, hat Hamid seine Finger im Spiel. So sollte ich also in die Falle laufen. Ich frage die Mitarbeiterin, die mir das Dokument gegeben hat, wie sie dazu kommt, mich dieses Schriftstück unterzeichnen zu lassen. Sie antwortet, vor einem Jahr wäre Hamid hier gewesen und hätte ein Visum für Syrien beantragt. Weil in seinem Pass aber stand, er wäre libanesischer Staatsbürger, hätte man ihm das Gesuch abgeschlagen. Die Beziehungen zwischen Syrien und dem Libanon wären nun einmal immer noch angespannt. Nachdem er dann allerdings in Syrien wegen seiner illegalen Aus- und Wiedereinreise aufgeflogen war, wusste er natürlich, dass er in Schwierigkeiten steckte: Immerhin hatte er seine eigenen Kinder entführt. Deshalb erzählte er den syrischen Autoritäten, er sei tatsächlich mit mir verheiratet. In diesem Fall braucht die

Mutter nämlich nicht ihre ausdrückliche Zustimmung geben, wenn die Kinder mit dem Vater verreisen. Auf irgendeine krumme Art hat er dann hier in der Botschaft das Videoband von unserer Verlobung als Beweisstück für eine Hochzeit zwischen uns vorgelegt. Daraufhin sagten sie ihm, es fehle nur noch meine Unterschrift, das zu bestätigen, und dann könne man die Anklage wegen Kindesentführung fallen lassen.

Wenn ich das Schriftstück unterschrieben hätte, wäre alles verloren gewesen. Ich zerreiße das Papier und warte weiter auf meinen Termin beim Botschafter. Als er mir endlich zur Verfügung steht, hat er mir eigentlich nur eines zu sagen: »Es sind nicht Ihre Kinder, und es sind auch keine Niederländer. Sie haben einen syrischen Vater, also sind sie Syrier.« Wenn ich also meine Kinder sehen will, soll ich mich dort im Land niederlassen. Dasselbe hatten mir schon Samir, Faysal und der syrische Außenminister gesagt.

Wenn das wirklich die einzige Möglichkeit sein sollte, die ich habe, werde ich das auch tun, beschließe ich. Ich werde nach Syrien fahren, mir dort eine Wohnung suchen und im Land weiter um meine Kinder kämpfen.

Inzwischen sind auch die Geburtsurkunden von Dunja und Shirin mit den notwendigen Stempeln und Unterschriften beglaubigt worden. Mein neues Visum gilt ein halbes Jahr, und damit war ich in der Botschaft fertig. Weiter können sie nichts für mich tun. Auf dem Rückweg nach Amsterdam wächst meine Frustration. Offensichtlich gibt es niemanden, der mir wirklich helfen kann – ich muss alles allein tun.

Zu Hause schreibe ich einen Brief an unseren Außenminister van Aartsen. In einem persönlichen Brief hat er mir im vergangenen November zugesagt, mich in meinem Anliegen zu unterstützen. Aber das hat mir bisher auch nicht weitergeholfen. Er geht davon aus, Dunja und Shirin seien holländische Kinder, doch vor dem syrischen Gesetz gelten sie als Staatsbürger ihres Landes. Wem soll ich nun glauben? Wem die Lösung dieses Problems überlassen? Ich schreibe mir meine ganzen Frustrationen von der Seele und bringe den Brief dann sofort zur Post.

Den Rest der Woche beschäftige ich mich mit den Reisevorbereitungen. Weil ich dieses Mal für eine unbestimmte Zeit wegfahre, gilt es, noch eine Menge Dinge zu erledigen. Die Katze muss ein neues Zuhause finden; ich muss dafür sorgen, dass meine Rechnungen automatisch abgebucht werden; die Miete für meine Wohnung ist im Voraus zu bezahlen, und ich muss ausreichend Bekleidung, Toilettenartikel, Bücher und andere Sachen kaufen, um es ein paar Monate lang auszuhalten. Bei Doris hole ich mir noch zwei Dutzend unbespielte Videobänder ab, damit ich in Syrien wieder filmen kann.

Offensichtlich wird die Sendung *Geld für dein Leben* von vielen Menschen gesehen. Denn ich werde auf offener Straße von wildfremden Menschen angesprochen. Sie haben mich auf dem Bildschirm gesehen, wollen wissen, wie es mir geht und ob meine Töchter schon zurückgekehrt sind. Es ist schon ein merkwürdig befremdliches Gefühl, sich auf einmal nicht mehr anonym unter die Menschen mischen zu können. Aber jeder, der mich anspricht, sagt auch voller Überzeugung: »Sie machen das wirklich prima, wir bewundern Sie dafür. Machen Sie weiter so – die Mädchen müssen zurück in die Niederlande.« Diese Unterstützung von Menschen, die ich überhaupt nicht kenne, tut mir sehr gut und bestärkt mich in meiner Absicht, so weiter zu machen.

Fast jeden Tag besuche ich meine Eltern, und ein paar Mal treffe ich auch Danny. Natürlich sammele ich auch wieder kleine Geschenke, Naschereien und Briefe für Dunja und Shirin ein. Die Woche vergeht – so wie ich es vorausgesehen hatte – wie im Flug, und bevor ich es richtig merke, haben wir den 17. Februar. Zum dritten Mal werde ich nach Syrien fliegen.

Bevor ich abreise, schwöre ich mir bei allem, was mir lieb ist, dieses Mal unter keinen Umständen ohne meine Töchter zurückzukommen. Und ich weiß, dass ich es auch schaffen werde. Ich habe jetzt Bashir, der mir hilft, und Mustafa und Laura werden mir zur Seite stehen, Rachid und John unterstützen mich, und selbst die Behörden in Syrien scheinen endlich meine Argumente zu akzeptieren. Ich habe keine Zweifel mehr – und mein Kampfeswille ist größer denn je. Ich werde nicht aufgeben, bevor Dunja und Shirin wieder zusammen mit mir in den Niederlanden sind.

In Damaskus warten Laura und Bashir bereits auf mich. Mein Flugzeug hatte Verspätung, und so mussten die zwei mehrere Stunden in der Wartehalle sitzen. Deshalb hatten sie viel Zeit, miteinander zu reden, und eines der ersten Dinge, die Laura ansprach, war: »Vielleicht hattest du doch Recht, Malika. Ich halte ihn für einen sehr guten Anwalt.«

Sie bringen mich ins Hotel, wo wir noch was essen, und dann informieren sie mich über den Stand der Dinge. Hamid hat bei dem Vormundschaftsgericht Papiere vorgelegt, aus denen hervorgehen soll, dass die Mädchen in Syrien geboren sind. Er hatte das schon einmal vergeblich versucht, doch dieses Mal sehen sie so echt aus, dass die Richter ihm wohl glauben. Glücklicherweise habe ich von der syrischen Botschaft in Brüssel beglaubigt bekommen, dass die niederländischen Geburtsunterlagen meiner Töchter die einzig gültigen Dokumente sind, die auch in Syrien Rechtskraft haben müssen.

Weil Bashir noch einiges in Damaskus zu erledigen hat, muss ich noch einen Tag warten, bevor ich zusammen mit ihm nach Aleppo fahren kann. Am Mittag besuche ich also wieder das Restaurant von Rachid. Als ich es betrete, telefoniert er gerade. Mich sehen und anstrahlen ist eins. »Oh, Malika, wo bist du nur gewesen? Ich habe schon seit Tagen versucht, deine Telefonnummer und Adresse herauszufinden, denn ich machte mir Sorgen.« Es zeigt sich, dass sein Kollege vergessen hat, ihm meine Zeilen zu geben, die ich vor meinem Abflug geschrieben hatte. Ich berichte ihm, ich wäre in den Niederlanden gewesen, aber jetzt zurückgekehrt, um alles daran zu setzen, Dunja und Shirin zurückzuholen. Rachid meint, darüber sollten wir in aller Ruhe sprechen. Er hätte heute Abend frei und wolle mit mir essen gehen. Er kenne da ein sehr schönes Lokal, in dem man sich ungestört unterhalten kann. Ich nehme seine Einladung an, und wir treffen uns am gleichen Abend in einem kleinen spanischen Restaurant.

Das Lokal hat eine Terrasse und einen kleinen Gartenweg; überall blühen Blumen, und Kletterpflanzen bedecken die Mauern; auf jedem Tisch steht eine Kerze – und die Tapas, die hier serviert werden, sind einfach herrlich. Der Vollmond scheint, es ist ziemlich warm, und alles strahlt Urlaubsatmosphäre aus. Ich rede lange mit Rachid, wie man meine Töchter aus dem Land kriegen kann. Obwohl Bashir mit großem Nachdruck mein Anliegen vertritt, glaube ich nicht daran, dass ich jemals die offizielle Erlaubnis erhalte, mit ihnen in die Niederlande zurückzukehren. Ich muss deshalb zunächst einmal versuchen, das Sorgerecht für sie in diesem Land zu erhalten, und dann zusammen mit ihnen in einer Wohnung zu leben. Wenn ich das geschafft habe, werde ich mit meinen Mädchen flüchten.

Das Günstigste wäre, sie nach Damaskus zu bringen, sagt Rachid. Von hier aus kann man uns ziemlich einfach über die Grenze in den Libanon schmuggeln. Er hat Freunde, die für tausend Dollar bereit sind, mich und die Kinder nach Beirut zu bringen. Rachid verspricht, selbst mitzukommen; er möchte nicht, dass wir die Reise allein machen müssen.

Ich lausche dieser vertrauten Stimme, sehe den ehrlichen Blick in seinen Augen und weiß: Diesem Mann kannst du voll und ganz vertrauen! Er selbst kann durch die Flucht meiner Töchter nichts gewinnen, sein einziges Motiv ist, *mir* zu helfen. Bei den wenigen Gelegenheiten, bei denen wir uns bisher begegnet sind, hat sich zwischen uns eine starke Beziehung entwickelt. Unter anderen Umständen hätte daraus etwas sehr Schönes werden können – doch jetzt dürfen wir nur an das Eine denken: meine Töchter aus dem Land zu bringen.

Es ist schon spät, als Rachid mich in mein Hotel zurückbringt. Er gibt mir seine Telefonnummer und legt mir nachdrücklich ans Herz, dass ich ihn zu jeder Tages- und Nachtzeit anrufen könne.

Während des Zähneputzens denke ich über den Abend nach. Rachid geht mir nicht mehr aus dem Sinn, und immer noch habe ich seine Stimme im Ohr. Ich rufe ihn an und gestehe ihm, ich müsse immerzu an ihn denken. Er sagt, ihm gehe es genauso, und so sitzen wir bis in die frühen Morgenstunden am Telefon und reden. Wir haben tausend Themen, doch immer wieder frage ich ihn, ob er es schafft, meine Töchter aus dem Land zu bringen. Seine Worte beruhigen mich, und ich kann sie nicht oft genug hören.

Ein paar Stunden später habe ich mich mit Bashir in der Hotellobby verabredet, um zusammen mit ihm nach Aleppo zu fahren. Als ich nach unten komme, ist er noch nicht da. Dafür sehe ich Rachid! Er ist gekommen, um mich zu verabschieden. Ich muss ihm versprechen, ihn über das, was in Aleppo geschieht, auf dem Laufenden zu halten.

Dann kommt Bashir in die Lobby. Ich mache die beiden Männer miteinander bekannt und spüre sofort, dass sie sich nicht mögen. Wir verabschieden uns von Rachid und gehen zum Busbahnhof. Sobald wir auf der Straße sind, beschwört Bashir mich, nicht so vielen Menschen zu vertrauen. Er findet es überhaupt nicht gut, dass ich schon wieder jemand in meine Angelegenheiten eingeweiht habe. Ich erzähle ihm deshalb nichts über die Fluchtpläne, die ich mit Rachid geschmiedet habe, und beschließe, letztlich meinen eigenen Vorstellungen zu folgen: Erst will ich die Mädchen bei mir haben und dann mit ihnen aus dem Land entkommen.

In Aleppo ziehe ich wieder ins Hotel Baron, während Bashir nach Hause geht. Es ist Freitag, also der Tag für Gebete. Ich packe meine Sachen in mein Zimmer und rufe dann Mustafa zu Hause an. Ich will sofort zu Dunja und Shirin. Er verspricht, mich innerhalb der nächsten zehn Minuten abzuholen. Ich will mich gar nicht erst lange duschen oder umziehen, will nicht einmal das Nötigste auspacken, sondern sofort zu meinen Töchtern. Heute ist der 19. Februar – genau vor einem Jahr wollten sie ein Wochenende bei ihrem Vater verbringen. Genau vor einem Jahr begann mein Albtraum.

Zusammen mit Mustafa fahre ich zu Tetas Wohnung. Wir klopfen an, und obwohl wir von innen ein Poltern hören, wird nicht aufgemacht. Mustafa versucht es erneut, und diesmal öffnet Teta die Tür. Sie sieht mich mit abgrundtiefem Hass an. Dann blickt sie auf meine Hände und stellt fest, dass ich nicht Taschen voller Geschenke bei mir habe. Das gefällt ihr offensichtlich überhaupt nicht, und so ist das Erste, was sie sagt: »Hast du meine Jacke mitgebracht?«

Ich seufze nur und gehe an ihr vorbei nach drinnen, wo Dunja und Shirin bei Noura sitzen. Sie fallen mir um den Hals, und wir geben uns wohl an die hundert Küsse. Da ich meine Kamera dabei habe, will ich Aufnahmen von unserem Wiedersehen machen. Als Noura das sieht, beginnt sie sofort zu schreien. Es sieht so aus, als hätten sie auf irgendeine Weise erfahren, dass die Filme im niederländischen Fernsehen ausgestrahlt werden. Deshalb auch ihr Wutanfall. (Später bekomme ich heraus, dass Hamid regelmäßig Kontakt mit Karima in den Niederlanden gehabt und wahrscheinlich so davon erfahren hat.)

»Pack die Kamera weg!«, schreit Noura. »Du machst uns schlecht in deinem Land.«

»Wenn jemand einen anderen schlecht behandelt, dann seid ihr das selbst«, kontere ich. »Ihr haltet meine Kinder gefangen. Ihr wollt mich nicht zu ihnen und mich mit ihnen sprechen lassen.«

Und schon wieder streiten wir uns! Ich nehme meine Töchter und gehe mit ihnen in den hinteren Raum. Während Mustafa mit Teta und Noura im vorderen Zimmer sitzt, will ich hier in Ruhe meine Mädchen umarmen. Ich höre, wie Mustafa die Frauen zu beruhigen versucht, aber sie machen mich weiter schlecht. Schließlich bekomme ich mit, dass Teta wieder einmal wegen ihrer Jacke lamentiert. Das ist für mich der Tropfen, der das Fass zum Überlaufen bringt, und ich stehe auf und schließe die Tür zwischen den beiden Zimmern. Ich will die Stimme dieser Frau einfach nicht mehr hören! Doch sie springt auf und reißt die Tür sofort wieder auf. »Dies ist mein Haus! Wir sind hier eine große Familie und die Tür bleibt offen!«

»Ich will einzig und allein ein paar Minuten meine Töchter nur für mich haben – das ist doch nicht zu viel verlangt?«, brülle ich zurück. Die Tür bleibt halb offen, und ich setzte mich auf das Bett zu Dunja und Shirin. Ich kann hören, wie Teta weiter grummelt, und fange plötzlich das Wort *kesachtek* auf.

Kesachtek ist ein arabisches Schimpfwort – und zwar eines der schlimmsten Sorte. Nur in den dreckigsten Hinterhöfen gebrauchen heruntergekommene Typen dieses Wort. Ich will es erst gar nicht übersetzen, denn etwas Schlimmeres kann man im Arabischen kaum sagen. Ich kann kaum glauben, was ich höre, und ich sehe, dass selbst Mustafa leichenblass geworden ist – eine alte Frau bezeichnet eine Mutter in Gegenwart ihrer Kinder als *kesachtek*.

Für Mustafa ist das Maß voll, und er sagt, wir sollten sofort gehen. Ich verspreche Dunja und Shirin noch, dass ich am nächsten Tag mit den Männern in Grün wiederkommen werde, um sie abzuholen. Ich weiß ja jetzt, wie es geht, und die Uniformierten werden mir helfen. Ich gebe den Mädchen noch einen Kuss, und dann verlassen Mustafa und ich wortlos die Wohnung. Im Auto sagt Mustafa mir: »Ich setze keinen Fuß mehr über diese Schwelle. Was immer es ist, Malika, ich werde dir beistehen. Doch diese Menschen sind das Allerletzte, was ich bisher erlebt habe.«

Zurück im Hotel, rufe ich Bashir an, um ihm den Vorfall zu berichten. »Warum musstest du auch dorthin gehen, Malika?«, fragt er mich. Ich mache ihm klar, dass ich Dunja und Shirin versprochen hatte, wiederzukommen, wenn die letzte Tüte Mangosaft ausgetrunken war – und an meine Versprechen will ich mich halten. Ich halte das für sehr, sehr wichtig, denn den Mädchen wird ohnehin so viel versprochen, was dann nicht eingehalten wird. So wissen sie, dass auf meine Zusagen Verlass ist. Bashir hört mir zu und sagt, dass er gleich ins Hotel kommen werde.

Keine halbe Stunde später ist er da. Er kommt in Begleitung eines Mannes in Grün. Sieh an, denke ich, ich habe es den Kindern versprochen, und es klappt! Bashir sagt, der Mann sei gekommen, um mir zu helfen, und bittet mich, ihm die ganze Geschichte zu erzählen. Das tue ich, und auch dieser Mann ist geschockt. Ich bin eine kleine, magere Frau, für syrische Verhältnisse eine Fischgräte. Der Soldat kann daher nicht verstehen, dass man mich so behandeln kann, und fürchtet, ich könne jeden Moment unter der Last meiner Probleme zusammenbrechen. Ich mache ihm klar, dass das vielleicht körperlich zutreffen mag, geistig sei ich aber nicht zu brechen. Der Soldat nickt verstehend und verspricht mir, alles zu tun, was in seiner Macht steht.

Bashir sage ich, ich wolle Noura und Teta nicht mehr sehen und auch nicht in die dreckige Wohnung zurückgehen. Bashir versteht mich und ruft sofort Noura an. Er spricht eine halbe Stunde mit ihr und kommt dann mit der Botschaft zurück, alles sei geregelt. Ich habe immer noch Besuchsrecht, und daher müssen sie mich zu den Mädchen lassen. Weil ich aber noch keinen eigenen Wohnsitz in Aleppo habe, kann ich sie nicht mitnehmen und muss also die Familie aufsuchen. Doch auch Noura und Teta haben inzwischen genug von mir, also musste eine andere Regelung gefunden werden. Bashir hat also dafür gesorgt, dass ich die Kinder täglich im Haus von Amu Fareed treffen kann. Mit dem Gefühl, heute ein ganzes Stück weitergekommen zu sein, gehe ich schlafen.

Am nächsten Tag kaufe ich auf dem Markt einen großen Korb voll mit Erdbeeren und gehe zum Haus von Amu Fareed. Endlich kann ich in Ruhe mit meinen Töchtern zusammen sein, ohne Streitereien und ohne Geschrei! Ich habe mir vorgenommen, mit den Mädchen ein längeres Gespräch zu führen und ihnen meine weiteren Pläne offen zu legen. Ich mache mir inzwischen Sorgen um Dunja und Shirin. Obwohl sie sich offensichtlich sehr freuen, dass ich da bin, habe ich das Gefühl, dass sie durch die Familie ziemlich stark »umgepolt« werden.

Auch heute fällt es mir auf, dass mir vor allem Shirin entgleitet. Die Fünfjährige hat nun schon ein Jahr lang zu hören gekriegt, ihre eigene Mutter sei ein schlechter Mensch, Teta sei nun ihre Mutter, und zurück in die Niederlande würde sie sowieso nicht mehr fahren. So betrachtet sie mich auch eher als eine angenehme Besucherin denn als Mutter, die sie zurückholen will. Schon in den letzten Wochen musste ich feststellen, dass sie sich nach Teta richtet. Wenn ich ihr sagte: »Komm zu Mama«, dann schaute sie zuerst auf Teta und überlegte, wohin sie gehen sollte. Auch wenn sie auf das Klo will, sagt sie es Teta und nicht mir. Sie spricht nur noch Arabisch, hört allein auf Teta und Noura und beschäftigt sich den ganzen Tag damit, fernzusehen und Barbiepuppen an- und auszuziehen. Dieses Mädchen muss unbedingt in eine Vorschule, wo sie malen und singen und basteln lernt! Hier scheint sie sich angepasst zu haben und hat auf den ersten Blick auch keine Schwierigkeiten, mit der Situation fertig zu werden.

Anders sieht das bei Dunja aus. Ihr ist sehr deutlich, welcher Streit über ihre Köpfe hinweg ausgefochten wird. Und sie hat noch ziemlich klare Erinnerungen an ihr Leben in den Niederlanden, an ihre Freunde und die Amsterdamer Familie. Sie weiß noch, dass sie in Holland nach der Schule mit ihren Freundinnen spielen konnte und drei Mal in der Woche zum Ballettunterricht ging. Sie spürt, dass die Situation außer Kontrolle geraten ist, weiß aber nicht mehr, wem sie eigentlich glauben soll. Ich werde mich also im Augenblick ganz besonders um sie kümmern, um das Chaos, das in ihrem Kopf entstanden ist, wieder ein wenig zu ordnen. Ich muss sie ganz langsam auf die Rückkehr in die Niederlande vorbereiten. Über die Pläne, die Rachid und ich schmieden, sage ich ihr besser nichts. Solange sie nichts davon weiß, kann sie auch nichts versehentlich ausplaudern.

Während wir bei Amu Fareed sind, unterhalte ich mich mit Dunja. Ich erzähle ihr, dass ich sie und ihre Schwester gerne wieder nach Holland mitnehmen würde. Sie erschrickt und fragt mich: »Aber was ist dann mit Papa? Den können wir hier doch nicht allein lassen? Der ist doch noch in der Armee, kriegt da kaum was zu essen und zu trinken und muss auf der Erde schlafen. Wir sind doch alles, was Papa noch hat.«

Langsam versuche ich, ihr klar zu machen, dass sie nicht in dieses Land gehört und nur illegal hierher gekommen ist. Offiziell ist sie noch immer Niederländerin. Und Papa ist nur deswegen bei der Armee, weil er heimlich das Land verlassen hat und genauso heimlich wieder zurückgekommen ist. Papa weiß sehr gut, dass er etwas getan hat, was er nicht hätte tun sollen. Ich wiederhole mich ständig und hoffe, zu ihr durchzudringen.

»Aber wie kommen wir zurück?«, fragt sie mich.

»Ich weiß es noch nicht, Dunja. Aber viele Menschen arbeiten daran: In der Botschaft bemüht man sich sehr intensiv darum, und auch Laura tut ihr Bestes.«

Als sie den Namen Laura hört, erschrickt sie. Sie ist immer noch davon überzeugt, dass Laura sie in ein Waisenhaus stecken will. So jedenfalls hat es ihr Hamids Familie erzählt. Auch das muss ich ihr also noch ausreden.

Ich erzähle ihr, dass ich eine Wohnung in Aleppo suche und solange hier bleibe, bis sie und ihre Schwester bei mir leben können. Allmählich sehe ich, wie ihre Augen zu strahlen beginnen, aber es bleiben Zweifel: »Aber das geht doch nicht. Wir müssen doch bei Papa bleiben.« Ich begreife, dass ich das Problem nicht von heute auf morgen aus der Welt schaffen kann. Hamids Familie hat ein ganzes Jahr Zeit gehabt, meine Töchter einzuwickeln. Es wird also noch eine ganze Weile dauern, sie davon zu überzeugen, dass sie nicht hierher gehören.

In den Tagen, die diesem Gespräch folgen, sehe ich meine Töchter einige Male. Doch Hamids Familie kann es nicht lassen, mir dazwischenzufunken, und ein paar Mal stehe ich vor verschlossenen Türen. Wenn ich Noura dann anrufe, behauptet sie, dass die Kinder woandershin mussten oder dass sie es einfach vergessen hat, sie bei Amu Fareed abzuliefern. Bei anderen Gelegenheiten sind auch Teta und Noura dabei, und solche Besuche enden regelmäßig im Streit. Es kommt wieder so weit, dass ich einige Tage überhaupt nichts von meinen Töchtern höre und sie auch nirgendwo aufzutreiben sind.

Bashir ermahnt mich, dass ich daran selbst schuld bin, weil ich nur Streit suche und zu wenig kompromissbereit gegenüber Hamids Familie sei. Aber das schaffe ich nicht mehr. Ich habe das Gefühl, jeder trampelt auf meinen Nerven herum. Auch Bashirs Verhalten beginnt mich allmählich zu irritieren. Mir ist zwar das Besuchsrecht bei meinen Kindern eingeräumt worden, aber alles andere scheint zu stagnieren. Weil er mich darum bat, habe ich ihm noch ein paar Mal Geld gegeben. Aber passiert ist dennoch nichts.

Mit Rachid telefoniere ich jetzt regelmäßig. Ich berichte ihm alles, was hier geschieht, und er sagt mir, er vertraue Bashir nicht. So langsam wächst mein Zweifel an dem Anwalt, aber ich weiß nicht, was ich tun soll. Bashir hat mir versichert, er sei in meiner Sache sehr aktiv, doch er könne nicht viel für mich machen, solange ich keine Wohnung in Aleppo habe. Bis dahin, so hat er mir vorgeschlagen, könne ich bei ihm und seiner Familie unterkommen. Ich habe sein Angebot angenommen, weil mich der Gedanke reizte, die Hotelkosten zu sparen.

Doch obwohl die ersten Tage in seinem Haus ganz harmonisch verlaufen, merkte ich doch schnell, dass das kein Dauerzustand sein kann. Auch hier gibt es keine Dusche, ich schlafe auf einer Sitzbank, und der kleine Sohn von Bashir scheint ein wahres Ekelpaket zu sein. Außerdem beschleicht mich ein Gefühl, das mich früher schon irritierte: dass ich kontrolliert werde und jemand anders bestimmt, mit wem ich Umgang pflege oder nicht. Bashir macht kein Hehl daraus, dass er meinen Kontakt mit Rachid missbilligt.

Mein Kopf droht wieder einmal, zu platzen, und ich habe das dringende Bedürfnis, das Haus zu verlassen. Rachid bittet mich, für ein paar Tage nach Damaskus zu kommen, damit wir gemeinsam nach Latakia fahren, um

John zu besuchen und unseren Plan mit ihm zu besprechen. Ich finde die Idee ausgezeichnet, und wir verabreden, dass ich am Donnerstagabend komme.

Dieser Donnerstag ist jedoch einer von vielen Feiertagen in Syrien. An diesem religiösen Festtag pflegt man hier die Familie zu besuchen. Schafe werden geschlachtet, um ein opulentes und köstliches Mahl zu bereiten.

Zu meiner großen Verblüffung ruft mich morgens Teta bei Bashir an und fragt mich, ob ich kommen wolle, um mit ihnen zu feiern. Nicht ohne Hintergedanken nehme ich die Einladung an. Ich will ein paar Tage verreisen, also ist es schön, wenn ich mich vorher noch von meinen Töchtern verabschieden kann. Dennoch weiß ich natürlich nicht, was ich von diesem plötzlichen Entgegenkommen von Teta halten soll.

Ich gehe zu Tetas Wohnung, wo die ganze Familie versammelt ist. Zum ersten Mal überhaupt wird mir Essen angeboten. Man unterhält sich und lacht und Teta ist überfreundlich zu mir. Ich sitze mit Dunja zusammen und unterhalte mich mit ihr, als sie plötzlich fragt: »Mama, hast du hundert Dollar für mich?« Ich sehe sie erstaunt an und frage, wie sie auf die Idee kommt. Wenn sie etwas braucht, kaufe ich es ihr – was will sie mit hundert Dollar? »Teta hat mir gesagt, ich soll dich fragen, weil sie doch heute ein Festmahl für uns alle machen musste«, flüstert sie mir ins Ohr. Ich versuche um des lieben Friedens willen, mich zu beherrschen, aber als Teta wenig später mit einem falschen Lachen bei mir vorbeiläuft und dabei ihre Hand auf meinen Kopf legt, kann ich mich nicht mehr zurückhalten.

»Wie kommt Dunja dazu, mich um hundert Dollar zu bitten?«, frage ich sie. Teta tut so, als wüsste sie von nichts und als ob es nur ein dummer Scherz von Dunja wäre. Dabei läuft sie im Zimmer hin und her. Ich beschließe zu gehen, bevor ich vor Wut explodiere. Ich gehe noch auf die Toilette, obwohl mich das dreckige Loch im Boden anekelt. Ich merke, dass das Papier zu Ende ist, und rufe Noura zu, sie möge mir doch eine neue Rolle bringen. Ich höre sie herumwühlen, und nach einer kleinen Ewigkeit reicht sie mir eine Rolle graues Toilettenpapier. Als ich wieder im Zimmer bin, verabschiede ich mich von meinen Töchtern, ohne irgendjemand hundert Dollar gegeben zu haben. Ich sage Dunja, dass ich nächste Woche wiederkomme. Sie weiß inzwischen, dass sie sich auf meine Versprechen verlassen kann. Und so winkt sie mir, zusammen mit Shirin, unbesorgt zum Abschied zu.

Ich kehre in Bashirs Wohnung zurück, um meine Sachen für die Reise zu packen. Bashir wird wütend, als er hört, dass ich zu Rachid nach Damaskus fahre. Ich lasse ihn schimpfen und packe weiter. Als ich in mein Portemonnaie schaue, entdecke ich etwas sehr Befremdliches. Ich bin mir absolut sicher, dass ich vier Ein-Dollar- und vier Hundert-Dollarscheine eingesteckt hatte. Doch jetzt sind von beiden Banknoten jeweils nur noch drei Scheine drin. Ich überlege, ob ich irgendetwas gekauft habe, doch dann schießt es mir durch den Kopf: Die hundert Dollar, die Teta haben wollte – und ich war zwischendurch auf dem WC. Noura hat nicht umsonst so lange gebraucht, um das Toilettenpapier zu finden! Die beiden »Damen« haben ein abgekartetes Spiel getrieben! Was für Hexen sind das doch, die mir das Geld aus dem Portemonnaie gestohlen haben!

Ich lasse in diesem Moment die hundert Dollar hundert Dollar sein und gehe zum Busbahnhof.

Am Freitag suche ich Laura auf, um mit ihr über die neuesten Entwicklungen zu sprechen. Donnerstag abend bin ich spät in Damaskus angekommen. Rachid wartete bereits auf mich. Auch heute ist er beim Gespräch mit Laura dabei. Wir kommen zu dem Schluss, dass mein Plan, mir eine Wohnung in Aleppo zu mieten, alles in allem eine gute Idee ist. Laura wird ihre Kontakte dort nützen, damit ich schnell etwas Geeignetes finde. Sie wird auch wieder mit Bashir reden, um die nächsten juristischen Schritte zu überlegen. Als wir dann nach zwei Stunden die Botschaft verlassen, meint Rachid: »Jetzt ist erst mal Zeit für ein paar leckere libanesische Kleinigkeiten. Danach schläfst du dich richtig aus, und morgen fahren wir zu John nach Latakia.«

Am Abend rufe ich vom Hotel aus meinen Vater an, um ihm mitzuteilen, dass ich in Damaskus bin. Das habe er schon von Bashir gehört, sagt er mir und fragt mich, warum ich dorthingefahren bin. Ich erzähle ihm, dass ich Laura sprechen wollte, und in ein paar Tagen wieder nach Aleppo zurückfahren werde. Von meinen Reiseplänen zu John sage ich ihm lieber nichts. Irgendwie habe ich das Gefühl, dass ich meinen Kontakt zu diesem Mann so wenigen Menschen wie möglich offenbaren sollte.

Nach dem Gespräch mit meinem Vater rufe ich spontan John an. Ich frage ihn, ob ich am nächsten Tag kommen kann, und er sagt erneut, ich sei ihm jeder Zeit willkommen. Er habe intensiv über meine Situation nachgedacht und freue sich, mich zu empfangen. Beruhigt gehe ich schlafen.

14

Ein Haus in Aleppo

Von Latakia aus fährt man eine halbe Stunde mit dem Taxi zu dem Gebäudekomplex, in dem John wohnt. Gebaut wurde die Anlage als Mädchenschule, später diente sie dann als Krankenhaus für Notfälle. Die Gebäude sind um einen Innenhof mit einem Brunnen und zwei großen Bäumen angelegt. In Höhe der ersten Etage läuft um den Innenhof eine Galerie, von der aus viele kleine Zimmer abzweigen. Auf ebener Erde befinden sich die Arbeitsräume von John, ein Badezimmer und eine große Gemeinschaftsküche.

John ist ursprünglich als Arzt für das Nothospital hierher gekommen; als das geschlossen wurde, blieb er. Inzwischen ist der Ort zum Mittelpunkt seines Lebens geworden. Er war mit einer Syrerin verheiratet und hat keinerlei Verbindungen mehr zu seinem Geburtsland England. Das Nothospital wurde zu einer Oase für alle, die Ruhe suchen oder wieder Kraft tanken müssen.

Sobald Rachid und ich vor dieser Stätte der Einkehr aus dem Taxi steigen, kommt John schon auf uns zu. Er ist ein hoch aufgeschossener Mann von etwa sechzig Jahren mit schlohweißem Haar und einem buschigen weißen Schnauzbart. Seine Augen funkeln schalkhaft. Er umarmt mich, als sei ich eine uralte Freundin von ihm, obwohl ich ihm heute das erste Mal begegne. Auch Rachid wird herzlich begrüßt. John zeigt uns unsere Zimmer und führt uns über das Gelände. Er fordert uns auf, uns hier wie zu

Hause zu fühlen. Wir begegnen mehreren Menschen und alles strahlt eine Atmosphäre der Entspannung aus. Hier und da sitzen Gäste dieser Einrichtung zusammen und plaudern miteinander. Wem das nicht liegt, der kann sich zurückziehen. Keiner stellt dem anderen Fragen; keiner muss begründen, warum er hierher gekommen ist.

Als wir uns schließlich im Innenhof niederlassen, um etwas zu trinken, falle ich sofort mit der Tür ins Haus und bitte John, mir zu helfen. Ich darf nicht gleich über eine mögliche Flucht aus Syrien sprechen, aber ich kann ihn fragen, ob er Dunja und Shirin unterstützen kann. Die Kinder brauchen emotionale Begleitung, erkläre ich ihm. John sagt, er könne momentan Latakia nicht verlassen, aber im nächsten Monat sei er wieder in Aleppo. Er bestärkt auch meinen Rechtsanspruch auf die Kinder und sagt, ich solle um das Sorgerecht kämpfen, damit ich sie dann vierundzwanzig Stunden am Tag um mich habe. Dann kann ich die Mädchen auch nach Latakia bringen, und wir können die Situation von hier aus neu einschätzen.

Obwohl wir so lange bleiben könnten, wie wir wollen, beschließe ich, noch am folgenden Tag nach Aleppo zurückzukehren, um den Kampf wieder aufzunehmen.

Am Abend rufe ich Bashir an, um ihm zu sagen, wo ich bin. Als er hört, dass ich wieder jemand anderen in die Sache eingeweiht habe, wird er wütend. Er lässt sich über Rachid aus, dem er nicht vertraut und der mich nun auch noch mit anderen fragwürdigen Typen bekannt macht. Ich berichtige ihn, dass ich John nicht über Rachid kennengelernt habe und dass er alles andere als eine dubiose Gestalt wäre. Ich habe Vertrauen zu Menschen westlicher Herkunft und finde es zudem aufbauend, mal wieder mit jemandem Englisch reden zu können. Danach übernimmt Bashirs Frau den Hörer und beginnt ebenfalls zu schimpfen: Es sei eine Schande, dass ich einfach weggegangen wäre, und weiß ich überhaupt, wie viel Sorgen sich ihr Mann um mich gemacht hat? Ich lasse ihren Redeschwall über mich ergehen, bis sie mich wieder an Bashir gibt. Der bringt nun ein anderes Thema zur Sprache: »Ich habe eine Wohnung für dich gefunden, Malika. Du hättest sie dir heute ansehen können, aber du musstest ja verreisen. Komm also bitte sofort zurück, denn ich weiß nicht, wie lange sie noch frei ist.«

Weil ich ohnehin vorhabe, am nächsten Tag zurückzukehren, kann ich also entschlossen sagen: »Das ist prima, Bashir. Ich bin morgen in Aleppo.«

Am nächsten Tag genießen wir noch eine Weile das herrliche Wetter und die Ruhe des Ortes. Während Rachid sich mit John in dessen Büro unterhält, sitze ich im Innenhof der Anlage. Nach einer Weile setzt sich ein anderer Gast von John zu mir und stellt sich als Luc vor. Er ist Franzose, spricht aber ein lupenreines Englisch. Ich schätze ihn auf fünfunddreißig. Er erzählt mir, dass er bereits seit fünfzehn Jahren in Syrien lebt und regelmäßig seine Ferien bei John verbringt. Dann fragt er, was mich hierher verschlagen habe. Als ich mit der Antwort zögere, sagt er schnell: »Sie brauchen mir das natürlich nicht zu sagen, wenn Sie nicht wollen. Aber ich habe den Eindruck, dass Sie nicht nur zur Erholung her gekommen sind.«

Gerade weil er mir sagt, ich brauche ihm nichts zu erzählen, beschließe ich, ihm gegenüber mit offenen Karten zu spielen. Die Tatsache, dass er ein ständiger Gast von John ist, sagt mir, dass ich ihm vertrauen kann.

Außerdem will ich vielen Menschen von meinem Schicksal erzählen – je mehr davon wissen, um so eher kann mir vielleicht jemand helfen. Also berichte ich Luc, was geschehen ist, und er hört mir zu. Ab und an unterbricht er mich, um mir eine Frage zu stellen. Nach einer halben Stunde ist alles berichtet, und Luc sagt: »Ich kann dir helfen. Ich kriege dich und deine Kinder aus dem Land. Aber du musst mir zwei Dinge versprechen: Sprich nicht mit John oder irgendeinem anderen darüber und stelle auch keine Fragen.«

Ich blicke ihn an und denke: Warum sollte ich ihm glauben? Ich weiß nichts von diesem Mann – warum sollte er mir helfen wollen? Als ich ihm gerade diese Fragen stellen will, sagt er: »Ich weiß, was du denkst. Aber du hast doch auch verstanden, dass es in diesem Land besser ist, möglichst wenig zu wissen? Wenn man nichts weiß, kann man auch nichts verraten. Denk darüber nach. Wir sprechen ein anderes Mal darüber.« Dann steht er auf und geht in eines der Zimmer auf der Galerie.

Ich denke über das nach, was er mir gesagt hat. Die Art und Weise, wie er mir seinen Vorschlag machte, klang sehr überzeugend. Vielleicht ist es ja jetzt Zeit, Risiken einzugehen, denke ich. Als Rachid und John zu mir kommen, sage ich ihnen nichts von dem Gespräch, das ich gerade geführt habe. Ich muss es erst selbst verarbeiten.

Am frühen Nachmittag fahren wir ab, Rachid nach Damaskus und ich nach Aleppo. Wir verabschieden uns von John und versprechen ihm, zurückzukommen, sobald ich die Kinder habe.

Am Busbahnhof wartet Bashir bereits auf mich. Sein Gesicht drückt seinen ganzen Unmut aus. Er hat inzwischen mit meinem Vater telefoniert, der nach seiner Aussage ebenfalls böse auf mich ist. Ich soll sofort in den Niederlanden anrufen. Weil all meine Sachen noch bei Bashir sind und ich momentan knapp bei Kasse bin, werde ich trotz allem mit ihm gehen und noch eine Nacht unter seinem Dach verbringen. Wenn alles gut läuft und mein Vater mir heute noch Geld überweist, habe ich morgen schon meine eigene Wohnung, und niemand kann mir Vorschriften machen.

Ich rufe also meinen Vater an, der in der Tat nicht gerade glücklich ist, dass ich mit Rachid unterwegs gewesen bin. Bashir hat ihm von John berichtet, und er weiß nicht recht, was er davon halten soll. Bis auf Weiteres soll ich auf jeden Fall eng mit Bashir zusammenarbeiten, rät er mir, denn das sei schließlich mein Anwalt, der meine Sache gut vertrete.

Als ich auflege, fragt Bashir mich, ob ich meinen Vater gebeten hätte, mir neben der Miete für die Wohnung auch sein Honorar zu überweisen. Ich frage ihn, warum er so sehr auf schnelle Bezahlung drängt, und er antwortet mir, dass er Angst habe, kein Geld mehr zu bekommen, wenn ich erst mal die Mädchen habe. Ich versichere ihm, er würde alles Geld, das ihm zusteht, bekommen und dass ich mich selbstverständlich nicht heimlich aus dem Staub machen würde. Fürs Erste gibt er sich zufrieden.

Dienstagmorgen machen wir uns auf den Weg, meine neue Wohnung anzusehen. Sie liegt im gleichen Viertel wie die von Teta und Noura. Sie hat ein Vorderzimmer, in dem üblicherweise Besucher empfangen werden, und ein hinteres Zimmer. In beiden Räumen stehen Sitzbänke mit Bezügen aus den siebziger Jahren, erkennbar an den psychedelischen Mustern und Farben. Darüber hinaus gibt es zwei Schlafzimmer und eine Küche, die dringend der Renovierung bedarf. Das Badezimmer ist für syrische Verhältnisse geradezu luxuriös ausgestattet: mit getrennter Dusche und Toilette. Und dazu noch ein richtiges Waschbecken! Auf dem sitzt zu meiner großen Überraschung ein Vogel, der mich frech mustert. Wie das Tier hereingekommen ist, weiß ich nicht, aber ich finde es überwältigend: ein Vogel, der mich willkommen heißt! Leise flüstere ich: »Bist du der Bote, der mir erzählen will, dass Dunja, Shirin und ich schon bald hier wegfliegen werden?«

Ich denke, dass ich es hier eine Weile aushalten kann. Bashir und ich gehen nun ins Büro der Wohnungsbaugesellschaft, wo wir die Hausverwalterin treffen sollen. Mein Anwalt hat auch dafür gesorgt, dass drei Richter dorthinkommen, um die Wohnung für tauglich zu erklären. Immerhin müssen sie erst sehen, in welcher Umgebung meine Töchter leben sollen, bevor sie mir das Sorgerecht zusprechen.

Weil sich die Hausverwalterin eine dreiviertel Stunde verspätet, sprechen wir zunächst mit den Richtern. Sie fragen mich, ob ich muslimischen Glaubens bin. Ich bestätige das und füge hinzu, dass mein Vater ein *hadj* ist. Außerdem erzähle ich, dass meine Kinder gegenwärtig in einem christlichen Haushalt aufwachsen, was ich sehr bedauerlich finde. In Wahrheit macht mir das überhaupt nichts aus, aber ich weiß, dass meine Zugehörigkeit zur muslimischen Gemeinschaft momentan für mich spricht. Ich sage, ich wolle die Mädchen vor allem deshalb bei mir haben, um sie im Sinne meiner Religion zu erziehen.

Als Nächstes fragen die Richter mich, wie ich mir meinen Lebensunterhalt in Syrien zu verdienen denke. Ich erzähle ihnen, dass mir mein Vater wöchentlich Geld zukommen lässt und ich zudem beabsichtige, für die niederländische Vertretung zu arbeiten. Deshalb möchte ich Dunja auch auf die Internationale Schule schicken, damit sie dort Englisch und Französisch lernt. Das finden die Richter zwar nicht so positiv, aber der Rest meiner Ausführungen scheint sie zu überzeugen. Ich lobe zudem das Land in den höchsten Tönen und versichere ihnen, dass ich hier nicht mehr weg will. Schließlich sind sie zufrieden und wollen sich die Wohnung ansehen.

Sie gehen ohne mich, weil ich als »schlichte Muslimin« schließlich weiß, dass es sich nicht schickt, sich mit solchen Sachen abzugeben. Doch dann kommt Rosa, die Hausverwalterin, zurück und sagt, ich solle doch noch kommen. Die drei Richter warten bereits an meiner Wohnungstür auf mich. Bashir steht ebenfalls mit einem kleinen Fernsehgerät in seinen Händen dabei. »Ein Einzugsgeschenk«, sagt er.

Die Richter inspizieren die Wohnung sehr sorgfältig und kommen dann zu der Entscheidung, hier könne ich sehr wohl mit meinen Töchtern leben. Dann holen sie einen Mietvertrag aus der Tasche. Er ist arabisch abgefasst, aber weil Bashir dabei ist, unterzeichne ich ihn. Nachdem alle Formalitäten erledigt sind, sagt einer der drei Richter zu mir: »So, und wenn Sie jetzt das Land verlassen, müssen Sie mit einer Gefängnisstrafe rechnen.« Ich frage Bashir, was das bedeutet, und er sagt mir, ich hätte gerade ein Dokument unterzeichnet, dass ich nicht zusammen mit Dunja und Shirin aus Syrien ausreisen kann. Und wieder einmal hat man mich reingelegt! Aber offensichtlich bin ich das schon gewöhnt, denn ich rege mich nicht mehr auf. Wartet nur, denke ich mir, ich unterzeichne alles, was ihr von mir wollt – aber meine Pläne gebe ich dennoch nicht auf.

Schließlich muss ich noch tief in die Kasse greifen: Die

Miete muss für drei Monate im Voraus bezahlt werden, Bashir erhält sein Honorar, und auch die Richter wollen Geld sehen. Dafür aber erhalte ich von ihnen die richterliche Bestätigung, dass die Kinder von nun an bei mir wohnen können. Jetzt nur noch die Wohnung herrichten, verspricht Bashir mir, und dann holen wir sie ab.

Es ist inzwischen spät geworden, und die Aufräumarbeiten müssen bis morgen warten. Weil noch kein Bettzeug, keine Handtücher und all solche Sachen in der Wohnung sind, schlafe ich doch noch eine Nacht bei Bashirs Familie. Obwohl ich es dort schrecklich fand und die Minuten bis zu meinem Auszug gezählt habe.

Am Abend essen wir, auf dem Boden sitzend, Brot und Oliven. Alles passiert auf dem Fußboden, Tische gibt es keine. Das Brot wird einem fast hingeworfen. Schuhe trägt hier keiner, aber das heißt noch lange nicht, dass der Boden sauber ist. Ich habe Rashids Frau noch nicht ein Mal sauber machen sehen, und überall liegen Brotkrumen und andere Essensreste herum. Einen Staubsauger scheint es auch nicht zu geben.

Als Bashir und seine Frau zum Gebet gehen, fragen sie mich, warum ich als gute Muslimin nicht mitkommen will. Ich lege ihnen dar, dass ich nun nicht die notwendige Ruhe dafür habe, es aber nachholen werde, wenn ich erst meine Kinder bei mir habe.

Am nächsten Morgen, es ist Mittwoch, der 15. März, bin ich schon früh auf. Heute hole ich die Urkunden vom Gericht und danach meine Töchter. Doch Bashir hat eine niederschmetternde Botschaft für mich: Er hat gestern vergessen, mir zu erzählen, dass mal wieder ein paar Feiertage in Syrien sind. Alles bleibt geschlossen, keiner arbeitet – also auch die Richter nicht. Wir müssen bis nach dem Wochenende warten, um die Kinder zu holen. Bescheuerte Feiertage! Ich kann nicht verstehen, warum es in diesem trüben Land so viel Feiertage gibt! Zum tausendsten Mal tut sich nichts. Es ist zum Verrücktwerden.

Ich packe meine Sachen, um in meine eigene Wohnung zu ziehen. Lieber dort noch vier Tage warten, als eine Minute länger hier zu bleiben. Bashir ist zwar beleidigt, lässt mich aber gehen.

Als ich mit meinen Sachen in der neuen Wohnung ankomme und mich gründlich umsehe, wird mir klar, wie schmutzig sie eigentlich ist. Mein Elan sinkt auf den Nullpunkt, und ich weiß nicht, in welcher Ecke ich beginnen soll. Ich lasse mich auf die Sitzbank fallen und schaue mir etwa eine halbe Stunde wie gelähmt das Chaos an.

Danach rufe ich aus einer Telefonzelle an der Straßenecke erst einmal Noura an. Falls Dunja und Shirin bei ihr sind, kann ich vorbeischauen. Dunja nimmt selbst ab und sagt mir, dass auch Hamid da ist und ich kommen soll. Ich lasse meine verdreckte Wohnung so wie sie ist, und gehe sofort zu Noura. Meine Kamera bleibt zu Hause, und auch eine Tasche nehme ich nicht mit.

Unterwegs kaufe ich noch zwei Überraschungseier für Dunja und Shirin. Ich würde auch Eileen etwas mitbringen, doch das Mädchen wird bei meinen Besuchen immer von mir fern gehalten und mag auch nichts von mir annehmen. Als ich bei Noura eintreffe, umarme ich erst meine Kinder und gebe ihnen die Schokoladeneier. Eileen schaut traurig zu. Hamid und Teta sehen mich wortlos an, ohne mich zu begrüßen. Als Dunja ihr Ei ausgepackt hat, bittet sie mich, die kleine Figur darin für sie zusammenzusetzen. Ich nehme neben ihr auf der Sitzbank

Platz, und in diesem Augenblick schießt Hamid hoch. Er will meine Sachen durchsuchen, sagt er. Es ist das erste Mal, dass ich ohne Kamera hierher gekommen bin – als hätte ich es geahnt! Während Hamid meine Jackentaschen durchsucht, ruft er: »Ich vertraue dir nicht, du hast bestimmt wieder heimlich eine Kamera bei dir. Ich habe gehört, du hast in den Niederlanden im Fernsehen gesagt, Syrien ist ein schlechtes Land und ich bin ein schlechter Mann.« Ich tue so, als wüsste ich von nichts, aber das macht ihn nur noch wütender: »Sie sollten in Holland aber einmal wissen, was du für eine Frau bist. Als arabische Frau mit einem schmierigen Holländer ins Bett zu gehen. Du bist schlecht, Malika!« Selbst Teta versucht, ihn zu beruhigen, aber auch sie muss die Wut von Hamid ertragen. Sie soll sich nicht einmischen, blafft er sie an. Dann wendet er sich wieder mir zu. Ich merke, dass die ganze Sache wieder einmal außer Kontrolle gerät, springe auf und renne – ohne die Gelegenheit gehabt zu haben, meinen Töchtern einen Abschiedskuss zu geben – aus der Wohnung.

Unten im Treppenflur treffe ich Noura, die einkaufen war. Sie fordert mich abermals auf, Hamid zu vergeben, und bittet mich, wieder nach oben zu kommen. Ich mache ihr klar, dass ich nichts mehr mit der Familie zu tun haben will und in einigen Tagen auf der Schwelle stehen werde, um meine Töchter endgültig abzuholen.

Bevor ich nach Hause gehe, schaue ich noch einmal im Hotel Baron vorbei. Ich treffe dort Mustafa, der gerade zu einer mehrtägigen Reise aufbrechen will. Ich erzähle ihm von meiner eigenen Wohnung und sage, dass ich meine letzten Sachen, die ich im Hotel eingelagert habe, abholen will. Ich erledige einige Telefonate in die Niederlande, bezahle meine Rechnungen und gehe dann, bepackt mit Koffern und Taschen, nach Hause.

Dort sage ich mir, dass ich nun an die Arbeit muss und nicht zu viel an die Szene, die sich gerade abgespielt hat, denken darf. Ich bin meinem Ziel sehr nahe gekommen – der Rest ist jetzt eine Sache des Durchhaltens. Den ganzen Tag putze und schrubbe ich. Die Wohnung hat monatelang leer gestanden, und die Vormieter sind offensichtlich Hals über Kopf ausgezogen. Im Kühlschrank finde ich sogar noch verschimmelte Essensreste. Auch im Badezimmer ist eine Generalreinigung angesagt. Der Vogel ist von dort verschwunden. Er bereitet wahrscheinlich schon die Flucht von meinen Töchtern und mir vor, denke ich.

Erst mitten in der Nacht lasse ich mich erschöpft auf der Bank nieder. Die Wohnung ist jetzt sauber, meine Sachen sind ausgepackt, auf dem Bett liegen die Laken, die ich mir aus dem Hotel Baron ausgeliehen habe – kurzum: Mein neues Heim ist bewohnbar! Nun muss ich nur noch für Wandschmuck sorgen, eigenes Bettzeug kaufen und alles ein wenig gemütlicher machen.

Ich denke wieder an den Wutanfall von Hamid, und mit einem Mal fällt es mir ein: Er hat heute Geburtstag! Als wir noch in den Niederlanden lebten, musste der immer mit großem Brimborium gefeiert werden. Es gab Torten, Girlanden wurden aufgehängt, und selbst sein Stuhl musste geschmückt werden. Und heute saß er bei seiner Familie, die den Geburtstag offensichtlich auch vergessen hatte. Ich brachte den Kindern etwas Leckeres mit – hatte aber nichts für ihn. Jetzt kenne ich den wirklichen Grund seines Wutanfalls. Später einmal habe ich Dunja gefragt, ob sie wusste, dass ihr Vater an diesem Tag Geburtstag hatte, und ob er noch irgendwie gefeiert wurde. Sie konnte sich jedoch an nichts dergleichen erinnern.

Plötzlich wird mir alles wieder zu viel. Hier sitze ich nun: mutterseelenallein in meiner neuen Wohnung. Und ich habe die Kinder noch immer nicht! Bashir, die Richter und Mustafa sind verreist, Rachid ist in Damaskus, und ich fühle mich einsamer denn je. Ich bekomme einen furchtbaren Weinkrampf und will mit irgendjemandem sprechen. Am liebsten würde ich jetzt telefonieren, aber ich habe noch keinen Telefonanschluss und will nicht mitten in der Nacht allein auf die Straße laufen. Doch wie soll ich mir alles von der Seele reden? Ich nehme die Videokamera, und spreche in das Objektiv. Eine ganze volle Stunde lasse ich so all meinen Ärger, meine Ängste und Frustrationen heraus.

Danach fühle ich mich besser und lege mich auf das Bett. Es ist inzwischen vier Uhr. Von der Moschee hinter meinem Haus erklingt der erste Aufruf zum Frühgebet. Ich höre dem Singsang des Geistlichen zu, und irgendwie ist er wie Musik in meinen Ohren. Langsam dämmere ich dahin, lausche dem Rufen und falle endlich in einen tiefen Schlaf.

Als ich schließlich aufwache, ist es immer noch – oder schon wieder – dämmerig. Ich habe keine Vorstellung, ob es nun morgens oder abends ist. Ich stehe auf und will duschen. Doch aus der Leitung kommen nur einzelne Tropfen, und die sind auch noch kochend heiß. Was immer ich anstelle, es wird nicht kälter. Also gebe ich die Idee, zu duschen, schnell auf. Ich ziehe mich an und gehe auf die Straße.

Ich frage den erstbesten Passanten, wie spät es eigentlich ist. Er sagt, fünf Uhr nachmittags und er müsse sich beeilen, um noch rechtzeitig zum Freitagsgebet zu kommen. Es dauert eine ganze Weile, bis es mir dämmert, dass ich sechsunddreißig Stunden ohne Unterbrechung im Bett gelegen habe. Kein Wunder, dass ich mich frisch und fit fühle! Ich erledige ein paar Einkäufe und rufe Bashir auf seinem Mobiltelefon an. Er ist noch nicht wieder in Aleppo, verspricht mir aber, in ein paar Tagen die Kinder abzuholen.

Die nächsten Tage lässt Bashir mich an der langen Leine zappeln. Jedes Mal, wenn ich ihn anrufe, sagt er nur: »*Boukra*, morgen. Morgen holen wir die Kinder. *Sabr*, Geduld!« Ich kann die Kinder nicht besuchen, denn die sind mit Hamid wegen der Feiertage ebenfalls verreist. Ich habe keine Vorstellung, wo sie sein könnten. Meine Geduld wird arg strapaziert, das Warten fällt mir immer schwerer. Und so rufe ich Rachid in Damaskus an. Ich frage ihn, ob er für ein paar Tage nach Aleppo kommen will, schließlich habe ich jetzt eine eigene Wohnung mit Gästezimmer, und so kann er dabei sein, wenn wir Dunja und Shirin abholen. Er stimmt sofort zu und verspricht, am nächsten Tag den Bus nach Aleppo zu nehmen.

Als ich Rachid dann am Busbahnhof abhole, sagt er mir, dass er doch nicht bei mir wohnen wolle. Er will keinen falschen Eindruck machen und deshalb lieber im Hotel Baron absteigen. Dort stelle ich ihm Mustafa vor, der inzwischen zurückgekehrt ist. Zu dritt gehen wir essen: meine beiden besten Freunde in diesem Land, denke ich mir. Zusammen mit John sind sie diejenigen, die mich immer wieder aufbauen.

Nachdem ich Rachid am Nachmittag meine Wohnung gezeigt habe, suchen wir eine Telefonzelle, um meinen Vater anzurufen. Doch das Telefonieren kann in diesem Land mit großen Hindernissen verbunden sein. Man kann nicht von jedem Anschluss aus ein Ferngespräch führen – von Auslandsgesprächen ganz zu schweigen! Meist gehe ich deshalb ins Hotel Baron, aber weil mir der Weg zu weit ist, versuche ich es von der Telefonzelle in meiner Straße aus. Wenn der Anschluss dort einmal funktioniert, bildet sich eine lange Warteschlange, und man weiß nie, wie lange es dauert, bis man endlich dran ist. Denn wenn die Menschen hier einmal telefonieren, schert es sie herzlich wenig, wie viele warten. So ein Gespräch kann dann leicht eine ganze Stunde dauern. Es ist momentan also schwer, jemand anzurufen, und – seit ich aus dem Hotel Baron ausgezogen bin – praktisch unmöglich, angerufen zu werden.

Als ich jetzt also mit Rachid zur Telefonzelle gehen will, habe ich plötzlich einen Einfall.

Schräg gegenüber von meinem Haus befindet sich eine Bäckerei, in der ich seit meinem Umzug in diese Gegend regelmäßig Brötchen oder Pizza kaufe. Dabei unterhalte ich mich meist auch mit Abu Achmed und Mohammed, den beiden Ladenbesitzern. Ich habe gesehen, dass im Geschäft ein Telefon ist, und will sie bitten, mich von dort aus – natürlich gegen Erstattung der Kosten – telefonieren zu lassen. Das ist überhaupt kein Problem, ist ihre Reaktion auf meine Frage, und auch dort angerufen zu werden, etwa von Bashir oder meinem Vater, stellt für sie keinen Umstand dar. Meine Kontakte zur Außenwelt sind also in den nächsten Tagen gesichert: Man kann mich – selbst aus den Niederlanden – erreichen. Und so wird nun regelmäßig an meine Tür geklopft, und Achmed teilt mir mit, da sei jemand »aus Holanda« am Telefon.

Auch das Problem mit der Dusche löst sich in diesen Tagen. Rachid erklärt mir, dass nachts in allen Häusern das kalte Wasser, das auch als Trinkwasser dient, abgestellt wird. Nur noch kochend heißes Wasser wird dann geliefert. Deshalb sollte man bis fünf Uhr nachmittags geduscht haben, weil es danach kein kaltes Wasser mehr gibt. Weil ich in diesem Land bisher meist nur in Hotels untergebracht war, wo man den Gästen den Service der Kaltwasserzufuhr zukommen lässt, war mir diese Tatsache unbekannt. Das Land bleibt mir ein Rätsel.

Obwohl nun jemand bei mir ist, mit dem ich sprechen kann, hat sich meine Situation durch Rachids Besuch nicht wirklich verändert. Bashir ist immer noch unterwegs, und statt *boukra* bekomme ich jetzt am Telefon zu hören, ich solle bis nach dem Wochenende warten, dann holen wir die Kinder. Das geht schon seit Tagen so, und ich will deshalb einen Termin mit dem Konsul der Niederlande in Aleppo vereinbaren, um ihm meine Situation zu erläutern und zu sehen, ob er die Dinge nicht vielleicht beschleunigen kann. Wir verabreden uns für den nächsten Montag.

Am Montagmorgen kommt Rachid ziemlich früh aus dem Hotel Baron zu mir. Während ich Kaffee koche, klopft es an der Tür. Das wird Abu Achmed sein, ist mein erster Gedanke, und ich rufe: »Wer ist da?«

»Bashir«, ist die Antwort von der anderen Seite der Tür. Rachid und ich sehen uns an. Wenn Bashir ihn hier schon so früh morgens sieht, könnte er leicht die falschen Schlüsse ziehen. »Schnell, versteck dich«, flüstere ich ihm zu. Weil es nicht allzu viele Möglichkeiten zum Verstecken in meiner Wohnung gibt, kriecht Rachid in meinem Bett unter einen Stapel Decken und Laken.

Ich lasse Bashir herein und frage ihn, ob er Kaffee möchte. Er sieht sich um, läuft in den zweiten Wohnraum und sagt, ich hätte die Wohnung ja prima in Schuss gebracht. Während ich uns den Kaffee eingieße, höre ich, wie die Schlafzimmertür geöffnet wird. Ich laufe hin und sehe Bashir auf der Schwelle stehen. Er meint: »Ich will nur sehen, was du hier alles hingeräumt und aufgehängt hast. Warum steht dein Bett eigentlich mitten im Zimmer? Soll ich es zurück an die Wand schieben?« Angstschweiß bricht mir aus, und ich stammele, ich fände es ganz wunderbar, wenn das Bett genau in der Mitte des Zimmers steht. Er solle doch endlich zurück ins Wohnzimmer kommen, der Kaffee werde sonst noch kalt. Glücklicherweise folgt er mir umgehend.

In epischer Breite berichtet er mir von seinem Kurzurlaub und wie wir morgen die Kinder abholen. Ich kann nur noch an Rachid denken, der mittlerweile wahrscheinlich langsam, aber sicher unter dem Stapel Decken erstickt. Endlich gelingt es mir, Bashir unter dem Vorwand, dass ich vor meinem Besuch im Konsulat noch duschen muss, zu verabschieden. Als ich ins Schlafzimmer komme, steckt Rachid seinen knallroten Kopf unter den Decken hervor. Ich muss fürchterlich lachen – diese Situation war doch zu komisch! Rachid kann nicht mitlachen und grollt, ich hätte Bashir erst gar nicht in den zweiten Wohnraum, geschweige denn ins Schlafzimmer gehen lassen dürfen. Doch ich lache weiter, und schließlich fällt auch er in mein Gelächter ein. Wie schön ist es doch in diesen miesen Zeiten, ab und an einen Grund zu haben, mal wieder richtig zu lachen.

In den nächsten Tagen wird meine Geduld erneut auf eine harte Probe gestellt.

Auf dem Konsulat können sie mir nicht weiterhelfen, und auch Laura kann mir nichts Neues berichten. Ich kaufe Sachen für das Haus, Geschenke für meine Töchter. Ein paar Mal telefoniere ich mit Dunja, doch Teta und Noura verbieten mir, die Kinder zu besuchen. Ich rede mit Bashir, aber er sagt nur, wir müssen noch einige Tage warten, bis wir wirklich alle Unterlagen zusammen haben. Ich bitte meinen Vater erneut um Geld, um meinen Anwalt bei Laune zu halten. Rachid kehrt nach Damaskus zurück, kommt aber nach ein paar Tagen wieder. Ich warte und warte und warte...

Am Mittwoch, den 29. März, bin ich wieder mit Bashir verabredet. Ich warte den ganzen Tag, dass er sich meldet, aber erst abends wird an meine Tür geklopft. Es ist Abu Achmed, der mir mitteilt, Bashir sei am Telefon. Er sagt mir, ich soll sofort zur Kirche bei Nouras Haus kommen, dort warte er bereits. Es würde jetzt losgehen.

Als ich zusammen mit Rachid dort ankomme, steht Bashir mit zwei Soldaten da. Er sagt mir, er habe bis zum Abend gewartet, weil er sicher sein wollte, dass Dunja und Shirin wirklich zu Hause sind. Ich soll zunächst nach oben gehen, während er mit Rachid und den Männern in Grün unten warten würde. Falls die Mädchen nicht da sein sollten, soll ich sofort nach unten kommen, damit wir sie suchen. Andernfalls soll ich oben bleiben, und die Männer würden in zehn Minuten nachkommen.

Ich laufe die Treppen zu Nouras Wohnung hoch und bete inständig, dass dies das letzte Mal sein möge, dass ich mich in diesem verdreckten Treppenhaus aufhalten muss.

Nachdem ich geklopft habe, höre ich hinter der Tür ein Poltern, und kurz danach wird sie einen Spalt breit geöffnet. Ich schiebe sofort meinen Fuß dazwischen und rufe nach den Mädchen. Sie kommen gleich auf mich zugerannt, und Teta, die die Tür geöffnet hat, bleibt nichts anderes übrig, als sie ganz aufzumachen und mich hereinzulassen. Teta und Noura fallen sofort mit Vorwürfen über mich her, warum ich in den letzten Wochen nicht meine Töchter besucht habe. Ich sage, ich sei fast jeden Tag hier gewesen, aber keiner hätte sich auf mein Klopfen gemeldet.

Ich lasse den Redeschwall der beiden über mich ergehen und setze mich mit Dunja und Shirin auf eine Sitzbank. Ich will Dunja ganz dicht an mich heranziehen, um ihr zu sagen, was gleich geschehen wird, doch Teta beobachtet uns mit Argusaugen. Also nehme ich Dunjas Hausarbeitsheft und fordere sie auf: »Komm, wir üben arabische Wörter.« Und dann schreibe ich ihr auf Niederländisch ins Heft: »Wir werden gleich von den Männern in Grün abgeholt. Ihr kommt mit mir mit.« Dunja liest das und strahlt über das ganze Gesicht. Shirin flüstere ich währenddessen zu: »Wir gehen gleich ganz leckere Erdbeeren mit Schlagsahne essen, mein Schatz!« Auf dieses Angebot reagiert Shirin mit einem Tanz und klatscht in ihre Hände. Teta fragt uns, warum wir so fröhlich sind, doch ich schweige.

Nach etwa zehn Minuten wird hart gegen die Tür gepocht. Teta wird bleich und fordert die Kinder auf, sich ruhig zu verhalten. Aber die Mädchen sind viel zu aufgedreht. Shirin packt schon fleißig Spielsachen und anderen Kleinkram in eine Tasche. Es wird erneut geklopft. Teta ruft: »Wer da?« Als sie hört, es ist die Polizei, bleibt ihr nichts anderes übrig, als zu öffnen. Vor der Tür stehen Bashir, Rachid und die zwei Soldaten. Bashir zeigt Teta den Gerichtsbeschluss, dass die Kinder von nun an bei mir wohnen sollen.

Noura beginnt zu schreien, das könne doch nicht wahr sein, da müsse erst ihr Anwalt kommen und natürlich auch Hamid. Bashir erklärt, wir würden erst einmal alle ins Polizeibüro gehen, wo Hamids Rechtsanwalt schon auf uns warten würde. Noura und Teta begreifen allmählich die Situation und gehen grummelnd mit. Ich habe inzwischen schnell ein paar Sachen der Kinder in eine Tasche gepackt, ihnen Jacken angezogen, und so gehen wir los.

Als wir die Gasse entlanglaufen, fühle ich mich unheimlich stolz. Die Nachbarn sind nach draußen gekommen, um zu sehen, was los ist. All die Menschen, die mir in den letzten Monaten ihre Hilfe verweigerten, weil sie angeblich von nichts wussten, sehen nun, dass ich gesiegt habe. Ich hatte mir geschworen, dass ich eines Tages zusammen mit den Männern in Grün meine Kinder abholen würde – und jetzt ist es wahr geworden! Ich habe das Gefühl, als schreite ich auf Wolken.

Doch dann bricht plötzlich Panik aus. Dunja, die neben Noura ging, rennt laut schreiend davon. Ich begreife nicht, was geschieht. Ich übergebe Shirin an Rachid und laufe hinter Dunja her. Ich werde von Noura verfolgt. Von weitem sehe ich, wie mein Mädchen in ein kleines Geschäft hineinrennt. Als ich da ankomme, sitzt Dunja hinter der Ladentheke und brüllt: »Nein, ich will nicht mit! Ich will zu Papa! Nein, nein, ich will nicht!«

Noura versucht, mir den Weg zu versperren und will mich schlagen. Glücklicherweise sind jetzt auch die Soldaten da. Als sie ihre Waffen ziehen, muss Noura ihren Angriff auf mich beenden. Die Soldaten gehen in den Laden und ziehen Dunja heraus. Sie drücken sie mir in die Arme, und ich versuche, das Mädchen zu beruhigen. Ich verstehe immer noch nichts und frage sie, warum sie denn weglaufen wollte. Ihre Antwort: »Noura sagte, dass wir nun in ein Waisenhaus gesteckt werden und dich und

Papa nie mehr sehen werden.« Langsam gelingt es mir, sie wieder zu beruhigen.

Es folgt ein nervenaufreibender Abend in dem Polizeibüro. Omar, Hamids Anwalt, verhandelt mit Bashir. Ich muss alle möglichen Dokumente unterzeichnen, und man will auch wieder Geld sehen. Noura und Teta erzählen zum x-ten Mal ihre Version der Geschichte. Aber letztendlich dreht es sich nur noch um das eine Papier, das wir schließlich doch bekommen haben: die richterliche Verfügung, dass die Kinder mir zugesprochen werden.

Um elf Uhr abends ist es so weit: Ich gehe mit meinen Kindern in unsere eigene Wohnung. Teta fängt an zu weinen und fragt, ob sie die Mädchen überhaupt noch mal sehen kann. Um ihr Gejammere zu beenden, verspreche ich ihr, dass sie uns jeden Tag besuchen darf.

Auf dem Weg nach Hause sagt Bashir zu mir, ich solle meinen Vater anrufen, damit er wieder Geld schickt. Eigentlich will ich den restlichen Abend mit meinen Kindern genießen, doch Bashir besteht darauf, dass ich erst die Sache mit dem Geld kläre. Um ihn zu beruhigen, rufe ich aus einer Telefonzelle meinen Vater an. Er ist glücklich, als er hört, dass Dunja und Shirin wieder bei mir sind, und will sofort eine Überweisung vornehmen. Bashir, der beim Gespräch neben mir gestanden hat, ist endlich zufrieden, und ich kann mich in Ruhe meinen Töchtern widmen.

Zusammen mit Rachid gehen wir in ein Restaurant und bestellen alle Desserts, die auf der Karte stehen. Dunja und Shirin trauen ihren Augen kaum und wissen nicht, mit welcher der Leckereien sie anfangen sollen. Shirin klopft erst einmal mit einem Löffel gegen den Rand ihres Eisbechers und erfreut sich an der von ihr selbst produzierten Musik. Ich schaue total glücklich auf meine Kinder: Ich habe meine Töchter wieder!

Die erste Nacht, die wir drei gemeinsam in unserer Wohnung verbringen, ist einfach umwerfend. Wir zünden Kerzen an und spielen und reden noch eine ganze Weile. Schließlich legen Dunja und Shirin sich in mein Bett und schlafen ein. Ich liege neben ihnen und habe nur noch Augen für meine schlafenden Mädchen. Wir haben uns wieder, wir liegen unter einer Decke, und niemand wird uns jemals wieder trennen können.

Am nächsten Tag gehen wir zusammen mit Mohammed, dem Bäcker aus der Nachbarschaft, zu einem Spielzeugladen. Bashir hat die Männer aus der Bäckerei gebeten, ein bisschen auf uns aufzupassen. Außerdem hat er mir geraten, nicht allein mit den Mädchen auf die Straße zu gehen. Er hat offensichtlich Angst, dass Hamids Familie erneut versuchen könnte, die Kinder zu entführen. Daher nehmen wir Mohammed als persönliche Leibwache mit in das Geschäft. Dunja und Shirin haben freie Wahl; ich spiele den Weihnachtsmann für meine Mädchen. Mohammed schaut dem Ganzen fassungslos zu. Bei allen Wünschen meiner Töchter sage ich nur: »Ja sicher kannst du das haben.« Nach einer Weile sehe ich, dass auch Mohammed Spielsachen aussucht und auf die Ladentheke legt. Ich weiß, dass er selbst kleine Kinder hat, und das finde ich schön.

Zu Hause spielen die Kinder sofort mit all ihren Neuerwerbungen. Dann wird an meine Tür geklopft, und Omar und Teta stehen vor mir. Ich lasse sie herein, und Teta beginnt sofort zu erzählen, wie sehr sie Dunja und Shirin vermisst hätte und dass sie die ganze Nacht nicht schlafen konnte. Ich kann jedoch kein Mitleid für diese Frau aufbringen, die mir monatelang meine Kinder vorenthalten hat. Ich frage sie, was sie glaubt, wie es mir wohl zumute gewesen ist, nicht nur eine Nacht, sondern dreizehn Monate ohne meine Töchter schlafen zu müssen. Daraufhin hält sie sich zurück. Sie bleibt noch eine halbe Stunde und zieht dann mit Omar wieder ab.

Ich hatte keine Ahnung, dass wir wieder bei Mama wohnen sollten. Ich saß eines Tages wie üblich bei Teta und machte meine Schularbeiten, Shirin malte ein Bild. Es wurde an der Tür geklopft, und Mama war wieder da. Ich weiß noch, dass sie einen wunderschönen blauen Rock trug. Sie käme mal eben so vorbei, sagte sie. Aber dann schrieb sie mir in mein Heft, dass wir gleich abgeholt würden und dass ich nicht erschrecken sollte, wenn ich die Polizisten sah. Plötzlich wurde sehr hart an die Tür geklopft, und Teta erschrak ganz furchtbar. Wir gingen alle nach unten, und da waren sehr viel Leute. Wir liefen den Polizisten hinterher. Auf einmal sagte Noura zu mir, dass Shirin und ich nun in ein Waisenhaus gesteckt würden. Ich bekam einen Riesenschreck und rannte davon. Ich versuchte, mich zu verstecken, aber ein Polizist packte mich und brachte mich zu Mama. Die erzählte mir dann, dass wir nicht in ein Waisenhaus sollten, sondern zu ihr in die Wohnung ziehen. Die Idee fand ich ganz prima.

Den ersten Tag dort verbrachten wir drei zusammen. Ich brauchte nicht zur Schule gehen, und wir bekamen neue Kleidungsstücke aus den Niederlanden. Und wir durften uns auch so viele Süßigkeiten und Spielsachen kaufen, wie wir wollten.

Als Teta zu Besuch kam, tat sie ganz scheinheilig, so als ob wir es bei ihr auch immer so gut gehabt hatten. Sie hatte auch immer so getan, wenn Mama zu Besuch war. Aber wenn Mama wieder ging, sagte sie jedes Mal nur schlechte Dinge über sie: dass Mama uns nicht lieb hatte und dass sie selbst nun unsere Mutter sei. Ich war froh, dass wir nicht mehr bei Teta wohnen mussten.

Ich war mir nicht sicher, ob wir nun bei Mama bleiben würden oder nach einer Weile wieder zurück zu Teta sollten. Ich machte mir auch Sorgen um Papa. Ich hoffte, ich würde ihn auch weiterhin zu sehen bekommen.

Ich habe jetzt meine Töchter zurück, doch das bedeutet noch nicht, dass ich auch meine Ruhe habe. In den nächsten Wochen rückt mir Bashir ständig auf den Pelz: Er will sein Geld haben – und das sofort. Denn er fürchtet immer noch, ich könne von einem Tag auf den anderen verschwunden sein. Deshalb bitte ich meinen Vater, mir wieder Geld zu schicken.

Mein nächstes Problem ist, dass Dunja zur Schule muss. Seit sie bei mir wohnt, habe ich sie zu Hause behalten, doch Bashir weist mich nachdrücklich darauf hin, dass auch für sie die allgemeine Schulpflicht gilt. Dunja will auf keinen Fall zurück in die Schule, die sie in den letzten Monaten besucht hat. Ich selbst fände es auch besser, wenn sie eine internationale Schule besucht. Also gehe ich zusammen mit ihr und Bashir zu ihrer alten Schule, um sie dort abzumelden. Dunja kränkelt in der letzten Zeit und behält ihr Essen nicht mehr bei sich. Mir ist klar, dass dies eine Folge ihrer Anspannung der letzten Monate ist. Schon aus diesem Grund soll sie in einer neuen Schule anfangen.

Einige Male machen die Richter überraschende Kontrollbesuche, um sich selbst davon zu überzeugen, dass alles in Ordnung ist. Als ich ihnen Dunjas Schulproblem schildere, sagen sie mir, sie müsse erst durch einen Schularzt untersucht werden. Die Richter wollen auch wissen, ob meine Töchter im muslimischen Glauben erzogen werden, also muss Dunja – so krank sie auch ist – Korantexte aufsagen. Schließlich kann ich sie von unserem guten Willen überzeugen, und Dunja wird noch eine Woche von der Schule befreit, um wieder zu Kräften zu kommen.

Inzwischen ist auch Rachid wieder aus Damaskus gekommen, um mit mir die Fluchtpläne zu besprechen. Ich habe vor, dass ich irgendwie Aleppo verlasse und eine Weile bei John lebe. Ich hoffe, dort eine Möglichkeit zur Flucht zu finden, sodass ich nicht mehr hierher zurück muss. Bei John wohnt immerhin auch Luc, der mir gesagt hat, er könne mir helfen. Ich habe lange über sein Angebot nachgedacht und will mich mit Rachid darüber austauschen. Zwar habe ich Luc versprochen, mit keiner Seele über den Plan zu reden, aber ich will mich in so ein Abenteuer mit einem mir relativ fremden Menschen nicht ganz allein einlassen. Rachid kann ich jedoch völlig vertrauen, also weihe ich ihn in die Pläne des Franzosen ein.

Rachid reagiert durchaus positiv, mahnt aber, sehr vorsichtig vorzugehen. Er will Luc treffen und ihn fragen, wie er sich die Flucht konkret vorstellt, denn das Problem ist, ungesehen die Grenze zu überschreiten. Wenn wir erst einmal im Libanon sind, können wir zwar in Beirut in die niederländische Botschaft gehen – aber würden die uns auch helfen, wenn wir illegal ins Land gekommen sind? Und können wir das Land überhaupt verlassen, wenn ich kein Einreisevisum vorweisen kann? Müssen wir uns falsche Papiere besorgen? Kurz gesagt: Es gibt noch eine Menge Dinge, die vorher geklärt werden müssen.

Im Moment jedoch halten mich Bashir und die Richter ständig auf Trab, und ich habe daher kaum Bewegungsfreiheit. Eigentlich darf ich nach Bashirs Willen nicht einmal allein auf die Straße gehen, denn er fürchtet immer noch die Rache von Hamids Familie. Mit meinen Töchtern für ein paar Tage unbemerkt die Stadt zu verlassen, ist völlig undenkbar. Vorläufig wird es also nichts mit Latakia. Wir müssen in aller Ruhe den richtigen Moment abpassen.

15

Fluchtpläne

Eines Tages bekomme ich Besuch von Rosa, der Hausverwalterin, die Geld von mir fordert. Ich bin völlig überrascht und sage ihr, ich hätte Bashir Geld gegeben, damit er die Miete für die Wohnung bezahlt. Sie behauptet, nichts bekommen zu haben.

Ich schlage ihr vor, zur Bäckerei auf der anderen Straßenseite zu gehen und von dort aus Bashir anzurufen. Rosa bittet mich, eine Fotokopie meines Passes machen zu dürfen. Ihr Büro liege auch auf der anderen Straßenseite und dann wären alle Formalitäten geregelt. Ich gebe ihr meinen Pass, und dann gehen wir zusammen mit Dunja und Shirin nach unten. Ich rufe von der Bäckerei aus Bashir an, aber er ist nicht zu erreichen. Danach will ich Rachid anrufen, der wieder im Hotel Baron abgestiegen ist. Während ich noch wähle, ruft Dunja plötzlich: »Mama, sie steigt in ein Taxi!« Ich sehe gerade noch, wie Rosa in einen Wagen steigt und weg fährt. Offensichtlich brennt sie mit meinem Pass durch!

Ich gerate völlig in Panik und laufe zu ihrem Büro. Da sitzt ein Mitarbeiter von ihr, dem ich zurufe, er soll sie sofort anrufen, sie ist mit meinen Papieren verschwunden. Er erschrickt und versucht sofort, sie zu erreichen. Doch weder in ihrer Wohnung noch bei ihren Eltern nimmt jemand den Hörer ab. Ich beginne zu weinen und weiß nicht mehr, was ich tun soll. Ich bitte den Mann, in Damaskus anrufen zu können. Als ich mit Laura verbunden werde, erzähle ich ihr, was geschehen ist. Sie rät mir, sofort eine Anzeige bei der Polizei zu erstatten. Als ich aufhänge, habe ich den weitaus besseren Einfall: Mustafa einzuweihen. Er verspricht mir, sofort zu kommen.

Tatsächlich dauert es nur fünf Minuten, bis er in dem kleinen Büro steht, und wie durch ein Wunder kommt kurz danach auch Rachid angelaufen. Die beiden Männer sprechen mit dem Kollegen von Rosa und versuchen noch mal, sie oder ihre Eltern zu erreichen. Sie kriegen Rosas Mutter ans Telefon und sagen ihr, dass gegen ihre Tochter Anzeige erstattet würde, wenn wir nicht sofort den Pass zurückbekommen. Die Mutter sagt, ihre Tochter würde jeden Moment eintreffen und wir sollten doch zu ihr kommen. Wir springen in Mustafas Auto und fahren zur angegebenen Adresse. Als wir dort eintreffen, dauert es immerhin noch eine dreiviertel Stunde, bis Rosa ankommt.

Mustafa und Rachid beginnen sofort eine wilde Diskussion mit ihr. In dem Gespräch wird deutlich, dass Rosa es nicht korrekt findet, wenn Bashir so viel Geld von mir bekommt, und ihr bleibt nur die Miete. Außerdem hat sie gehört, dass ich vielleicht aus Syrien flüchten will. Bashir hat ihr erzählt, ich wolle mich mit all meinen Sachen in einem Jeep in die Türkei absetzen. Fassungslos höre ich mir ihre Geschichte an.

Rosa berichtet, sie sei selbst Rechtsanwältin, schenke aber Bashir kein Vertrauen und wolle meinen Fall von ihm übernehmen. Sie sei mit meinem Pass zum Gericht gegangen, um dort Einblick in meine Unterlagen zu nehmen. Wenn ich ihr jetzt vierhundert Dollar gebe, könne ich meinen Pass zurückhaben. Ich platze fast vor Wut! Warum sollte ich ihr Geld geben? Rachid versucht, mich zu beruhigen, und meint, wir sollten diese Frau auf unsere

Seite ziehen. Sie könnte vielleicht sogar zur Bundesgenossin in unserem Streit mit Bashir werden – denn dazu ist mein Verhältnis zu ihm inzwischen geworden. Wir wollen uns von Bashir trennen, und auch sie hat noch ein Hühnchen mit ihm zu rupfen. Mustafa holt ohne viele Worte vierhundert Dollar aus seiner Brieftasche und gibt sie ihr. Das sei die Summe, die Bashir ihr noch schulde, sagt Rosa, und gibt mir meinen Pass zurück.

Am Abend erreiche ich Bashir am Telefon und konfrontiere ihn mit den Ereignissen des Tages. Als ich ihm sage, dass ich seine Dienste nicht länger in Anspruch nehmen will, fühlt er sich in die Ecke getrieben und schlägt vor, dass wir uns alle noch einmal zu einem Gespräch zusammensetzen. Er wolle aber meine Wohnung nicht mehr betreten. Ich frage ihn, warum, aber er weicht mir aus: »Ich will nicht mehr in dein Haus; lass uns im Hotel Baron treffen. Da können wir reden.« Um dem Lamentieren ein Ende zu bereiten, stimme ich zu. Zusammen mit Dunja und Shirin steige ich in ein Taxi und fahre zum Hotel, wo Rachid uns bereits erwartet.

Als wir es betreten, führt Bashir uns in ein kleines Zimmer. Dort sitzen bereits Ramesh und seine Freunde, die mir bei unserer ersten Begegnung erzählt hatten, sie wären vom Geheimdienst. Durch sie hatte ich auch Bashir kennen gelernt. Offensichtlich hat sich Bashir gedacht, jetzt brauche er auch »Hilfstruppen«. Wir setzen uns, und er fragt, wie es mit dem Geld stehe. Welches Geld, frage ich ihn, und er antwortet: »Die fünfundsechzigtausend Dollar, die ich noch von dir kriege.« In diesem Moment fällt mir ein, dass ich Bashir, als ich ihn traf, sagte, dass er alles, alles von mir haben könne, wenn ich nur meine Kinder zurückkriege. Ich habe damals versprochen, ihm einen Lotteriegewinn in Höhe von fünfundsechzigtausend Dollar, den ich angeblich gemacht hatte, für diesen Fall auszuhändigen. Das Ganze war natürlich nur ein Bluff, um ihn für meine Sache zu interessieren. Ich hatte diese Unterhaltung schon lange vergessen – Bashir aber offensichtlich nicht.

Ich weiß nicht mehr, wie ich heil aus der Geschichte herauskommen soll, und rufe deshalb meinen Vater an. Vielleicht kann er mit diesen Männern sprechen und die Angelegenheit klären. Doch den Männern gelingt es, meinen Vater in Schrecken zu versetzen. Er hat Angst, dass sie mir etwas antun könnten, und verspricht daher, Geld zu schicken. Nach diesem Telefonat sind die Männer zumindest beruhigt.

Am nächsten Tag gehe ich mit Bashir zur neuen Schule, wo wir Dunja anmelden. In ein paar Tagen wird sie dort anfangen. Danach setzt er mich bei meiner Wohnung ab und sagt, dass er später vorbei kommen werde, um zu sehen, ob das Geld schon da ist.

Nach einer Weile wird an meine Wohnungstür geklopft. Es ist Rachid, der gerade ein langes Gespräch mit Rosa gehabt hat. Er ist sehr von ihr angetan und meint, wir sollten gemeinsame Sache mit ihr machen. Doch ich traue ihr einfach nicht über den Weg, immerhin hatte sie mir meinen Pass gestohlen – und nun soll ich mit ihr zusammenarbeiten? Wir streiten uns über das Thema, als Bashir wieder auftaucht. Er weigert sich immer noch, meine Wohnung zu betreten, und so gehen wir alle hinüber in einen kleinen Park ganz in der Nähe. Dort will Bashir umgehend wissen, ob ich Geld für ihn habe. Ich bin wie zerschlagen und habe genug von diesem Menschen. Ich bin verzweifelt, doch meine Gefühle interessieren ihn nicht im Geringsten, er blickt mich eiskalt an und sagt nur: »Morgen Abend bin ich um sechs Uhr im Hotel Baron. Sorge dafür, dass das Geld da ist, Malika!« Dann steht er auf und geht.

Rachid muss wieder zurück nach Damaskus. Nachdem ich mich von ihm verabschiedet habe, gehe ich mit den Mädchen ins Hotel, um von dort aus meinen Vater anzurufen. Im Hotel begegnet mir Monsieur Salem, der Besitzer. Er setzt sich zu uns und fragt nach meiner Situation. Nachdem ich ihm alles erzählt habe, meint er: »Geh nach Damaskus, Malika. Dort kannst du mit den Leuten von der Botschaft sprechen. Und vielleicht kannst du von da aus das Land verlassen.« Ich verspreche ihm, darüber nachzudenken.

Abends sitze ich in meiner Wohnung und grübele, ob ich seinem Ratschlag folgen soll. Ich möchte auf keinen Fall morgen Bashir begegnen müssen – ich will weg von hier! Mitten in der Nacht rufe ich Mustafa an, ob er mich und meine Töchter zum Busbahnhof bringen kann. Ich will sofort weg und nicht bis morgen warten. Mustafa kommt kurze Zeit später. Und so sitzen wir mitten in der Nacht im Bus nach Damaskus. Es ist mir noch gelungen, dort ein Hotelzimmer zu buchen, aber sonst weiß ich eigentlich nicht, was ich tun soll. Das Einzige, was mir gefällt, ist, dass Bashir morgen vergeblich im Hotel Baron auf mich warten wird.

Am Morgen will ich sofort die niederländische Botschaft aufsuchen. Durch die Ereignisse der letzten Tage habe ich jedoch das Zeitgefühl verloren, und mir ist total entgangen, dass heute Freitag ist. Ich verstehe es nicht, warum kein Mensch in der Botschaft den Telefonhörer abnimmt. Über eine Notfallnummer bekomme ich endlich Verbindung zu

Monique, einer Kollegin von Laura. Sie sagt mir, sie selbst könne heute nicht zur Botschaft kommen, Laura sei im Ausland, und auch sonst sei kein Mensch zu erreichen.

Doch ich habe Angst, fühle mich von Bashir und seinem so genannten »Geheimdienst« bedroht und brauche Hilfe. Also fahre ich mit dem Taxi zur Botschaft. Dort erzählt mir der Soldat in der Wachkammer, dass der Botschafter vermutlich anwesend ist, ich aber dennoch nicht hinein dürfe. Ich rufe noch einmal Monique an, nur um zu hören, heute sei Freitag und jeder habe frei. Ich sage ihr, dies sei ein Notfall und ich habe Angst. Doch sie bleibt dabei: Heute kann mir keiner helfen.

Mit meinem Pass in der Hand setze ich mich auf die Stufen vor das Botschaftsgebäude. Dunja und Shirin werden von dem Wachposten mit Kuchen und Limonade versorgt. Ich selbst bin fest entschlossen, so lange sitzen zu bleiben, bis mich jemand hineinlässt. Nach zwei Stunden verlässt ein Mitarbeiter die Botschaft. Ich stehe auf und denke, dass wir nun eingelassen werden. Doch er sagt nur, dass er jetzt nach Hause geht und dass ich besser auch gehen solle. Ich gebe tatsächlich auf und kehre mit Dunja und Shirin ins Hotel zurück.

Von dort aus rufe ich meinen Vater an, um ihm von meiner heutigen Enttäuschung zu berichten. Es macht mich glücklich, dass er unerwartet gute Neuigkeiten für mich hat: Heute sind die ganze Familie, viele meiner Freunde, Bekannten und Kollegen nach Den Haag gegangen, um zu demonstrieren. Sie haben dort dem Außenminister eine Bittschrift überreicht, sich dafür einzusetzen, dass Dunja und Shirin bald in die Niederlande zurückkehren können. Dass mich nicht alle im Stich lassen, macht mich glücklich und gibt mir neue Kraft, weiter zu kämpfen.

Am Samstag fahre ich mit Dunja und Shirin in einem Bus nach Latakia. Ich gehe nicht mehr zur Botschaft; dort kann ich sowieso keinem von meinen Fluchtplänen erzählen. Erst soll Luc alle meine Fragen beantworten. Ich brauche fundierte Kriterien, um entscheiden zu können, ob wir wirklich illegal ausreisen können. Solange diese Gedanken noch in meinem Kopf herumspuken und ich selbst mir nicht eindeutig klar geworden bin, habe ich in der Botschaft nichts zu suchen.

Wie immer werden wir von John mit offenen Armen empfangen. Er freut sich riesig, dass ich dieses Mal die Kinder bei mir habe. Ich habe Dunja und Shirin bisher wenig über ihn erzählt und natürlich erst recht nichts über meine Fluchtpläne mit Luc. Sie glauben, wir machen hier nur ein paar Tage Ferien.

Wir bekommen ein Zimmer zugewiesen, und John meint, dass wir hier bleiben sollten, bis wir irgendwie eine Möglichkeit sehen, das Land zu verlassen. Er spricht lange und intensiv mit Dunja und Shirin – so wie ich es mir seit Wochen gewünscht habe. Denn das war auch ein entscheidender Grund, warum ich ihn damals überhaupt angerufen habe: die Sorgen, die ich mir um meine Töchter mache. Werden sie ein Trauma davontragen; werden sie jemals wieder anderen Menschen vertrauen können? Werden sie die ganzen Geschehnisse, all das, was ihnen zugefügt wurde, jemals richtig einordnen können? Ich will, dass jemand mit medizinisch-psychologischem Hintergrund mit meinen Töchtern redet, um zu sehen, ob sie eine Flucht überhaupt noch durchstehen können. Ich bin mir sicher, mit John den richtigen Gesprächspartner gefunden zu haben – und jetzt beweist er, dass ich Recht hatte. Endlich jemand, der sich professionell mit Dunja und Shirin befasst; es war gut hierher zu kommen.

Nach ihrem Gespräch mit John spielen die Mädchen im Innenhof. Währenddessen gehe ich zu Luc. Als ich klopfe, macht er sofort auf. Ich sage ihm, ich hätte über seinen Vorschlag nachgedacht und wolle wissen – ohne dass er mich über seinen Hintergrund informiert –, wieso er glaubt, uns helfen zu können. Er berichtet, er habe schon früher Leute aus dem Land geschmuggelt, Menschen, die genau wie Dunja und Shirin nicht hierher gehören, aber das Land nicht offiziell verlassen dürfen. Er hat sie per Boot – Latakia liegt immerhin am Meer – nach Zypern oder auf dem Landweg über die Grenze in den Libanon gebracht. Als ich ihn frage, warum er das tut, sagt er nur: »Weil ich weiß, wie es ist, gefangen zu sein.«

Doch dann erzählt er mir Einzelheiten aus seiner Vergangenheit. Weil ich die Menschen, denen er geholfen hat, nicht irgendwelchen Verfolgungen aussetzen will, muss ich hier schweigen. Auf jeden Fall gelingt es ihm in diesem Gespräch, mich von seinen guten Absichten zu überzeugen. Geld will er nicht annehmen – allein die Tatsache, dass diejenigen, denen er hilft, frei sind, ist ihm Belohnung genug. Ich habe allmählich das Gefühl, dass die Zeit mir davonläuft und ich jetzt ins kalte Wasser springen muss. Deshalb entscheide ich mich: »Gut, Luc, ich vertraue dir. Ich will das Land verlassen, und wenn du mir helfen kannst, nehme ich dein Angebot gerne an.«

Er sagt, ich müsse den richtigen Zeitpunkt ruhig abwarten und meine Sachen so weit in Ordnung bringen, dass ich jederzeit bereit bin, das Land zu verlassen.

Später am Abend rede ich mit John. Ich mache ihm deutlich, dass ich gerne noch eine Weile hier bleiben würde. Aber eigentlich will ich mich von den Menschen in der Botschaft verabschieden und auch noch ein paar von meinen Sachen in Aleppo mitnehmen. Ich erzähle ihm jedoch nichts von meinem Gespräch mit Luc. Das habe ich meinem französischen Freund versprechen müssen.

John zögert, möchte lieber, dass ich nicht mehr weggehe. Schließlich seien wir hier sicher, und niemand kenne die Adresse. John sagt, ich solle sie auch keinem verraten. Doch ich mache ihm klar, dass mein Ausreisevisum noch in Aleppo liegt und dass ich wirklich nicht weg will, ohne vorher Laura und Rachid noch einmal gesehen zu haben. Letztendlich stimmt er mir zu, nachdem ich ihm äußerste Vorsicht versprechen musste.

Wir beschließen, dass die Mädchen und ich also noch ein paar Tage »Ferien« machen, und ich dann kurz nach Damaskus und Aleppo fahre.

Nur wenige Tage später reise ich mit Dunja und Shirin nach Damaskus. In der Botschaft liegt ein Päckchen aus Holland für mich. Danny überrascht mich mit aktuellen Zeitschriften, Videos und Kosmetika. In seinem Begleitbrief schreibt er, dass er am liebsten nach Syrien kommen würde, um mir beizustehen. Doch er fürchtet, seine Anwesenheit würde die Aggressivität von Hamid und seiner Familie eher noch steigern. Damit hat er wohl Recht. Und außerdem, denke ich, bin ich sowieso bald wieder in den Niederlanden. Ich nehme das Päckchen an mich und bitte, Bashir anrufen zu dürfen. Der reagiert sehr wütend, weil ich ihn gegen unsere Abmachung in der vorigen Woche im Hotel versetzt habe. Ich erzähle ihm, ich wäre in Damaskus, um hier das Geld abzuholen, aber in wenigen Tagen wäre ich zurück in Aleppo. Ich muss ihn an der langen Leine halten, denke ich mir.

Danach verabschiede ich mich von Laura, die inzwischen von ihrer Auslandsreise zurückgekehrt ist. Ich darf ihr nichts von meinen Plänen erzählen, denn ich will sie nicht in die Sache hineinziehen. Mir ist durchaus klar, dass wir uns vermutlich das letzte Mal sehen, und darum sage ich ihr: »Ich weiß nicht, ob ich mich jemals für alles, was du für mich getan hast, ehrlich bedankt habe. Das möchte ich jetzt nachholen.« Wir umarmen uns und sie gibt Dunja und Shirin einen dicken Kuss.

Ich gehe mit den Mädchen in Rachids Restaurant und frage ihn, ob er mit uns nach Latakia fahren will, um Luc kennen zu lernen und an unseren Fluchtplänen mitzuarbeiten. Rachid meint, er wollte sowieso gerade dorthin fahren, weil er schon ein paar Tage lang nichts von uns gehört hatte: »Ich glaube an dich, Malika. Ich werde so lange bei dir und den Mädchen bleiben, bis ihr sicher das Land verlassen habt.« Wir verabreden, uns in einigen Stunden am Busbahnhof zu treffen, um dann gemeinsam nach Latakia zu fahren.

In Damaskus habe ich jetzt alles erledigt, was noch abzuwickeln war. Ich muss nur noch einmal nach Aleppo, um meinen Pass zu holen. Aber das hat noch Zeit, erst will ich zurück zu Luc und John.

In Latakia werden wir von Luc empfangen, der äußerst erregt zu sein scheint. Er will sofort mit uns reden. Ich stelle ihm Rachid vor, und wir setzen uns auf eine Bank im Innenhof. Während Dunja und Shirin spielen, berichtet er uns, es gäbe eine Gelegenheit zur Flucht. Er ist zu einer Hochzeit bei Bekannten eingeladen worden. Die soll am nächsten Sonntag stattfinden, und er darf mitbringen, wen immer er möchte. Es soll ein Riesenfest werden. Alle Hochzeitsgäste werden sich morgens in dem kleinen Dorf bei Latakia, wo das Brautpaar wohnt, versammeln. Danach sollen alle Gäste gemeinsam in Autos zur Kirche gefahren werden, wo die Trauung vollzogen wird. Diese Kirche steht ein paar Autostunden entfernt ... *im Libanon!*

Unter dem Vorwand, ein Hochzeitsgast zu sein, kann ich problemlos über die Grenze kommen. Ich habe dann einen gültigen Stempel in meinem Pass, in dem auch Dunja und Shirin eingetragen sind. Meine Töchter können allerdings nicht auf diesem Wege ausreisen, da sie offiziell immer noch keine Ausreisegenehmigung haben. Doch Luc hat auch dafür schon einen Lösungsvorschlag bereit: Er wird mit den Kindern durch die Berge laufen und den Grenzfluss überschreiten. In den Bergen gibt es nur schmale Pfade und faktisch auch keine Grenzkontrollen. Es ist ein bewährter Schmuggelpfad, den Luc schon mehrfach gegangen ist. Es wird nicht ganz leicht für meine Mädchen sein, vor allem der Weg durch den Fluss ist schwer zu überwinden. Doch Luc meint, er vertraue darauf, dass meine Töchter das schaffen können. Alles in allem müssen sie etwa drei Stunden laufen, was ungefähr so lange dauert wie die Autofahrt über die Grenze. Wenn wir dann die Kirche erreicht haben, können wir drei direkt weiter nach Beirut und in die niederländische Botschaft.

Mein Herz schlägt wie wild, und ich weiß – das ist es! Das ist die Chance, auf die wir so lange gewartet haben. Auch Rachid ist aufgeregt und drängt mich, diese Gelegenheit zu ergreifen. Das Einzige, was mich noch beunruhigt, ist die Tatsache, dass meine Töchter und ich getrennt voneinander die Grenze überwinden sollen. Außerdem frage ich mich, wie gefährlich die Überquerung des Flusses wirklich ist. Man stelle sich nur vor, Dunja bekommt wieder so einen Panikanfall wie damals, als wir sie bei Noura wegholten? Luc ist dann zwar bei ihnen, doch meine Kinder kennen ihn ja kaum. Der Einzige, der ihnen bekannt ist und dem sie vertrauen, ist Rachid. In den letzten Wochen ist mir nicht entgangen, dass sie ihn mögen. Er geht wunderbar mit ihnen um, und Dunja hat mich auch schon ein paar Mal gefragt, ob er nicht für immer bei uns bleiben kann.

»Rachid«, sage ich, »ich darf dich eigentlich gar nicht darum bitten. Die Mädchen kennen dich, und es würde mich natürlich unheimlich beruhigen ...« Ich brauche den Satz gar nicht beenden. »Ich habe dir doch versprochen, ich würde bis zum Ende dabei sein. Natürlich gehe ich mit und ich bringe deine Töchter aus dem Land. Überhaupt kein Problem!«

Ich kann all die Gefühle in mir gar nicht beschreiben. Ich habe jetzt vier Monate in diesem Land gewohnt, Dunja und Shirin waren hier vierzehn Monate gefangen. Und nun ist es endlich, endlich so weit! In drei Tagen werden wir Syrien verlassen haben.

Es ist Zeit, um Dunja und Shirin in unsere Pläne einzuweihen. Ich gehe mit ihnen in mein Zimmer und erkläre ihnen den Fluchtplan. Die Sache mit der Hochzeit finden sie ganz prima, aber als sie hören, dass wir uns für einige Stunden trennen müssen, fangen sie sofort an zu weinen. Besonders Dunja reagiert panisch. Als ich ihnen sage, Rachid würde die ganze Zeit bei ihnen sein, beruhigen sie sich etwas. Wieder fühle ich in mir diese furchtbare Anspannung, die ich schon so oft in meinem Leben spüren musste. Ich sage den Mädchen nicht, wann es losgeht, ich sage nur, es wird »sehr bald« sein. Je weniger ich sie jetzt unter Druck setze, desto einfacher wird der Ernstfall für sie sein, rede ich mir ein.

Lieber Gott, beschütze uns, bete ich. Lass alles gut gehen, helfe mir, meine Töchter sicher aus dem Land zu kriegen.

Am Freitag fahren wir zu viert mit dem Bus nach Aleppo. Ich brauche noch ein paar Sachen aus meiner Wohnung. Mein Reisepass liegt noch dort, und auch die Videokamera will ich mitnehmen, die ich aus Sicherheitsgründen zurückgelassen hatte. Zunächst gehen wir ins Hotel Baron, wo Rachid sich wieder einquartiert, weil wir keinen falschen Eindruck bei anderen hinterlassen wollen, wenn er bei mir schläft. Im Hotel begegnet uns Mustafa. Wir unterhalten uns völlig normal. Er berichtet, Bashir sei einige Male vorbei gekommen, um zu fragen, wo ich sei. Auch Mustafa will wissen, wo wir in der vergangenen Woche gesteckt haben, doch um ihn zu schützen, sage ich: in Damaskus, wie üblich, um die niederländische Botschaft aufzusuchen.

Während wir miteinander sprechen, betrachte ich sein Gesicht, dieses fröhliche Gesicht mit dem breiten Lachen. Er war der erste Freund, den ich in diesem Land gewann, und er hat die ganze Zeit treu zu mir gehalten. Ohne ihn hätte ich den Mut wahrscheinlich schon lange aufgegeben. Er war stets für mich da, hatte mich ohne Murren überallhin gefahren und baute mich auf, als ich verzweifelt war. Es schmerzt, dass ich mich nicht richtig von diesem Freund, der so viel für mich getan hat, verabschieden kann. Auch ihm werde ich vermutlich nie mehr begegnen. Am liebsten würde ich ihm von unseren Plänen erzählen – er würde es sicher wunderbar finden, dass wir endlich zurück in die Niederlande gehen. Doch für ihn – und für uns – ist es das Beste, wenn ich ihm nichts verrate. Es ist sicherer in diesem Land, nichts zu wissen.

Als ich mich verabschiede, sage ich: »Morgen komme ich wieder her, um mit Bashir zu sprechen. Du bist doch dann auch da, nicht? Bis morgen also, Mustafa.«

Wir gehen in meine Wohnung, die einen sehr chaotischen Eindruck macht. Sieht aus, als hätte ich sie, als wir vorige Woche nach Damaskus fuhren, Hals über Kopf verlassen. Rachid kauft schnell was ein, während ich den ärgsten Schmutz beseitige. Nachdem wir vier gegessen haben, kehrt Rachid wieder ins Hotel Baron zurück. Er verspricht mir, uns um zwei Uhr nachts abzuholen, damit wir unbemerkt nach Latakia zurückkehren können.

Ich lege die Mädchen früh ins Bett und fange an zu packen. Ich habe keine Ahnung, wie viel Gepäck wir mitnehmen können, aber es ist doch eine ganze Menge, was sich angesammelt hat. Ich entscheide mich dafür, einige Kleidungsstücke und auch einige der Spielsachen der Mädchen zurückzulassen. Und doch sind es schließlich ein Koffer, eine Reisetasche und ein paar kleinere Beutel, als ich mit dem Packen fertig bin. In Latakia werden wir weiter sehen, sage ich mir. Immerhin fahren wir mit mehreren Autos über die Grenze, und da wird ja wohl irgendwo Platz für unsere Sachen sein. Ich wasche ab, räume die Küche auf und stelle ein paar Müllsäcke nach draußen. Die Kleidung, die ich zurücklassen will, wasche ich durch und hänge sie auf die Leine. So sieht es aus, als würde ich jeden Augenblick zurückkommen, falls jemand nach uns schaut.

Dann setze ich mich hin und warte auf Rachid. Plötzlich ertönt – mitten in der Nacht – der Gebetsaufruf aus der Moschee hinter meinem Haus. Der Zeitpunkt dafür ist höchst ungewöhnlich, und ich höre mit großem Erstaunen zu. Nach einer halben Stunde des Betens und Singens werden Dunja und Shirin wach. Weil sie sowieso bald aufstehen müssen, lasse ich sie aufbleiben. Irgendwie ist ihnen das Bewusstsein für die Tageszeit verloren gegangen. Wenn ich ihnen sage, dass der endgültige Moment für die Abreise gekommen ist, geraten sie unter Umständen in Panik. Also beschließe ich, so zu tun, als würden wir nur einen Tagesausflug unternehmen.

»Wer hat Lust, an den Strand zu fahren?«, rufe ich. Das brauche ich natürlich nicht zweimal zu sagen; die Mädchen beginnen sofort, ihre Siebensachen zu packen. Wir sind in einer ausgelassenen Stimmung und tanzen durch die Wohnung. Die Kinder sind froh, dass es ans Meer geht, und ich, weil wir in den Libanon aufbrechen. Es wird zwei Uhr, als Zweifel an mir zu nagen beginnen. Rachid wollte schon vor einer halben Stunde hier sein – wo bleibt er nur? Ich werde doch nicht etwa schon wieder im Stich gelassen? Gerade als die Angst sich meiner bemächtigen will, klopft er endlich an die Tür.

Bevor wir gehen, lasse ich noch ein Abschiedsgeschenk für Bashir zurück. Er hatte mir mal eine Plastikrose geschenkt, die ich nun hinter ein Poster an der Wand stecke. Darauf ist eine Mutter abgebildet, die ihr Kind fest an sich drückt. Diese Botschaft wird er wohl verstehen! Wir nehmen das Gepäck auf, und nachdem ich noch einen letzten Blick auf »meine« Wohnung geworfen habe, gehen wir los.

Draußen ist es dunkel und still. Fast alle Geschäfte sind geschlossen, und nur noch wenige Menschen sind unterwegs. Ein paar Straßen weiter halten wir ein Taxi an und fahren zum Busbahnhof. Als wir dort ankommen, überfällt mich große Angst. Die Angst, dass Hamid plötzlich auftauchen könnte, auf dem Weg von oder zur Kaserne. Schließlich schleiche ich wie ein Dieb durch die Nacht, und meine Nerven spielen verrückt. Bei jedem Mann, der mir begegnet, denke ich: Das ist Hamid! Jetzt ist alles vorbei! Ich kann es immer noch kaum glauben, dass wir nun endgültig Aleppo verlassen. Hamid und seine Familie haben uns so lange in die Suppe gespuckt – sollte es uns jetzt tatsächlich gelingen, wegzugehen? Muss ich diese ganze Sippschaft wirklich nie mehr sehen?

Bevor wir in den Bus steigen können, wird – wie hier üblich – erst das Gepäck kontrolliert. Ich habe deshalb extra Handtücher und Badezeug oben in die Taschen gelegt – denn schließlich machen wir nur einen Tagesausflug an den Strand. Dass wir mitten in der Nacht fahren wollen, macht nichts aus. Die Menschen hier verreisen zu den unmöglichsten Zeiten, vierundzwanzig Stunden, rund um die Uhr. Shirin spielt mit einem aufblasbaren Strandball. Die Mitarbeiter des Busbahnhofs kennen uns inzwischen und wünschen uns viel Spaß beim Baden.

Dann sitzen wir endlich im Bus. Unser Gepäck haben wir nicht im Kofferraum verstaut, sondern bei uns behalten. Als der Fahrer des Busses mich danach fragt, sage ich, die Kinder sind ungeduldig, und deswegen will ich etwas zu essen und zu trinken und eine zusätzliche Weste für sie in der Nähe. Er kneift ein Auge zu und meint: »Ist nicht so einfach, mit Kindern zu verreisen, nicht?« Du musst es ja wissen, denke ich mir.

In Latakia müssen wir vorsichtig zu Werke gehen. Wir haben erzählt, dass wir zum Strand wollen, und das ist die Endstation dieses Busses. Aber um zu John zu kommen, müssen wir eine Haltestelle früher raus. Als wir da sind, tue ich so, als ob Shirin in ihre Hose gemacht hat. »Kommt, wir müssen aussteigen«, stelle ich fest, »Shirin muss eine neue Hose anziehen.« Wir vier steigen aus dem Bus. Rachid tut so, als ob er nicht wüsste, in welcher Tasche die Sachen von Shirin sind, und nimmt daher alle Gepäckstücke mit. Schnell laufen wir um den Bus herum und halten das erstbeste Taxi an. Als wir eingestiegen sind, scheint mir dies das schönste Taxi zu sein, das ich bisher in Syrien gesehen habe. Der Innenraum ist verziert, von innen beleuchtet, und das Schönste ist: Es hängen überall Flaggen und Sticker vom Libanon. »Schau nur, wo dieses Taxi her kommt, Rachid«, sage ich zu ihm. »Ich habe es gesehen«, antwortet er mit einem breiten Grinsen.

Bei John gehen wir sofort in unsere Zimmer, die er extra für uns reserviert hat. Luc schläft noch, und so sehen wir ihn erst später wieder. Es ist tiefe Nacht, doch die Kinder sind hellwach. Shirin will unbedingt sofort zum Strand. »*Boukra*, Shirin«, sage ich, »morgen!« Dasselbe Versprechen, mit dem Bashir mich wochenlang vertröstet hatte, muss ich nun machen, um Shirin zu beruhigen.

Es wird uns schnell klar, dass an Schlaf nicht mehr zu denken ist. Rachid zieht ein paar Kerzen aus der Tasche, und bald schon stehen meine Mädchen mit einem brennenden Licht auf der Galerie, die zum Innenhof führt. Wir alle stehen in Gedanken versunken da, als Rachid plötzlich den Vorschlag macht: »Kommt, wir gehen Fußball spielen.« Bevor ich richtig kapiere, was da vor sich geht, sehe ich Rachid, Dunja und Shirin in der Dämmerung auf dem Innenhof dem Ball nachjagen. Die Mädchen haben einen Mordsspaß, und nach einer halben Stunde sind sie so müde, dass ich sie endlich ins Bett legen kann. Es ist inzwischen sieben Uhr morgens.

Gegen Mittag werden wir wieder wach. Unser letzter Tag in Syrien! Heute ist alles eine Frage des Wartens. Als ich aufstehe, sehe ich, dass ein Brief unter der Tür durchgeschoben wurde. Er ist von Luc. Er ist dabei, die letzten Vorbereitungen für die Flucht zu treffen; morgen ist er zurück. Der Brief endet mit den Zeilen: »Sonntagfrüh ist es so weit. Seid vorbereitet, seid bereit, seid froh!«

Es ist ein herrlicher Tag, und die Kinder spielen im

Innenhof. Die größte Attraktion dort ist ein Kätzchen. Die Kinder kraulen es wieder und wieder. Das Tier ist ziemlich dick und hat einen runden Bauch. Ich lege mich in die Sonne und döse vor mich hin. John kommt ab und zu auf einen Plausch vorbei. Es brennt mir auf den Nägeln, ihm zu erzählen, was wir morgen vorhaben, aber ich halte meinen Mund.

Rachid, der nach Damaskus gefahren ist, um das letzte Geld abzuholen, das mein Vater hierher geschickt hat, kehrt am Abend zurück. Wir sitzen zu viert im Innenhof, doch plötzlich schlägt die Stimmung um. Rachid und ich wissen, was uns der nächste Tag bringen wird, und auch Dunja scheint zunehmend besorgter zu werden. Sie wird stiller und stiller, und die Ungewissheit ist auf ihrem Gesicht abzulesen. Rachid nimmt sie in einem geeigneten Moment an die Hand, setzt sich mit ihr unter einen Baum und redet mit dem Mädchen. Als sie zu mir und Shirin zurückkommen, sieht sie wieder fröhlich aus. Rachid hat ihr allerhand gesagt, sie aber offensichtlich beruhigen können. Bis heute weiß ich nicht, worüber sie gesprochen haben. Rachid sagte nur: »Das ist allein etwas zwischen uns beiden. Wir sind Freunde, und was Dunja mir erzählt hat, bleibt unser Geheimnis.« Es scheint so, als wäre diese Ansprache auf der Ebene der Erwachsenen für Dunja in diesem Augenblick genau das Richtige gewesen. Ich muss das respektieren und bin gleichzeitig froh, dass sie beruhigt ist.

Ich bringe meine Mädchen zu Bett und setze mich mit Rachid nach draußen. Wir reden über alles Mögliche – nur nicht über den Tag, der uns bevorsteht. Unsere Anspannung ist groß. Ziemlich spät gehen auch wir schließlich in unsere Zimmer. Wir wollen versuchen, vor dem schweren Tag morgen noch ein wenig zu schlafen.

16

Die Reise in die Freiheit

Am Sonntagmorgen stehe ich um neun Uhr mit Sack und Pack auf dem Innenhof. Ich habe einige Stunden geschlafen und bin bereit für die Reise, genau wie auch Rachid und die Kinder. Neben uns stehen der Koffer und die Taschen, die wir mitnehmen wollen. Für Dunja und Shirin habe ich kleine Rucksäcke gepackt, die sie selbst tragen können. Wir warten auf Luc, so wie er es uns in seinem Brief aufgetragen hat. Wir warten und warten und warten.

John sehe ich nicht; vermutlich arbeitet er gerade. Vielleicht ist das ganz gut so, denn sonst müsste ich ihm erklären, warum wir hier mit unserem ganzen Gepäck stehen. In meinem Zimmer habe ich ihm einen Brief hinterlassen, in dem ich mich für alles Gute, das er getan hat, bedanke.

Es wird ein Uhr, bis Luc endlich wie ein Tornado an uns vorbeifegen will. Ich halte ihn an und frage, wann wir starten. »Nur die Ruhe bewahren. Ich hole euch in einer halben Stunde ab. Sorgt dafür, dass es dann los geht. Ich hoffe nur, ihr habt nicht zu viel Gepäck dabei.« Und schon läuft er weiter und verschwindet um die Ecke.

Dunja und Shirin spielen die ganze Zeit mit dem Kätzchen und scheinen sich keine Sorgen zu machen. Pünktlich eine halbe Stunde später kommt Luc angerannt. Er guckt den Koffer und die Taschen an und sagt: »Wollt ihr das etwa alles mitnehmen? Das geht nicht. Hört zu, wir nehmen kein Gepäck mit. Und die Kinder auch keine eigenen Rucksäcke. Das fällt nur auf. Sie sehen sofort wie Flüchtlinge aus.«

Also muss ich wieder auspacken. Aber auf ein paar Dinge will ich nicht verzichten. Wir brauchen Bekleidung für ein paar Tage, und die Mädchen müssen ihre liebsten Kuscheltiere haben. So bleibt viel zurück. Ich beschließe, eine Puppe von Shirin, die unheimlich viel Platz wegnimmt, zurückzulassen. Shirin heult los: »Nein – nicht die Puppe. Die muss mit!« Ich versuche, ihr klarzumachen, dass sie selbst nichts mitnehmen kann, weil wir keinen Platz haben. Und sage ihr, Rachid würde all unsere Sachen später holen, dann würde sie auch ihre Puppe zurückkriegen. Ich finde es schrecklich, dass ich meine Töchter belügen muss – aber es geht nicht anders.

Mit nur zwei Taschen, in denen das Allernotwendigste steckt, folgen wir schließlich Luc. Er geht auf einen Jeep zu, der schon mit laufendem Motor wartet. Nur mit Mühe verstauen wir uns und die Taschen im Auto, und dann fahren wir los.

Nachdem wir schon eine Weile unterwegs sind, fragt Shirin: »Wohin fahren wir eigentlich?« Luc antwortet ihr: »Mit Allahs Hilfe gehen wir auf Reise!« Ob er das so meint, wie er es sagt, weiß ich nicht. Aber es ist eine wunderschöne Antwort. Wir gehen mit Allah auf eine Reise, möge er uns beschützen.

Nach einer Stunde sind wir in dem Dorf, wo die Braut wohnt. Es ist ein idyllisches Bergdorf mit kleinen weißen Häusern. Überall stehen die Bäume voll in Blüte, und Blumen wetteifern mit ihnen.

Der ganze Ort ist auf den Beinen. Bereits unterwegs haben sich uns viele Autos angeschlossen, und nun bilden wir ein Autokorso. Im Dorf selbst herrscht ein festliches Gewühl. Wir steigen aus und mischen uns unter die Menge. Von allen Seiten klingt Musik, es wird getanzt, gesungen, und das Brautpaar wird von allen bejubelt. Die Braut hat ein prächtiges weißes Kleid an, geschmückt mit wehenden bunten Bändern. Jeder hier hat sich besonders schön angezogen.

Ich stehe in der Menge und halte Shirin auf dem Arm. Dunja hält sich die ganze Zeit fest an mich geklammert. Ich versuche, mich so unauffällig wie möglich zu verhalten und so zu tun, als ob ich mit den anderen tanze. Doch ich weiß, dass der Moment des Abschieds nahe ist.

Nach einem Weilchen kommt Luc zu mir und sagt, es gebe eine kleine Änderung unseres Planes. Er zieht mich aus der Hörweite von Dunja und Shirin. Rachid steht inzwischen auch bei uns. Luc sagt, dass Rachid nicht mitkommen kann. Er will die Kinder doch lieber allein mit sich nehmen. Auf die Art und Weise kann er überzeugender behaupten, dass er einfach mit seinen zwei Töchtern spazieren geht. Zwei erwachsene Männer, die mit zwei kleinen Mädchen unterwegs sind – das würde auffallen, meint er. Den Kindern sollen wir sagen, dass Rachid mit mir kommt, während er in Wirklichkeit zurück nach Latakia muss.

Panik macht sich in mir breit. Warum kommt er erst jetzt damit an? Wir sitzen hier mitten in den Bergen und können nicht weg, weil wir überhaupt nicht wissen, wo wir sind und keine Fahrgelegenheit haben – und nun eröffnet Luc uns dies! Sieh an, denke ich, hätte ich ihm doch nur nicht vertraut, der hat ganz andere Pläne mit deinen Töchtern. Gerade als ich Luc sagen will, dass er damit nicht durchkommt, höre ich Rachid sagen: »Er hat Recht, Malika. Je weniger Menschen mitgehen, desto weniger fällt es auf. Mach es, Malika. Du hast keine andere

Wahl.« Das gibt den Ausschlag. Fordern wir das Schicksal heraus: Wir werden es tun!

Ich kneife Rachid fest in den Arm – die Kinder sollen nicht sehen, dass wir Abschied nehmen – und rufe die Mädchen zu mir. Ich drücke Dunja und Shirin, die heftig zu weinen beginnt, weil sie versteht, dass jetzt der Zeitpunkt gekommen ist, an dem wir uns trennen müssen. Ich sage ihnen, wir machen nun einen Wettkampf. Ich fahre mit Rachid um das Gebirge herum, und sie gehen mit Luc auf einem Abenteuerpfad darüber. Wer als Erster bei der Kirche ist, hat gewonnen und kriegt zur Belohnung Süßigkeiten, Schokolade und Eis – so viel er möchte. Ich versuche, es so leicht wie möglich klingen zu lassen, doch Dunja und Shirin weinen weiter. Zweifel nagen an mir. Kann ich sie einfach hier zurücklassen? Vielleicht sollten wir das ganze Vorhaben abblasen. Am liebsten würde ich meine Mädchen festhalten und sie trösten. Doch ich weiß, dass das nicht geht. Ich darf mir nicht anmerken lassen, was auf dem Spiel steht, nicht, wie ängstlich ich selbst bin.

Luc, der nicht möchte, dass wir allzu viel Aufmerksamkeit erregen, dirigiert Rachid und mich in Richtung der Autos. Ich steige in den vordersten Wagen ein, während Rachid auf die andere Seite läuft. Angeblich, um einzusteigen. Als er außerhalb des Gesichtsfeldes von Dunja und Shirin ist, steigt er in ein anderes Auto. Sobald wir drin sitzen, fahren die Wagen in entgegengesetzter Richtung davon. Ich sehe im Rückspiegel, wie Rachid in Richtung Latakia fährt und wie Luc Shirin auf den Arm nimmt und mit der anderen Hand Dunja festhält. Sie werden immer kleiner und kleiner.

Da sitze ich also. Außer mir sind noch vier Frauen und drei Männer im Auto, alles Hochzeitsgäste. Sie sind fröhlich, singen und klatschen in ihre Hände. Doch ich habe nur das Weinen von Shirin im Ohr und starre nach draußen. Jetzt habe ich meine Kinder zurückgelassen, jetzt kann ich nicht mehr umkehren.

Ich kann mich nun nur noch voll und ganz auf Luc verlassen. Hunderttausend Gedanken jagen durch meinen Kopf. Was ist, wenn Luc andere Pläne hat? Was, wenn Dunja Panik befällt und sie sich weigert, mitzugehen? Was, wenn Luc doch nicht so selbstlos ist, wie er tut? Was, wenn jemand sie entdeckt und zu den Grenzbeamten bringt? Was, wenn – was, wenn. Ich habe das Gefühl, dass die Angst mich auffrisst und beginne zu beten. Aber ich komme nur bis zu dem Wort GOTT.

Und so vergeht die erste Stunde unserer Fahrt. In meinem Kopf geht – wie ein Mantra – allein das Wort GOTT herum, wieder und wieder. Ich kann und will es nicht stoppen, denn wenn ich das tue, steigen die Ängste wieder nach oben.

Meine Reisegenossen bieten mir pausenlos Essen und Getränke an und versuchen, mich in ein Gespräch zu verwickeln. Luc hat ihnen erzählt, ich sei seine Nichte und habe mich bei ihm einquartiert. Das haben sie ohne Weiteres geglaubt und finden es nun höchst interessant, mit einer Ausländerin im Auto zu sitzen. So gut es geht, versuche ich, ihre Fragen zu beantworten. Schließlich fragt eine der Frauen mich, warum ich so bedrückt aussehe, heute sei doch ein Festtag. Ich rede mich heraus, indem ich sage, es sei »meine Zeit des Monats«, und da würde ich mich immer besonders schlapp und niedergeschlagen fühlen. Sie nickt mir schwesterlich zu, und meine Ausrede wird glücklicherweise sofort akzeptiert.

Nach anderthalb Stunden erreichen wir den ersten Grenzposten.

Syrien und der Libanon werden durch zwei Grenzstreifen getrennt, mit einem Stück Niemandsland dazwischen. Jetzt gilt es, sage ich mir, jetzt musst du dein Spiel gut spielen! Es ist viel los am Grenzposten, und wir müssen beinahe eine Stunde im Auto warten. Unsere Pässe werden eingesammelt und verschwinden in einem Büro der Grenzstation. Schließlich kommt ein Zollbeamter zu uns und fordert mich auf, ihm zu folgen. Im Grenzgebäude setzt er sich hinter einen Schreibtisch und studiert eingehend meinen Pass. Er sieht sich mein Foto an, betrachtet mich und fragt mich dann, was ich hier als Niederländerin mache und wann ich in mein Heimatland zurückkehren will. Ich beginne zu reden und lasse mich auch nicht bremsen: Eigentlich wolle ich ja überhaupt nicht mehr zurück nach Holland, schließlich habe ich hier in Syrien alles, was ich will, und die Menschen hier sind doch sowieso viel freundlicher als in den Niederlanden, und das Essen ist auch wesentlich besser als dort und überhaupt...

Ich sage mir, je mehr ich rede, um so weniger Fragen kann er mir stellen. Ich spiele also die fröhliche Touristin – und es klappt, denn nach einer Viertelstunde drückt er endlich den heiß ersehnten Stempel in meinen Pass.

Ich laufe wieder nach draußen – mit dem Pass in der Hand. Es hat geklappt! Um keinen Argwohn zu erwecken, gehe ich noch ruhig in einen kleinen Laden und kaufe Schokolade und Wasser. Als ich zum Auto zurückkehre, sagen die Frauen sofort: »Na? Jetzt geht es dir ein bisschen besser, was?« Ich erkläre, ich hätte eine Tablette genommen und würde mich tatsächlich ein wenig besser fühlen.

Ein Mann in einem Anzug kommt auf uns zu und hält einen Stapel Formulare in der Hand. Eines davon gibt er mir und fordert mich auf, es auszufüllen. Das sei für das Einreisevisum, sagt er und fragt mich, wie lange ich ein Visum benötige.

»Nur für zwei Tage, glaube ich.«

»Wissen Sie nicht, wie lange Sie bleiben wollen?«

»Ja, doch. So lange das Fest dauert.«

»Dann schreiben Sie mal fünf Tage auf, das gibt Ihnen ein wenig Spielraum.«

Dieser Mann gehört vermutlich zum libanesischen Zoll, sage ich mir. Mir ist plötzlich klar, dass dies der Moment ist, wo ich auf dem Papier Dunja und Shirin in das Land einreisen lassen muss. Mit zitternden Händen beginne ich das Formular auszufüllen. Als nach meinem Namen gefragt wird, schreibe ich: *Malika Dunja Shirin Kaddour-Khalaf,* so als hätte ich drei Vornamen und einen doppelten Nachnamen. Ich zittere am ganzen Leib, als ich dem Mann meinen Visumsantrag überreiche. Als er weg ist, frage ich die Mitreisenden, ob er vom Zoll war.

»Aber nicht doch«, geben sie mir zur Antwort, »er gehört auch zu den Brautleuten. Dies ist wichtig für die Gästeliste. Er geht damit zum Zoll und so brauchen wir nicht dorthin.« Ich schlucke erleichtert. Das Formular landet also mit rund zweihundert anderen auf einem großen Stapel, und niemand wird auffallen, wie viele Namen darauf stehen.

Nachdem alle Formalitäten geregelt sind, können wir endlich weiter. Nach wenigen Augenblicken erreichen wir die zweite Grenze, an der alles nur eine Frage des Vorzeigens von Papieren ist. Wir können unbehelligt durchfahren und sind auf einmal im Libanon! Während ich noch erstaunt um mich sehe, kommt unter großem Gejauchze der Frauen ein kleiner Junge unter der Rückbank des Autos hervorgekrochen. Er hat ein knallrotes Gesicht, und ich mache mir klar, dass der Arme beinahe drei Stunden unter der Bank gelegen hat. »Dieser Junge wird wieder mit seiner Mutter zusammengeführt«, sagt eine der Frauen zu mir.

Ich hatte nicht gedacht, dass ich noch eine solche Überraschung erleben sollte. Aber sie brauchen mir nichts weiter zu erklären, so wie sie nichts von mir wissen und mich auch nicht danach fragen. Ich bin nicht die Einzige, die in Syrien gefangen war, und auch nicht die einzige Person, die Luc aus dem Land schmuggeln muss. Die Stimmung im Auto ist ausgelassen. Wir fahren in einem Konvoi durch die Berglandschaft. In der Ferne sehe ich den Fluss. Dort irgendwo laufen jetzt meine Kinder. Werden sie sicher über die Grenze kommen?

Das war ein ganz merkwürdiger Tag! Zuerst fuhren wir alle eine Weile mit dem Auto. Ich wusste, dass heute sehr spannende Dinge passieren würden. Als wir in dem ersten Dorf ankamen, war jede Menge los. Ich hielt Mama ganz fest, damit ich sie nicht zwischen all den vielen Menschen verlor. Dann ging sie plötzlich weg, und Shirin und ich mussten bei Luc bleiben. Ich wollte nicht, dass sie abhaute, doch Mama sagte, das muss so sein. Sie erzählte uns, wir würden eine Abenteuerwanderung machen, und das fand ich eigentlich sehr schön. Es ist ein Wettstreit, sagte Mama. Und Luc meinte: »Wir werden gegen Mama gewinnen!«

Ich fand Luc unheimlich nett, und wir gingen zusammen mit Shirin weg. Wir mussten zunächst zu einem kleinen Haus auf einem Hügel laufen. Dort sprach Luc mit einem Mann und sagte dann: »Kommt, wir müssen hier entlang.«

Wir liefen quer durch die Berge, nicht einmal auf einem

richtigen Weg. Man musste sehr gut aufpassen, wo man hintrat, sonst konnte man stürzen. Denn der Weg war sehr schmal und auch steil. Shirin wurde eine Weile von Luc getragen.

Nachdem wir ganz lange gelaufen waren, kamen wir an einen Fluss. Luc zeigte auf die andere Seite und fragte uns: »Seht ihr da ganz hinten auf dem Hügel die Kirche? Dort müssen wir hin.« Ich schaute mich um, ob es eine Brücke über den Fluss gab, aber es war keine zu sehen. Wir sollten einfach durch den Fluss laufen. Das war zwar verrückt, aber in der Ferne sah ich, dass auch andere Menschen das machten. Shirin saß auf Lucs Schultern, und ich hielt die ganze Zeit seine Hand fest. Ich war noch nie mit meinen Kleidern durch Wasser gelaufen, aber ich fand das sehr spannend. Als wir am anderen Ufer waren, durften wir uns ein bisschen ausruhen. Dann sagte Luc, dass wir weiter mussten.

Wir kletterten wieder einen Berg hoch, und das war sehr schwer. Schließlich waren wir alle klitschnass, und ich war inzwischen todmüde. Meine Schuhe fühlten sich sehr schwer an. Als wir an der Spitze des Berges waren, sah ich die Kirche. Es standen schon Autos davor, und ich dachte, wir hätten den Wettstreit mit Mama verloren.

Doch als wir an der Kirche ankamen, sagte Luc, dass Mama noch nicht da ist. Also hatten wir gewonnen! Shirin und ich setzten uns mit Luc ins Gras, um auf Mama zu warten und auch ein wenig zu trocknen. Ich sah den Fluss unter mir und konnte fast nicht glauben, dass wir da durchgelaufen waren.

Dreieinhalb Stunden nach unserer Abfahrt biegen wir plötzlich auf einen kleinen Landweg ein, auf dem schon jede Menge andere Autos parken. Ich entdecke in der

Ferne, oben auf einem Hügel, die Kirche und möchte am liebsten sofort aus dem Wagen springen, um zu sehen, ob Dunja und Shirin schon da sind. Nachdem der Wagen eingeparkt ist – was nach meinem Gefühl Stunden dauert –, renne ich sofort in Richtung der Kirche. Plötzlich höre ich Dunjas Stimme: »Wir haben gewonnen, Mama! Wir haben gewonnen!«

Ich fliege auf sie zu und nehme sie in meine Arme. Danach drücke ich Shirin beinahe tot. Es ist uns geglückt! Wir drei sind sicher über die Grenze gekommen. Die Tränen steigen mir in die Augen. Luc steht ein Stückchen weiter weg. Wir sehen uns an und brauchen nichts zu sagen. Wir verstehen uns auch so.

Zu viert gehen wir nun zu einer Wiese, und ich frage mich auf einmal, warum die Mädchen so merkwürdig gehen. Es dauert eine ganze Weile, bis ich kapiere, dass sie nach ihrer Flussdurchquerung klitschnass sind. Während die Kinder sich trockene Kleider anziehen, die ich in meinem Gepäck mitgebracht habe, sage ich zu Dunja: »Wir haben es geschafft, Schatz, wir sind im Libanon!«

»Stimmt nicht«, sagt sie, »wir sind immer noch in Syrien. Guck nur, Mama, da sind wir gelaufen.« Und sie zeigt auf das Tal, welches vom Fluss durchschnitten wird.

Wir setzen uns ins Gras, und ich hole was zu trinken aus meiner Tasche. Ich sehe Dunja an, dass es nun doch zu ihr durchdringt, was geschehen ist. Wir sind im Libanon, wir sind nicht mehr im Land ihres Vaters. Jetzt denkt sie wahrscheinlich an alles, was man ihr erzählt hat, dass sie ihren Papa nicht mehr wiedersehen wird, wenn sie zusammen mit mir weggeht. Plötzlich realisiert sie auch, dass ich allein bin, und fragt: »Wo ist Rachid?« Ich sage ihr, er hätte nicht die richtigen Papiere an der Grenze gehabt, aber übermorgen würde er nach Beirut kommen und mit uns zur Botschaft gehen. Morgen ist die niederländische Vertretung wegen des Maifeiertages nämlich geschlossen. Aber am Dienstag, behaupte ich, kommt er zurück, und dann würden wir vier zusammen die Botschaft aufsuchen. So hatte ich das mit Rachid abgesprochen. Er musste zurückkehren, weil er sich erst gültige Einreisestempel besorgen wollte. Als Libanese kann er uns vermutlich in Beirut sehr behilflich sein. Ich bin mir nämlich nicht sicher, wie man uns in der niederländischen Botschaft empfangen wird, ob man mir dort überhaupt helfen will. Bis Rachid nach Beirut kommt, muss ich mir mit meinen Töchtern ein Hotel suchen. Meine Erklärung, dass Rachid in ein paar Tagen zu uns stoßen wird, beruhigt Dunja schließlich.

Inzwischen hat Luc seine Schuhe ausgezogen und wringt die nassen Socken aus. Mir fällt ein, dass ich noch ein Paar trockene Socken bei mir habe, und frage ich ihn, ob er die anziehen will. Luc schaut mich an und antwortet, während er das Wasser aus seinen Schuhen gießt: »Trockene Socken? In diesen Schuhen ganz bestimmt.« Ich fühle mich irgendwie dämlich: Natürlich, ich bin da, wo ich hin wollte, doch Luc muss die ganze Strecke – auch durch den Fluss – wieder zurücklaufen, da er ja kein gültiges Einreisevisum hat.

Luc sagt, das Auto, das uns nach Beirut mitnehmen wird, müsse jeden Moment kommen. Wir sitzen aber noch eine ganze Weile im Gras und warten. Ich habe Shirin inzwischen ein rotes Festtagskleidchen angezogen, und nun pflückt sie emsig Blumen. Dunja sitzt so dicht wie möglich bei Luc, der mit ihr scherzt und Lieder singt. Wenn man es nicht besser wüsste, könnte man uns für eine ganz gewöhnliche Familie halten, die einen Picknicksausflug macht. Aber noch darf ich mich nicht zufrieden zurücklehnen; ich weiß noch immer nicht, was uns auf der weiteren Reise bevorsteht.

Dann beginnen die Kirchenglocken zu läuten, und die Teilnehmer dieses Festgottesdiensts strömen wieder aus dem Gotteshaus.

Luc steht auf und läuft auf ein schwarzes Auto mit verdunkelten Fenstern zu, das gerade angekommen ist. Mit Händen und Füßen verhandelt er mit der Frau, die hinter dem Steuer sitzt. Dann kommt er zu mir und drückt mir eine Adresse und eine Telefonnummer in die Hand. »Bei dieser Familie könnt ihr unterkommen, bis ihr zur Botschaft geht.« Ich brauche also nicht einmal ins Hotel zu gehen, Luc hat für alles vorgesorgt. Leider habe ich kaum eine Chance, mich richtig bei ihm zu bedanken, denn zusammen mit Dunja und Shirin werde ich schnell in den Wagen geschoben. Danach fahren wir sofort ab. Ich sitze vorne, mit Shirin auf dem Schoß. Dunja sitzt hinten auf dem Schoß einer anderen Frau. Insgesamt sind wir zu siebt in dem Auto. Wer meine Mitreisenden sind, weiß ich nicht. Ich habe auch keine Ahnung, ob sie über unsere Situation informiert sind. Aber danach erkundigt sich ohnehin niemand.

Ich war der Ansicht, dass wir ziemlich dicht bei Beirut waren, aber als ich nach einer Stunde die Fahrerin des Wagens frage, wie weit es noch wäre, antwortete sie mir: »Na, ungefähr noch drei Stunden.« Wir fuhren über Bergwege, dann wieder eine Schnellstraße entlang und quer durch Dörfer. Einmal hielten wir an, um zwei weitere Passagiere aufzunehmen. Wenig später stoppten wir vor einem kleinen Haus, in dem man uns Tee reichte. Offensichtlich bin ich die Einzige, die es eilig hat. Ich will am liebsten ohne

Pause nach Beirut durchfahren. Aber um nicht aufzufallen, nehme ich den Tee an. Glücklicherweise sind wir sehr schnell wieder unterwegs.

Inzwischen beginnt es bereits zu dämmern. Nachdem wir eine Weile zügig vorangekommen sind, sehe ich plötzlich, wie Rauch aus der Motorhaube quillt. Kurz danach halten wir an einer Tankstelle: Der Motor ist überhitzt.

Während sich die anderen zusammen mit den Männern von der Tankstelle über die Motorhaube beugen, vertreten Dunja, Shirin und ich uns die Beine. Wir kaufen was zu essen und zu trinken und laufen ein bisschen herum. Ich versuche, so wenig wie möglich daran zu denken, dass wir hier mitten in den libanesischen Bergen gestrandet sind. Obwohl dieses Land für mich die Freiheit symbolisiert, ist der Libanon auch ein Militärstaat, wo in jedem Moment und ohne Begründung nach den Papieren gefragt werden kann. Ich ermahne mich, ruhig zu bleiben – und es klappt auch ganz gut. Wie gefährlich dieser notgedrungene Zwischenstopp hätte werden können, wenn wir entdeckt und nach Syrien zurückgeschickt worden wären, verstehe ich zum Glück erst sehr viel später.

Nach einer dreiviertel Stunde ist der Schaden am Auto so weit behoben, dass wir weiterfahren können. Die Fahrerin tritt voll auf das Gaspedal, als wolle sie die verlorene Zeit wieder aufholen.

Zwei Stunden später erreichen wir Beirut. Obwohl hier überall die Spuren des Krieges deutlich sichtbar sind, ist es – vor allem verglichen mit Aleppo – eine glitzernde moderne Stadt mit herrlichen Gebäuden, sauberen Straßen und viel Grün. Wir halten auf einem Parkplatz, und alle steigen aus. Die Fahrerin wird von ihrem Bruder abgelöst, der uns zu der von Luc angegebenen Adresse bringen soll. Ich bedanke mich bei ihr, und dann fahren wir weg.

Ich bitte den Bruder, an einer Telefonzelle zu halten, damit ich meine Eltern anrufen und ihnen sagen kann, dass wir in Beirut sind. Nachdem ich ihnen diese gute Neuigkeit erzählt habe, fahren wir weiter. Rachid ist jetzt bestimmt noch nicht in Damaskus, also werde ich ihn erst morgen anrufen.

Als wir bei der Adresse ankommen, steige ich aus und höre aus einem Wagen hinter uns eine Stimme fragen: »Frau Kaddour?« Instinktiv sage ich: »Ja, das bin ich.« Dann mache ich mir klar, dass es vielleicht besser gewesen wäre, diese Frage nicht zu beantworten. Schließlich weiß ich nicht, wer sie gestellt hat.

Der Mann im Auto hinter uns gibt sofort eine Nummer in sein Handy ein, steigt aus, kommt zu mir, reicht mir den Hörer und sagt: »*It's for you.*« Am anderen Ende der Leitung sagt jemand auf Niederländisch zu mir: »Guten Abend, Frau Kaddour, Sie sprechen mit Bob von der hiesigen Botschaft. Luc hat uns bereits über Ihr Kommen informiert. Der Mann im Auto ist mein Chauffeur; bei ihm sind Sie in guten Händen. Ich komme sofort zu Ihnen, und dann geht es gleich nach Holland.« Ich schreie erstaunt: »Waaas – nach Holland?« Als Dunja das hört, springt sie auf: »Nein – ich gehe nicht nach Holland. Ich bleibe hier. Ich habe mich noch nicht von Rachid verabschiedet.« Zornig stampft sie mit ihren Füßen auf. Mit Süßigkeiten und Saft kann ich sie wieder beruhigen.

Wenig später trifft Bob ein. Als Dunja merkt, dass wir in das Botschaftsauto steigen sollen, läuft sie einfach weg. Bob und der Chauffeur laufen ihr nach, kriegen sie zu fassen und müssen sie regelrecht in den Wagen zerren. Auch dort heult Dunja weiter und schlägt mit den Fäusten auf

Bob ein. Es ist eine furchtbare Szene, und ich entschuldige mich wieder und wieder bei ihm. Was für eine schreckliche Art, sich kennen zu lernen! Während das Auto anfährt, sagt Bob, er verstehe das sehr gut und es werde gleich besser, wenn wir erst mal im Flugzeug sitzen. Als Dunja das Wort »Flugzeug« hört, brennen bei ihr wieder alle Sicherungen durch. Sie schlägt erneut auf alles und jeden ein. Ich muss mir etwas einfallen lassen, um sie wieder zu beruhigen. Da fällt mir ein, dass ich noch ein paar Valiumtabletten in der Tasche habe. So weit ist es jetzt also gekommen, aber irgendwie müssen wir uns durchsetzen.

Andererseits kann ich Dunjas Panik sehr gut verstehen. Sie fühlt sich noch immer an die Absprache mit Rachid gebunden. Zudem wird ihr nun klar, dass sie definitiv von ihrem Vater getrennt wird. Armes Kind, denke ich, was du schon alles durchmachen musstest. Es tut mir selbst sehr weh, wie viel Schmerz sie erleiden muss. Aber das Mittel heiligt den Zweck – ich muss meine Töchter in die Niederlande bringen! Also muss ich auch Dunja ruhig stellen. Wenn sie erst einmal friedlich ist, wird sie es schon einsehen. Ich versuche, eine Valiumtablette in ihren Mund zu stecken – doch sie beißt mich knallhart in die Finger.

Während wir mit einer heulenden Dunja und einer verblüfft dreinschauenden Shirin zum Flugplatz fahren, frage ich Bob, was ihm von meiner ganzen Geschichte bekannt ist. Er erzählt mir, dass Laura ihn per Telefon gebeten hat, mir zu helfen. Wenn ich jemals im Libanon auftauchen sollte, möge er bitte dafür sorgen, dass ich so schnell wie möglich das Land verlassen kann. Wie meine Töchter und ich über die Grenze gekommen sind, fragt Bob nicht. Natürlich ist es ihm klar, dass es nicht der legale Weg war, aber da wir nun einmal hier sind, ist es die Pflicht der niederländischen Botschaft, uns zu helfen. Von Luc hat Bob erfahren, dass wir heute ankommen würden. Die angebliche Unterkunft war nichts als der Treffpunkt für den Botschaftswagen. Es war somit schon lange geregelt, dass ich nicht zwei Tage allein auf mich gestellt in Beirut verbringen müsste, sondern sofort in Empfang genommen und außer Landes gebracht werden sollte. Selbst drei Flugtickets waren bereits für uns gebucht.

Luc ist wirklich einmalig! Mehr und mehr begreife ich, dass er ein Gottesgeschenk für uns war. Völlig selbstlos hat er uns geholfen. Ich bin ihm nicht nur über alle Maßen dankbar, nein – meine Bewunderung für ihn wächst ins Unermessliche.

Am Flughafen angekommen, beginnt der Streit mit Dunja aufs Neue. Bob, sein Chauffeur und ich schleifen sie mit uns. Schluchzend und kreischend wird sie von uns durch das Flughafengebäude geschleppt. Shirin hüpft achtlos hinter uns her, ist von den sich automatisch öffnenden Türen begeistert, staunt über die Gepäckwagen und schlittert ausgelassen über die spiegelglatten Gänge. Als wir am Zoll ankommen, wartet schon der niederländische Botschafter auf uns. Noch eine Überraschung! Ich bin beeindruckt, dass der Vertreter der Niederlande persönlich gekommen ist. Nach all den Monaten, in denen es so schien, als könne oder wolle mir keiner helfen, steht nun jedermann zur Verfügung. Luc und Laura haben – unabhängig voneinander – in den letzten Wochen hart gearbeitet und wirklich jeden mobilisiert. Und obwohl die beiden nichts vom jeweils anderen wussten, scheinen jetzt alle zusammenzuarbeiten, um für einen guten Ablauf der Heimreise zu sorgen.

Ich reiche dem Botschafter die Hand, und er übergibt mir die Flugtickets. Mit pochendem Herzen gebe ich dem Beamten von der Grenzkontrolle meinen Pass. Wird mein Trick mit den drei Vornamen auf dem Einreisevisum klappen? Können wir mit diesem einen Pass mit unseren drei Namen darin ausreisen?

Der Zollbeamte gibt etwas in seinen Computer ein und sagt dann: »Dunja und Shirin Khalaf? Diese Kinder sind entführt!« Mein Herz rast wie besessen, und ich denke vier Monate zurück. Natürlich – die Registrierung im Register von Interpol! Ich hatte doch Hamid angezeigt und die Kinder als entführt gemeldet. Und nun, hier in Beirut, soll sich das gegen uns richten?

Wir flehen den Mann an, uns gehen zu lassen, unser Flugzeug ist startklar. Doch er bleibt hart und schickt uns in ein gesondertes Büro. Dort erscheinen dann der Chef der Zollbehörde und ein Interpolvertreter, um uns zu befragen. Dunja ruft immer wieder: »Lasst mich nicht gehen, ich will nicht ins Flugzeug, ich will zu meinem Vater, ich will nicht ins Flugzeug! Ganz was Schreckliches wird passieren, wenn ich mitmuss!« Das ist natürlich Wasser auf die Mühlen der Grenzbeamten! Ich versuche, ihnen klar zu machen, dass sie natürlich mitkommen will, aber dass sie durch alle möglichen Horrorgeschichten verängstigt worden ist. Schließlich kommen die libanesischen Beamten zu dem Schluss, dass wir nicht mitfliegen, sondern ins Polizeipräsidium gebracht werden.

In diesem Augenblick stellen sich Bob, der Botschafter und deren beiden Chauffeure vor die Tür und sagen: »Nein! Dies sind niederländische Staatsbürger, sie kommen mit uns. Wenn sie nicht ins Flugzeug dürfen, gehen sie mit uns zur Botschaft. Sie haben ein Recht auf unseren Schutz und dürfen von Ihnen nicht ohne Weiteres zum

Polizeipräsidium gebracht werden. Auf der Botschaft werden wir nach einer Lösung des Problems suchen.« Glücklicherweise stimmt der Vertreter von Interpol dem zu und wir können zur Botschaft fahren. Diese ist niederländisches Hoheitsgebiet, dort sind wir auf jeden Fall in Sicherheit. Und da müssen wir abwarten, wie sich alles Weitere entwickelt.

Alles in allem bleiben wir noch drei Tage Gäste der Botschaft. Obwohl ich lieber sofort nach Hause geflogen wäre, empfinde ich den Aufenthalt dort nicht als »Bestrafung«. Wir werden von Bob, vom Botschafter und seiner Frau rundum verwöhnt. Wir wohnen in einem Gästezimmer der Vertretung, und alles wird für uns geregelt. Man setzt uns holländische Speisen vor, gibt mir Zigaretten, ich trinke erstmals seit Monaten niederländisches Bier und Shirin seit anderthalb Jahren Apfelsaft. Nichts ist diesen Menschen zu viel, um uns zu verwöhnen. Auch Dunja beruhigt sich langsam wieder. Der einzige Nachteil ist, dass wir nicht allein nach draußen dürfen. Bob hat uns angeboten, dass sein Chauffeur uns abholt, wenn wir im Swimmingpool bei seinem Haus baden wollen. Das nehmen wir natürlich begeistert an. Doch in dem Augenblick, in dem Shirin bei einer solchen Autofahrt einen großen McDonald's-Laden sieht und dort essen will, sagt man uns, dass der Fahrer des Wagens strikte Order hat, uns nicht auf die Straße zu lassen. Am Abend legt der Botschafter uns dar, wir seien nur auf dem Gelände der Botschaft sicher. Wenn man uns jedoch auf offener Straße anhalten würde, könnte er wenig für uns tun. Ich sehe das zwar ein, doch Shirin mault, weil ihr der Besuch im Hamburger-Restaurant entgangen ist. Am nächsten Tag überrascht die Frau des Botschafters sie mit Gerichten von

McDonald's. Auf der Terrasse genießen wir dann zu dritt die fetten Hamburger.

Inzwischen versuchen Bob und der Botschafter alles, um uns in ein Flugzeug in die Niederlande zu bekommen. Laura wird auf dem Laufenden gehalten, meine Familie in Holland wird eingeweiht, kurzum: Jeder weiß, dass wir in Sicherheit und auf dem Absprung in die Heimat sind.

Ich rufe auch Rachid an, um ihm zu sagen, dass wir es geschafft haben. Er ist mehr als froh, endlich was von mir zu hören. Das Erste, was er sagt, ist: »Erinnerst du dich noch an die Katze?« – »Welche Katze?«, frage ich. »Die Katze im Innenhof bei John. Weißt du, was passiert ist? Sie hat zwei Junge gekriegt.« Rachid war zu John gegangen, um die Sachen abzuholen, die ich dort zurücklassen musste. Ich hatte ihm gesagt, er solle das, was er haben wolle, behalten und den Rest verschenken. Als Rachid in unser Zimmer schaute, ob noch etwas herumlag, hatte er auf Dunjas Bett die Katze mit den zwei Neugeborenen entdeckt. Daher also der dicke Bauch der Katze! Rachid sagte John, er wolle die Kätzchen haben, wenn sie groß genug wären. So habe er immer eine Erinnerung an uns.

Ich frage ihn, ob er Luc gesehen habe. Er berichtete, er habe gestern John angerufen, der ihm erzählte, Luc sei gekommen, habe seine Sachen gepackt und wäre dann nach Frankreich zurückgekehrt.

Ich bitte Rachid, nicht mehr nach Beirut zu kommen. Ich würde ihn wieder anrufen, wenn ich in den Niederlanden wäre. Ich merke, dass er darüber traurig ist. Vielleicht hat er ja gedacht, wir könnten zusammen von Beirut aus nach Amsterdam fliegen. Möglicherweise habe ich ihm dazu Anlass gegeben, vielleicht habe ich selbst unbewusst daran gedacht – doch die Dinge haben sich verändert. Hier stehe ich unter dem Schutz der Botschaft und ich will nur noch eines: mit meinen Töchtern weg von hier! Ich schwöre Rachid, dass ich ihn niemals vergessen werde und dass wir in Verbindung bleiben. Und ich danke ihm noch einmal für alles. Dann hänge ich auf.

Endlich, am Mittwoch, den 3. Mai, kommt die erlösende Nachricht: Heute Nacht werden wir in die Niederlande ausgeflogen. Wie sie das hinbekommen haben, weiß ich in diesem Moment nicht – aber ich bin ihnen ewig dankbar dafür. Dunja hat sich inzwischen auch wieder mit der Idee, nach Holland zurückzukehren, angefreundet. Vorher musste ich ihr allerdings versprechen, dass Rachid nachkommt, wenn wir erst einmal sicher zu Hause sind. Wie die Weltmeister packen Dunja, Shirin und ich unsere Sachen zusammen. Gegen Mitternacht holt Bob uns ab. Wir nehmen ganz herzlich Abschied vom Botschafter und seiner Gattin und fahren nun das zweite Mal zum Flughafen. Diesmal ist unsere Stimmung jedoch um einiges besser.

Im Flughafen wartet eine neue Überraschung auf uns: Wir fliegen in der Business-Klasse, und obendrein begleitet uns ein Mitarbeiter der Botschaft – falls unterwegs Probleme auftauchen oder Dunja wieder in Panik gerät. Ich bin von dieser Vorzugsbehandlung sehr beeindruckt.

Beim Zoll gebe ich erneut meinen Pass ab. Ob es dieses Mal wohl klappt? Der Mann sieht sich meinen Pass an, schaut auf Dunja und Shirin und fragt mich, ob das meine Kinder seien. Ich bestätige das, und dann fragt er, wo mein Mann sei. »Ich habe keinen Mann«, antworte ich. Er sieht

Dunja an und fragt sie, wo ihr Vater sei. Dunja weiß nicht, was sie sagen soll. Ich erkläre erneut, es gibt keinen Mann, es gibt keinen Vater, und ich bin die Mutter dieser Kinder! Der Zollbeamte scheint mir nicht zu glauben und greift zum Telefon, um einen Kollegen zu holen. Da tritt Bob hinzu und zeigt ihm seinen Botschaftsausweis. »Diese Leute sind Niederländer. Sie waren unsere Gäste und kehren nun in ihr Land zurück.« Der Beamte sieht ihn an und winkt uns daraufhin wortlos durch. Ich muss vor Erleichterung schlucken.

Schließlich gehen wir durch die Fluggastbrücke ins Flugzeug. Bob hat beschlossen, uns direkt bis zu unseren Plätzen zu begleiten. Während wir es uns bequem machen, sehe ich, dass er noch mit einer der Stewardessen redet. Offensichtlich legt er ihr uns ganz besonders ans Herz und bittet sie, gut auf uns aufzupassen.

Wir verabschieden uns von ihm, und ich bedanke mich noch einmal aus tiefstem Herzen. Er verlässt den Flieger, die Türen schließen sich und wir rollen zur Startbahn.

Als ich spüre, dass das Flugzeug abhebt, beginne ich ganz furchtbar zu weinen. Alle Emotionen der vergangenen Monate brechen aus mir heraus. Der Mitarbeiter der Botschaft, der uns begleitet, versucht, mich zu beruhigen. Meine Gefühle spielen mir einen Streich, und ich gehe zur Toilette. Als ich zurückkomme, liegt eine Flasche Champagner auf meinem Sitz – mit einem Gruß von der Besatzung. Und wieder kommen mir die Tränen! Eine Stewardess kommt zu mir und sagt, alles ist gut. Sie hätten unsere Geschichte gehört und freuten sich riesig mit uns.

Shirin ist inzwischen eingeschlafen, während Dunja die ganze Zeit in sich versunken aus dem Fenster schaut. Ich sitze steif vor Anspannung da und zähle die Stunden. Wenn wir zu Hause sind, werde ich mich beruhigt haben.

Um sechs Uhr fliegen wir über die Niederlande. Ich sehe hinab auf die Landschaft in der Morgendämmerung, während das Flugzeug sich zur Landung vorbereitet. Nach beinahe fünfzehn Monaten sind Dunja und Shirin wieder da, wo sie hingehören. Heute Nacht schlafen wir drei wieder in unserem eigenen Haus. Und morgen früh bekommt Shirin wieder Honig zum Frühstück, morgen werden wir uns wieder streiten, wer als Erste unter die Dusche darf, morgen. Morgen haben wir den 5. Mai, der Befreiungstag in den Niederlanden. Einen schöneren Tag, um nach Hause zu kommen, hätte ich mir wahrlich nicht wünschen können!

Als das Flugzeug gelandet ist, holt die Stewardess meine Mädchen und mich nach vorne: Wir sollen als Erste das Flugzeug verlassen. Am Ende der Fluggastbrücke sehe ich meine Eltern und meine Schwestern stehen. Sie alle drücken und küssen Dunja und Shirin. Ich falle meinem Vater heulend um den Hals. »Ich wusste, dass es gut geht, Malika«, sagt er, »ich wusste, dass du es schaffst, die Mädchen zurückzuholen.«

Wir gehen alle in die Empfangshalle, wo noch viel mehr Menschen auf uns warten. Der Rest der Familie hat sich versammelt und Freunde, Kollegen, Nachbarn...

Ich halte Dunja und Shirin ganz fest, während ich von allen Seiten umarmt werde und Gratulationen entgegennehme. Ich habe es geschafft, denke ich. Ich habe mir geschworen, meine Töchter zurückzuholen – und da sind sie!

Epilog

Wir sind jetzt schon wieder fast anderthalb Jahre in den Niederlanden und versuchen noch immer, unser normales Leben wieder aufzubauen. Die Ereignisse haben bei jeder von uns deutliche Spuren hinterlassen.

Die ersten Wochen hier waren ein einziges Fest. Dunja und Shirin genossen es, ihre alten Freunde und Freundinnen wieder zu sehen; täglich besuchten uns Familienmitglieder und Bekannte; auf der Straße wurden wir von wildfremden Menschen angesprochen, die uns gratulieren wollten.

Doch schon bald wurde deutlich, dass dies nur die eine Seite der Medaille war: Die Mädchen hatten deutliche Neurosen entwickelt. So konnte Shirin den Anblick von Taschen und Koffern nicht ertragen. Sie reagierte hysterisch darauf, weil sie damit das Weggehen assoziierte. Auch in der Wohnung bleiben zu müssen, hält sie bis zum heutigen Tag für eine Strafe. Am liebsten will sie pausenlos draußen, auf der Straße sein. Als ich neulich drinnen bleiben wollte, weil es in Strömen regnete, stellte sie sich, die Hände in die Hüften gestemmt, vor mich hin und sagte: »Ich will nicht eingeschlossen sein! Ich war lange genug eingeschlossen, und Regen finde ich ganz prima.« Und doch hat sie sich im Allgemeinen sehr schnell wieder an das Leben in den Niederlanden gewöhnt.

Dunja hatte es da sehr viel schwerer. Sie kam zwar in ihre alte Klasse zurück, wo sie auch herzlich empfangen wurde, aber ihr fehlte doch ein ganzes Jahr des Lehrstoffs. Es hat auch eine ganze Zeit gedauert, bis sie wieder den richtigen Umgang mit ihren Altersgenossen gefunden hat. Sie hat die Zeit in Syrien sehr bewusst erlebt und wurde viel schneller erwachsen als in dem Alter üblich. Ihre Klassenkameradinnen wollten natürlich genau wissen, was alles passiert war, doch sie weigerte sich, darüber zu sprechen. Kurz gesagt: Es hat eine ganze Weile gedauert, bis der Abstand zwischen ihnen wieder kleiner geworden ist.

Ich selbst spüre die Anspannung der ganzen Geschichte täglich. Ich fürchte immer noch, Hamid oder irgendjemand aus seiner Familie könnte eines Tages auf der Türschwelle stehen und mir erneut meine Kinder nehmen. Die Fenster meines Hauses sind so oft wie möglich geschlossen. Die Mädchen dürfen nur selten allein auf die Straße, und wenn wir zusammen nach draußen gehen, blicke ich mich immer wieder um. Wenn ich sie tatsächlich einmal aus den Augen verliere, überreagiere ich sofort. Als Dunja vor einer Weile eine mehrtägige Klassenfahrt machte, geriet ich in Panik. All die entsetzlichen Gefühle, die mich in den Wochen fest im Griff hatten, als ich nicht wusste, wo meine Töchter sind, kamen wieder hoch.

Ich weiß zwar, dass Hamid immer noch auf der Fahndungsliste von Interpol steht und nicht mehr unbemerkt in die Niederlande einreisen kann – und doch bin ich nicht beruhigt. Schließlich ist es ihm schon einmal gelungen, mit falschen Papieren in dieses Land einzureisen. Auch ich bin bei Interpol registriert, immerhin habe ich die Kinder über die libanesische Grenze geschmuggelt. Aber dies zählt glücklicherweise nur in den arabischen

Ländern als strafwürdig. Niederländisches Recht habe ich damit nicht verletzt. Also bleibt als einzige Konsequenz für mich, dass ich in eine Reihe arabischer Länder nicht mehr einreisen kann.

Wir sollten uns vielleicht überlegen, wegzuziehen, diesen Fleck Erde zu verlassen, wo so viel geschehen ist, und uns dort eine Heimat suchen, wo Hamid uns nicht so leicht finden kann. Und doch schrecke ich davor zurück: Das Leben meiner Kinder ist ohnehin so durcheinander geraten, dass ich sie jetzt nicht schon wieder aus ihrer vertrauten Umgebung reißen möchte.

Ich bin zur Zeit dabei, die Nachnamen der Kinder von Khalaf in Kaddour umändern zu lassen. Obwohl Khalaf nicht Hamids richtiger Name ist, müssen wir dennoch den ganzen mühseligen Prozess der Namensänderung über uns ergehen lassen. Und das kann lange dauern.

Seltsamerweise habe ich seit unserer Flucht aus Syrien nichts mehr von Hamid oder seiner Familie gehört. Das macht mir irgendwie Angst. Wer weiß, welche Pläne sie schmieden. Ich habe Noura einmal angerufen, um ihr zu sagen, dass wir in den Niederlanden sind. Hamid war nicht da, er sollte erst in ein paar Tagen wiederkommen. Als ich dann an dem vereinbarten Termin noch einmal dort anrief, war das Telefon gesperrt. Hamid weiß also, dass wir wieder zu Hause sind, aber er lässt nichts von sich hören. Selbst seinen Töchtern hat er bis jetzt nicht eine Zeile geschrieben. Das wundert mich sehr, und ich weiß auch nicht, wie ich das Dunja und Shirin erklären soll.

Es ist für die Mädchen ohnehin schwer, ohne Vater auskommen zu müssen. Auch wenn er böse Dinge getan hat – er bleibt ihr Vater. Ich versuche, Unterschiede zu machen zwischen seinem Verbrechen und der Vaterrolle, die er für sie eingenommen hat. Ich nütze jede Gelegenheit, um von Hamid – aus der guten Zeit mit ihm – zu sprechen.

Aber es bleibt schwierig für mich, und ich kann nur vermuten, welches Bild sie sich von ihrem Vater gemacht haben. Vielleicht wollen sie ihn ja – wenn sie einmal erwachsen sind – besuchen.

Selbstverständlich denke ich immer noch viel an die Menschen, die mir in Syrien geholfen haben.

Mustafa habe ich wenige Tage nach unserer Rückkehr angerufen. Er hat sich riesig gefreut, als er hörte, dass ich mit den Mädchen in den Niederlanden bin. Ich kann ihn jederzeit besuchen, aber das wird wohl nicht mehr klappen. An ihn habe ich nur gute Erinnerungen.

Auch John habe ich die wundervolle Neuigkeit am Telefon erzählt, und auch er hat sich sehr mit mir gefreut. Er bestätigte mir, dass Luc wieder nach Frankreich gegangen ist. Er hat jedoch keine Adresse hinterlassen, und so konnte ich keinen Kontakt mit ihm aufnehmen. Ich hoffe nur, ihm wird auf irgendeine Art und Weise dieses Buch in die Hände fallen, damit er weiß, wie sehr ich ihm für alles, was er für uns getan hat, dankbar bin. Ohne ihn hätte ich meine Töchter nicht außer Landes bringen können.

Mit Rachid habe ich noch viel Kontakt. Wir rufen uns regelmäßig an oder schicken uns E-Mails. Er will noch immer in die Niederlande kommen, doch die einzige Möglichkeit für ihn, ein Ausreisevisum zu erhalten, ist eine offizielle Einladung von mir. Wenn ich darauf eingehe, trage ich jedoch für die Zeit seines Aufenthalts die Verantwortung für ihn. Und das möchte ich mir nicht zumuten. Im Grunde möchte ich keine Männer mehr in meinem direkten Umfeld haben. Alles, was ich wirklich will, ist, mit meinen Töchtern zusammen zu sein. Auch Danny, der mir viele Wochen beigestanden hat, ist aus meiner Wohnung ausgezogen.

Zwei Monate nach meiner Rückkehr erhalte ich einen bitterbösen Brief von Bashir. Ich hätte ihn sitzen lassen und sei ihm noch Geld schuldig, schreibt er mir. Außerdem hätte ich mich schriftlich verpflichtet, das Land nicht in Begleitung meiner Töchter zu verlassen. Diese Behauptung stimmt. Wenn ich ihm jedoch helfen würde – schreibt er weiter –, ein Visum für die Niederlande zu bekommen, würde er von hier aus meine Sache weiter voran treiben. Ich ging mit dem Brief zur Polizei und fragte dort, was ich tun muss. Sie empfahlen mir, den Brief einfach zu ignorieren. Das habe ich dann auch getan und seitdem nichts mehr von ihm gehört.

Inzwischen habe ich herausbekommen, dass Hamid in den Niederlanden Helfer bei der Entführung gehabt hat. Ellen, seine Nachbarin, hatte sich von ihm an jenem Sonntagmorgen im Flughafen Schiphol verabschiedet, um so die Illusion zu wecken, sie sei eine liebevolle Mutter, die ihrem Mann und den Kindern schöne Ferien wünscht. Es würde mich auch nicht wundern, wenn sie es war, die Hamid überhaupt erst auf die Idee gebracht hat, die Kinder nach Syrien zu entführen. Das würde zumindest ihre eigenartige und hässliche Reaktion erklären, als ich sie fragte, ob sie wisse, wo meine Töchter sind.

Auch Karima hat von Anfang an mehr gewusst, als sie zugab. Nicht umsonst hatte ihr kleiner Sohn gesagt: »Sag es ihr doch nun, Mama«, als ich sie um Hilfe bat.

Der Mann von Karima hat viele Kontakte in Syrien, und mir ist nun klar, dass die zwei Hamid bei den Vorbereitungen zur Entführung geholfen haben. Als er dann in Syrien war, hat sie ihn offensichtlich über alles unterrichtet, was ich unternahm. Ich begegne ihr zwar noch regelmäßig, habe aber keine Lust, sie zu fragen, wie richtig meine Vermutungen sind. Ich habe meine Mädchen zurück – und das allein zählt.

Dunja und Shirin haben durch alles, was geschehen ist, Schäden davongetragen. So wie ich auch. Aber wir müssen jetzt einen Weg finden, um alles hinter uns zu lassen und unser Leben neu zu ordnen. Ich hoffe, dass ich durch das Niederschreiben dieses Buches diese Zeit für mich abschließen kann.

Als ich mit meinen Töchtern in Schiphol ankam, stand zwischen allen Familienmitgliedern und Freunden auch Doris. Sie hatte mir immer gesagt, sie würde auf dem Flugplatz stehen, wenn ich mit meinen Töchtern zurückkäme. Und sie hat Wort gehalten. Wir hielten weiter Kontakt, und nach einer Weile schlug sie mir vor, meine ganze Geschichte aufzuschreiben. Ich musste nicht lange über diesen Vorschlag nachdenken, denn ich hatte schon selbst mit dieser Idee gespielt.

Zudem hatte Doris die Ereignisse von Anfang an verfolgt und auch alle meine Videofilme gesehen, die ich nachts, wenn ich einsam war, vollgesprochen hatte. Sie kannte mich also inzwischen sehr gut.

Dieses Buch habe ich jedoch nicht allein für mich geschrieben. Ich finde es wichtig, dass Dunja und Shirin, wenn sie älter sind, nachlesen können, was damals geschehen war. Ich hoffe, dass auch Hamid dieses

Buch liest, damit er sich verdeutlicht, was er uns angetan hat.

Für mich selbst ist dieses Buch eine Art persönliches »Großreinemachen«. Ich habe immer ein Leben geführt, wie die anderen es von mir verlangten – erst meine Eltern, dann Hamid –, und hoffe nun, endlich so leben zu können, wie ich es will. Von jetzt an will ich mich selbst entscheiden können – zusammen mit meinen Töchtern.

Ich will dieses Buch auch für diejenigen – meist Frauen – schreiben, die sich in derselben Situation befanden, noch immer befinden oder in Zukunft hineingeraten werden. Ich will ihnen Mut machen und ihnen zeigen, dass es durchaus gut ausgehen kann.

Aber ich will sie auch warnen. Ich will ihnen nicht einreden, arabischen Männern kann man generell nicht vertrauen – im Gegenteil. Doch es ist gut, zu wissen, worauf man sich unter Umständen mit einem Mann aus einem arabischen Land einlässt.

So ein Mann hat meist eine doppelte Staatsangehörigkeit, also auch ein Land, in das er jederzeit flüchten kann. Wenn gemeinsame Kinder in seinem Pass aufgeführt sind, besitzen diese automatisch auch die Staatsbürgerschaft seines Herkunftlandes. Ich hatte gleich mehrfach Glück: Hamid und ich haben nie offiziell geheiratet, und die Geburt unserer Kinder ist von keiner syrischen Autorität bestätigt worden. Dadurch erhielt ich immerhin, wenn auch erst nach langem Kampf, die Vormundschaft über meine Kinder zugesprochen. Ein wesentlicher Pluspunkt bei dieser Entscheidung der syrischen Richter war auch die Tatsache, dass ich Muslimin bin, Hamids Familie aber einer anderen Religionsgemeinschaft angehört. Das Gesetz dieses Landes basiert nun einmal auf den Fundamenten des Islam. Doch nicht jeder hat so viel »Glück«.

Ich glaube nicht, dass man solche Entführungen verhindern kann. Allein in den Niederlanden sind rund hundert Kinder pro Jahr davon betroffen. Und in jedem Fall gibt es andere Ursachen, andere Auslöser und einen anderen Verlauf der Geschichte. Das, was man als Elternteil jedoch tun kann, ist, sich gründlich zu überlegen, ob man seine Kinder auch im Pass seines Partners eintragen lässt.

Was ich mit größtem Nachdruck empfehlen kann, wenn es denn geschehen ist: Geht in das Land! Geht zu euren Kindern. Lasst sie spüren, dass ihr sie nicht vergessen habt, und nehmt den Kampf im Land selbst auf. Immer noch gibt es viele Mütter, die im Heimatland abwarten, dass ihre Kinder zurückkehren. Ich bin mir sicher, wenn ich das auch getan hätte, würden meine Mädchen immer noch in der kleinen Gasse in Aleppo wohnen.

Mir ist natürlich klar, dass es für viele Frauen nicht einfach ist, in das Land zu gehen, wo die entführten Kinder sind. Um solchen Fällen vorzubeugen, möchte ich mit diesem Buch auch den niederländischen Autoritäten einen Denkanstoß liefern. Bis heute ist es nämlich so, dass Kinder, die im Pass eines Elternteils eingetragen sind, ohne Weiteres mit ihm das Land verlassen können. Weil Kindesentführungen jedoch erschreckend häufig vorkommen, wäre ich froh, wenn sich in diesem Punkt etwas ändern würde. Kinder unter sechzehn Jahren sollten – ungeachtet ihrer Nationalität – die schriftliche Zustimmung *beider* Eltern vorlegen müssen, um das Land zu verlassen. Dadurch kann man natürlich noch lange nicht alle Fälle von Kindesentführung unterbinden – man denke etwa nur an einen Vater, der seine Kinder mit in die Ferien nimmt, aber nicht mehr zurückkehrt. Doch in jedem Fall würde das beispielsweise eine lange Suche nach dem Aufenthaltsort – wie bei mir – ersparen.

Sicher können Kinder auch auf ganz andere Weise außer Landes gebracht werden, deshalb muss man auch alle denkbaren Mittel einsetzen, um solche Fälle zu unterbinden.

Eltern sollten viel früher ernst genommen werden. Ich habe sehr oft Anzeige gegen Hamid erstattet, doch das Einzige, was ich zu hören bekam, war: »Ihre Kinder kriegen doch genug zu essen und zu trinken. Worüber beschweren Sie sich überhaupt?« Auch als die Mädchen verschwunden waren, hat es verdammt lange gedauert, bis ich die richtigen Ansprechpartner, die mich endlich ernst nahmen, fand. Es ist leider immer noch so, dass erst etwas Schreckliches passieren muss, bevor die Polizei eingreift.

Dazu kommt erschwerend der finanzielle Aspekt. Viele zurückgelassene Elternteile haben einfach nicht die notwendigen Mittel, um ihre Kinder aufspüren zu können. Wenn sie dann selbst das Land verlassen, haben sie kein eigenes Einkommen mehr. Zudem erhalten sie auch kein Arbeitslosengeld, weil sie dem Arbeitsmarkt nicht mehr zur Verfügung stehen. Auch das Kindergeld wird ihnen gestrichen, denn die Kinder wohnen nicht mehr in den Niederlanden. In solchen Fällen sollte es daher eine besondere Finanzhilfe geben, damit der betroffene Elternteil alle Möglichkeiten wahrnehmen kann, um um die entführten Kinder zu kämpfen. Abgesehen von Reise- und Unterkunftskosten müssen auch Rechtsanwälte – und wenn nötig Schmiergelder – bezahlt werden. Auch hier war ich in einer bevorzugten Lage: Mein Vater konnte mich finanziell unterstützen, und ich selbst habe ebenfalls durch meine Mitarbeit an der Fernsehsendung viel Geld auftreiben können. Alles in allem hat mich die ganze Auseinandersetzung etwa achtzigtausend Gulden gekostet.

Ich hoffe, dieses Buch öffnet vielen Menschen die Augen, dass die Kindesentführung im internationalen Maßstab ein ernst zu nehmendes Problem darstellt und immer noch viel zu häufig vorkommt. Wenn wir uns alle dessen bewusst sind und zusammen dagegen vorgehen, gelingt es uns vielleicht, zu verhindern, dass noch mehr Kinder gegen ihren Willen entführt werden. Vielleicht können wir auch dafür sorgen, dass mehr Kinder zurückkehren.

Die betroffenen Elternteile und Behörden müssen endlich zusammenarbeiten, um Lösungen für dieses Problem zu finden. Dann gelingt es uns vielleicht, diesem Verbrechen ein Ende zu bereiten.

Ich habe mich oft wegen dem, was geschehen ist, schuldig gefühlt. Hätte ich es nicht voraussehen können? Hätte ich es verhindern können? Ich weiß es nicht, ich glaube es aber nicht. Doch ich weiß, dass ich gerne ein kleines Bausteinchen dazu beitragen will, zu verhindern, dass noch mehr Kinder ein derartiges Schicksal erleiden. Wenn dieses Buch dafür sorgt, dass auch nur ein einziges Kind weniger entführt wird oder dass ein Kind mehr nach Hause zurückkehrt, habe ich mein Ziel erreicht.

Ich bin richtig froh, wieder in den Niederlanden zu sein. Hier bin ich wirklich zu Hause. Ich vermisse Papa sehr, aber ich bin ihm auch böse für das, was er getan hat. Dass er sich immer mit Mama gestritten hat, ist doch kein Grund, um Shirin und mich einfach mitzunehmen? Ich denke noch viel an ihn. Wenn er mir jetzt auf der Straße entgegenkommen würde, wäre ich sehr froh und ich würde ihn gleich umarmen. Aber ich würde nicht mehr mit ihm mitgehen. Ich finde es falsch, was er gemacht hat. Ich kann mir gut vorstellen, dass er noch einmal versuchen wird, Shirin und mich nach Syrien mitzunehmen, aber ich will da nicht mehr hin. Auch später, wenn ich groß bin, nicht.

Ich finde es immer noch verwirrend, wenn ich daran denke, was ich alles mitgemacht habe. Ich spreche nicht so viel darüber, auch nicht mit den Kindern in der Schule. Als ich mitbekam, dass die ganze Geschichte in einem Buch erzählt werden sollte, hielt ich das am Anfang für keine gute Idee. Aber jetzt finde ich das gut, genauso wie die Tatsache, dass wir im Fernsehen waren. Ich hoffe, ganz viele Menschen hören unsere Geschichte und lernen daraus. Wenn Mütter und Väter dieses Buch lesen, sind sie vielleicht gewarnt und sorgen dafür, dass ihre Kinder nicht so einfach entführt werden.

Denn die Kinder selbst können nichts tun, die müssen meistens nur das tun, was ihnen ihr Vater oder ihre Mutter sagt. Ich fand es schon merkwürdig, als wir so einfach ohne Mama wegfuhren – aber was hätte ich tun sollen? Ich war noch nicht mal neun Jahre alt und glaubte meinem Vater, als er versprach, Mama würde schnell nachkommen.

Vielleicht kann man ja auch die Gesetze in den Niederlanden verändern, damit es nicht mehr passiert, dass Kinder ohne Weiteres ins Ausland mitgenommen werden.

Danksagung

Glücklicherweise musste ich meinen Kampf um Dunja und Shirin nicht allein führen. Viele Menschen in meiner Umgebung haben mich dabei unterstützt; einige von ihnen möchte ich hier nennen.

Da sind zunächst meine Eltern, die mir vom Augenblick der Entführung an moralisch und finanziell zur Seite standen. Auch meinen Brüdern und Schwestern danke ich für ihre Zuwendung, ihren Trost und vor allem für ihre Geduld.

Mein Dank gilt auch Pauline Hilhorst und ihrer Tochter Anna, die mir auf mehr als eine Art beistanden; ebenso Will und Lorette von der Amsterdamer Polizei, die mir in den ersten Stunden nach der Entführung weiterhalfen; meinen ehemaligen Kollegen von Azzurro, und einen ganz besonderen Dank auch an Edward und seinen Vater. Meine Anwältin Diny hat vor allem in den ersten Wochen mehr als eine Überstunde für mich eingelegt, das werde ich ihr nicht vergessen. Mein ganz besonderer Dank gilt Laura von der niederländischen Botschaft in Damaskus, die mir tausendfach geholfen hat und von der ich sehr viel lernen konnte.

Dank auch an die Schulfreundinnen von Dunja und Shirin, die Geschenke sammelten und Zeichnungen machten, um meine Töchter wissen zu lassen, dass sie nicht vergessen waren. Dank auch an alle, welche die Petition an das Außenministerium in Den Haag unterzeichnet haben, und an die Mitarbeiter in der Botschaft, die mich so phantastisch aufgenommen haben.

Ein großer Dank auch an Doris, die alles unternahm, um meine Geschichte ins Fernsehen zu bringen. Dadurch gelang es mir, die Aufmerksamkeit für meine Geschichte zu wecken und Geld für die Kosten aufzutreiben. Ihr konnte ich alles erzählen, und zusammen haben wir es dann auch aufgeschrieben, damit noch viel mehr Menschen davon erfahren.

Ganz zum Schluss meinen besonderen Dank an Dunja, weil sie das Vertrauen, das wir zusammen aufgebaut hatten, niemals verloren hat. Sie stand ihrer kleinen Schwester bei, sang ihr Lieder vor, wenn sie einmal sehr traurig war, lehrte sie zeichnen und erzählte ihr Geschichten über mich, damit sie ihre Mutter nicht vergaß. Obwohl Dunja es selbst in dieser Zeit sehr schwer hatte, munterte sie immer wieder ihre Schwester auf.

Dunja und Shirin: Ich liebe euch.

Malika Kaddour

Ich danke Malika für das Vertrauen, das sie mir schenkte. Das gab mir Kraft, ihre Geschichte im Fernsehen zu erzählen. Ich bin dankbar, dass sie sich gerade *mir* öffnete und wir zusammen dieses Buch machen konnten.

Auch Dunja und Shirin gilt mein Dank für ihre Freundschaft und ihr Vertrauen.

Dank auch an Tanja, Ingrid und Erwin vom Arena Verlag in Amsterdam für ihre endlose Geduld.

Meine Eltern haben mir jederzeit Anregungen und Unterstützung gegeben. Lieber Jan, liebe Helga – ohne eure Hilfe hätte ich dies nicht geschafft.

Dank an euch alle.

Doris Elzinga

Glossar arabischer Begriffe

aguila	Wasserpfeife
Allah akhbar	Allah ist groß
amu	Onkel
bahebek	Ich liebe dich
boukra	morgen
chador	Gesichtsschleier
djellaba	langer Überwurf
eeh	ja
gallas	klar, logisch
habibtie	Nettes Früchtchen! (ironisch gemeint)
hadj	Mann, der nach Mekka gepilgert ist (Ehrentitel)
imam	muslimischer Geistlicher
insjallah	Wie Allah will
jamila	Schönheit
kesachtek	Schimpfwort übelster Art
kibbeh	libanesisches Getreidegericht, gefülltes Brot
kif	Haschisch
ma'alisch	Lass nur; bleib ganz ruhig
mabaref	Ich weiß es nicht
ramadan	islamischer Fastenmonat
sabr	Geduld
shukran	Danke
sjedah	Oma

sjeduh   *Opa*
souk   *Markt, Geschäft*
tabbouleh   *libanesisches Couscousgericht*
tahbusji   *mein Schatz*
teta   *Großmutter*

BLANVALET

MARGARET JARDAS

Der faszinierende Debütroman einer deutschen
Autorin über das Leben und Reisen –
und die Liebe in Israel.

Packend, klug und hinreißend leidenschaftlich!

Margaret Jardas. Der Mann aus Israel   35179